한국어로 내려온
New Bible

새로운
성 경

제105권

7부 | 총10부

하얀마음

하나님 말씀 중에서

1. 사랑의 하나님

- 세상을 창조하신 하나님은 모두를 사랑하신다. 인간만 특별히 더 사랑하지 않고, 우주 만물을 다 똑같이 사랑하신다. 그러니 하나님이 창조하신 천지 만물과 화친하고, 미물까지도 소중히 대하라.

- 하나님은 특정 종파나 민족만을 더 사랑하지 않으신다. 자기 자신만 구원받겠다는 욕심을 버리고, 자기 종파만 구원받는다는 편협한 교리에서 벗어나야 한다. 종파를 초월해서, 모두를 사랑하라.

- 원수까지 사랑하라 했으니, 이 세상에 사랑하지 못할 자가 누가 있겠는가? 종파가 다르다고 해서 부모 형제와 원수처럼 지내는 자는 인간의 근본을 모르는 자다. 가장 가까운 가족부터 사랑할 때 남도 진심으로 사랑할 수 있다.

- 한 사람을 원수같이 생각하던 마음에서 사랑하는 마음으로 돌리면, 자기 자신의 마음이 가장 기쁘고 행복하다. 하나님께서는 인간의 마음속에 무거움이 없이 기쁘고 행복한 삶을 살기를 바라신다.

- 이웃을 "내 몸처럼" 사랑하라 했으니, 마지막 한 장 남은 천국의 티켓도 이웃에게 양보하라. 자기 중심적인 신앙에서 벗어나서 남을 위해 살아야 한다.

- 독초도, 약초도, 이단도 사탄도 천사도 다 필요하기에 존재한다. 독초일지라도 극소량을 사용해서 생명을 살릴 수 있고, 약초라 하더라도 남용하면 생명을 잃을 수 있다.

- 세상 모든 것을 명약으로 활용하는 것은 인간의 지혜에 달렸다. 어떤 것이든 어떤 사람이든 적재적소에 꼭 필요한 명약으로 승화시키라.

- 사탄도 이단도 천사도 모두 하나님의 주관하에 존재한다. 진정한 하나님의 백성은 사탄과 마귀까지도 감화시켜서 천사로 거듭나게 한다.

2. 기도

- 하나님은 인간의 생각까지 모두를 다 알고 계신다. 우리의 소원도 이미 알고 계시기에, 소원의 기도를 할 필요가 없다. 우리가 받을 자격이 되면 내려 주신다.

- 죄를 짓고 아무리 회개를 해도 용서받지 못한다. 도둑질한 자는 용서해 달라고 기도하고, 도둑맞은 자는 도둑을 잡게 해 달라고 기도하면, 공의의 하나님은 누구의 편에 서시겠는가?

- 자기가 잘못한 것은 그 사람에게 직접 갚고 용서를 구하라. 그가 용서하면 하나님도 용서하신다. 땅에서 매면 하늘에서도 매이고, 땅에서 풀리면 하늘에서도 풀리는 이치다.

- "회당에서 기도하지 말고 골방에서 기도하라" 했다. 눈에 보이는 골방이 아니라, 골방과 같이 고요한 마음이다. 잡념을 버리고 하나님을 향해 마음을 집중하며, 사랑하고 용서하는 아름다운 생각만 나오도록 하라.

- "두드리면 열릴 것이다." 하는 것은 육의 소원을 위해 두드리라는 것이 아니라, 진리의 깨달음을 얻기 위해 두드리라는 것이다.

- 기도하는 방법: 생활 속에서 수시로 기도하는 삶을 살아야 한다.

- "저의 죄를 용서하여 주옵소서." 하는 회개의 기도를 하라.
- 범사에 "하나님! 감사합니다." 하라. 현재 가진 것에 감사하며, 과욕하지 말라. 자기 노력 이상의 것을 더 갖고자 기도하는 것은 도둑놈심보다. 공의의 하나님은 각자 노력한 만큼 주신다.
- "하나님 뜻대로 살아가겠나이다." 하며 마음의 각오를 다지라.

- 기도는 하나님의 말씀을 받아서 "행하는 것"이다. 하나님이 계심을 굳건히 믿고, 하늘을 향하여 한 점 부끄럼 없이 사는 삶 자체가 가장 위대한 기도이며, 삶이 곧 예배다.

3. 지도자

- 똑같이 사랑한다는 말을 해도, 순수하게 하는 말은 천사의 말이지만, 사기 쳐서 재산을 가로채려고 하는 말은 사탄의 말이다.

- 종교 지도자가 아무리 훌륭한 설교를 해도, 신도의 재물을 거둬서 더 큰 교회를 짓고 자기의 부귀영화를 바라며 설교하면 사탄의 가르침이 된다.

- "저희 교회는 만원사례요, 믿음은 다 같으니 이웃의 개척 교회에 가서 예배를 드리시오." 하며, 이웃 교회의 부흥을 먼저 생각하여 제 신도를 보내는 종교 지도자가 있다면 그를 따르라. 그가 하나님의 사랑을 실천하는 자다.

- "부자가 천국에 들어가는 것은 낙타가 바늘구멍을 통과하는 것보다 더 힘들다" 하였거늘, 지금의 교회에서는 부자가 되기만을 기도하고 소원하니, 이는 곧 천국을 포기하고 지옥 행 열차의 티켓을 사는 것과 같다.

- 예수는 빈손이었다. 종교 지도자가 예수보다 더 호화롭고 편안하게 살아간다면 잘못된 것이다. 부귀영화와 명예를 바라는 자는 절대로 갈 수 없는 좁고 협착한 길이 종교 지도자의 길이다.

- 종교 지도자는 유리로 비춰 봐 한 점의 부끄러움이 없이 살아야 한다. 의식주도 직접 일해서 해결하고, 예수의 가르침과 행함을 그대로 따라야 한다.

- 종말은 없다. 지금의 잘못 가는 종교 집단에게만 종말이 있다. 보이지 않는 하나님은 보이는 육의 종말은 관여하지 않으신다. 환경 파괴로 인간이 스스로 멸망을 자초하는 것이다. 종파끼리 싸우기 전에, 무너진 인성을 바로잡고 지구의 몸살을 해결하는 데 뜻을 모으는 게 급선무다.

4. 성전이란

- 이 세상 자체가 하나님께서 만드신 성전이다. 자연보다 더 아름다운 성전이 있는가? 보이는 건물이 성전이 아니라, 성스러운 마음가짐이 성전이다.

- 반석 위에 교회를 지으라 했다. 지상의 단단한 돌은 인간이 쪼갤 수 있으나, 마음속의 굳은 결의는 세상 무엇으로도 쪼갤 수 없다. 바르고 굳건한 믿음으로 성경의 가르침을 실천하는 것이 마음의 반석 위에 교회를 짓는 것이다.

- 손으로 지은 건물의 교회에 모여서 복음을 전하는 것이 아니라, 교회를 개인과 가정에 심어 주어야 한다. 무너지고 부서지는 건물을 짓지 말고, 마음속에 영원히 불변하는 참진리의 교회를 지으라.

5. 십계명

- 십계명은 인간이 죽어서 반드시 통과해야만 하는 열 개의 관문이다.
  - 부모를 공경하지 아니한 자는 "네 부모를 공경하라." 하는 제5계명의 관문이 열리지 않으니 구원받을 수 없다.
  - 살인, 간음, 거짓, 우상 등의 나머지 계명도 마찬가지다.

- 십계명은 하나님의 친필이다. 모기소리만 한 하나님의 음성이라도 들어 보겠다고 여기저기 찾아 헤매지 말고, 십계명부터 암송하고 지키라.

- 십계명은 영혼을 구원하는 양식이며, 십계명을 지키는 것이 구원을 받는 길이다. 인간이기에 지키고자 노력하고 또 노력한다면 지킬 수 있다.

- 십계명을 지키고 천사처럼 아름답게 살아가는 그 마음 하나면 세상에 이루어지지 않는 것이 없다.

6. 보물

- 하나님은 재물이 아니라 우리의 마음을 받으신다. 사랑을 실천하며 천사처럼 변하는 마음이 하나님께 바치는 보물이다.

- 보이지 않는 하나님께 재물을 바치려 하지 말고, 너희를 길러 준 부모에게 용돈 드리고, 찾아뵙고, 효성을 다하라. 그것이 하나님께 효도하는 것이다.

- 하늘에는 선과 악의 창고가 있다. 자기 창고에 선이 많으면 천국으로 구원을 받고, 악이 많으면 심판받아 지옥으로 간다. 그것이 바로 "선한 일을 행한 자는 생명의 부활로, 악한 일을 행한 자는 심판의 부활로" 나오는 것이다.

- "선악과를 따먹지 말라"는 것은 양심을 지키라는 것이다. 선과 악을 구분할 수 있는 양심을 최초에 인간에게 주셨다. 선한 열매는 취하고, 악한 열매는 버리며, 양심에 비추어 부끄럼 없는 삶을 살아가라.

- 가장 작은 거짓말을 하지 않고, 가장 작은 죄를 짓지 않으며, 가장 작은 선행을 하고, 가장 작은 악행을 멀리하는 것이 율법의 일점 일획도 빠뜨리지 말고 다 지키는 삶을 사는 것이다.

7. 우상

- 박물관에 있는 불상은 하나의 예술품이다. 그 조각품에 대고 제 소원을 빌 때 우상숭배가 된다. 십자가라 하여도 그 앞에서 소원을 빈다면 우상숭배하는 것이며, 하나님께 소원을 빈다면 하나님을 우상으로 전락시키는 것이다.

- 지금 기복신앙에 젖어 있는 모든 사람이 우상 앞에 절을 하고 있다. 조각품을 우상이라며 파괴하지 말고, 네 마음속에 있는 욕심의 우상을 무너트리라.

- 생수를 약초가 먹으면 약을 만들고 독사가 먹으면 독을 만든다. 같은 성경을 봐도 선한 지도자는 신도를 천사로 만드는 데 활용한다. 그러나 욕심이 가득한 지도자는 재물을 거두어들여 제가 부귀영화를 누리는 데 악용한다. 그가 바로 성경을 우상숭배의 도구로 전락시키는 거짓 선지자다.

- 성경을 한 획도 빼거나 더하지 말라는 것은, 그 가르침을 빠트리지 말고 온전히 지키라는 것이다. 성경 속에서 자기에게 유리한 구절만 보는 것은, 자기에게 불리한 구절들을 빼 버리는 것이다. 믿음이 제일이요, 행함은 구원과는 관계없다는 것은 자신에게 유리한 쪽으로 성경을 악용하는 것이다.

- 진정한 종교 지도자는 종파에 관계없이 어떤 종파든 어떤 책이든 접하고 보고 깨우쳐 견문을 넓히도록 인도한다. 참진리를 모르고 자신이 없는 자가 남을 이단이라며 배척하고, 신도들의 눈과 귀를 가린다.

8. 예수

- 예수의 재림은 없다. 예수가 다시 온다 해도, 과연 누가 그를 예수라고 믿겠는가? 예수와 같은 삶의 행함이 곧 예수의 재림이다. 각자 모두가 "재림 예수"가 되는, 차원 높은 믿음으로 가야 한다.

- 예수는 "주여 주여 하지 말고, 아버지의 뜻대로 행하라"고 했다. 예수가 전한 하나님의 뜻이 곧 "길이요, 진리요, 생명"이며, 그 가르침이 예수의 보혈처럼 소중한 것이다. 예수를 믿는 것은, 예수의 가르침을 믿고 따르는 것이다.

- 예수는 낮은 자로서 만백성을 섬기고자 했다. 만나는 모든 사람을 다 하나님이라 생각하라. 돈을 벌수록 겸손하고, 높은 지위를 얻을수록 낮아지라.

- 예수는 종파를 만들지 않았다. 인간이 만든 종교와 인간의 교리를 따르지 말고, 예수를 통해 전한 하나님의 참진리를 연구하고 따르라.

- 예수가 2천 년 전에 만백성을 위해 죽었으니, 지금 이 땅에는 예수의 가르침대로 사는 천사만 존재해야 한다. 예수가 죽어 가면서 바란 것은 만백성이 천사가 되어 예수의 자리를 채워 주는 것이지, 지금과 같이 재물을 바치면서 중언부언 제 소원만을 비는 백성들을 바란 것이 아니다.

9. 구원

- 천사가 사는 천국에는 천사만 갈 수 있으니, 천사 같은 마음을 길러야 한다.

- "천국 열쇠를 네게 주리니 땅에서 무엇이든지 매면 하늘에서도 매일 것이라" 했다. 땅에서 천사같이 사는 자가 하늘에서도 천사가 되어 천국에 들어간다. 모든 사람에게 천사같다는 말을 듣는 삶을 살아야 한다.

- 천사의 곱고 아름다운 마음은 부모를 공경하고 어른을 어른으로 대접하는 데에서 출발한다. 효도하는 자는 형제와 화목하게 지내기에 가정이 화목해지고, 이웃과 화목해지고, 국가가 화목해지고, 온 인류가 화목해진다.

- 그러므로 지상의 아름다운 소왕국은 가정에서부터 이루어야 한다.

- 선택된 14만 명만 구원받는 것이 아니라, 천사처럼 변하고자 하는 14만 명을 기초로 온 인류가 천사처럼 거듭나는 영적인 개혁이 시작되는 것이다.

- 천 년에 걸쳐서 하늘에서 이루어진 것같이 이 세상을 낙원으로 만들어, 만백성이 지상의 천국에서 살다가 죽어서 그대로 하늘의 천국으로 들어가는, 영원한 지상 낙원을 건설하는 것이 하나님의 계획이다.

- **이것이 구약과 신약에 이어 "새로운 성경"으로 역사하시는 하나님의 창조의 완성이다.**

- 지금의 믿음으로 구원받을 수 있다면 그 길을 가라. 그러나 자신이 없다면 하나님께서 직접 내리신 160권의 "새로운 성경"을 읽고 구원의 길을 보라!

하나님 머리말씀

이 새로운 성경을 읽는 너희 모두는
이 율법에 따라 행하면 영원히 구원받을 것이니라.

너희 인간이 수년, 수십 년, 평생
성서를 공부하고 기도하는 것은
하늘나라 나의 곁으로 오고 싶은 소망일진대,

몇천 년 전의 너희 인성과 생각이
지금의 너희와는 판이하게 다르니,

꺾여 가고 병들어 가는 너희를 고칠 수 있는 길은,
오늘 내가 선지자에게 내리는 새로운 성경과 같이
너희가 변화되는 것뿐이니라.

나의 예수가 태어난 것처럼
내가 아들 선지자를 선택하여
나의 새로운 성경을 온 세계에 전하고자 하니,

묵은 것은 버리고 새로운 것은 취하여,
너희 모두는
'여호와 하나님! 저의 죄를 용서하여 주옵소서.'
하는 기도문으로 기도하고, 죄를 뉘우치라.

이 새로운 성경은
수천 년간 내려온 성서를 요약한 것이니,
너희는 이 책을 정독하여 쉽게 깨달음을 얻고,
이대로 실천하여 하늘에 오르라.

대역자 머리말

■ 하나님의 율법을 지키는 선지자로 선택을 받도다.

저는 남들처럼 그저 열심히 살아온 평범한 사람이었습니다. 그러나 50대 중반에 사업에 실패하여 많은 부채에 시달렸으며, 건강도 악화되어 눈이 잘 안 보이고, 걷기도 어렵고, 두통이 심해서 잠을 이룰 수 없는 고통의 나날을 보냈습니다. 그때 제가 선택할 수 있는 것은 육의 삶을 끝내는 길뿐이었습니다.

죽기 직전에 그동안에 죄를 지은 이들에게 용서를 빌고 인생을 끝내기로 작정하였습니다. 어려서부터 지은 죄를 빌고 빌다 보니 끝이 없었고, 죽음으로도 그 많은 죄를 용서받을 길이 없다는 생각에 하염없이 눈물이 흘렀습니다. 그 순간 '재래식 화장실의 구더기는 죄를 짓지 않는데, 나는 인간으로서 구더기만도 못한 삶을 살았구나.' 하는 생각이 들면서 괴로움에 몸부림칠 때, 갑자기 하나님의 음성이 들렸습니다.

"나는 여호와 하나님이니라. 너는 십계명을 암송하고 내가 내려 주는 메시지를 받아 책으로 만들어 만백성을 구하라." 하시며, 제 눈을 손으로 문지르게 하시고, 아픈 머리와 다리를 손으로 두드리게 하셨습니다. 그러고 나니 눈도 잘 보이고 걸을 수 있었으며 머리의 통증도 말끔히 낫게 되었습니다. 그때부터 십계명을 암송하고 나면 들려주시는 말씀을 기록하였고, 1999년 8월부터 2004년 7월까지 권당 288쪽, 총 160권을 받아서 "새로운 성경"이라는 책으로 펴내게 되었습니다.

그러한 저에게 죽기보다도 힘든 길이 시작되었습니다. 모든 교인들이 저에게 사탄이요, 이단이요, 악마요, 마지막 시대에 온 거짓 선지자라 하면서 공격하였고, 저를 짐승을 보듯이 대하는가 하면, 편협한 종교 지도자들의 선동으로 신도들이 이 책을 직접 읽어 보고 평가할 기회마저 막아 버렸습니다. 그래서 하나님의 말씀을 세상에 내는 데 많은 어려움을 겪으며, 피를 토하는 심정으로 책을 전하고 있습니다.

그러나 아무리 인간의 힘으로 막으려 해도, 하나님의 뜻이 세상에 전해지는 위대한 역사는 계속될 것입니다. 책으로 전해지는 "하나님의 말씀"은 세상 끝날까지 항상 우리와 함께하실 것입니다. 사람은 죽어도, 책에 기록된 말씀은 영원히 남으니까요.

■ 따뜻한 실천

하나님께서는 어려운 사람들에게 삶의 터전을 마련해 주고, 미래를 열어 주는 것을 기뻐하십니다. 어려운 이웃이 스스로 자립할 수 있도록 이끌어 주는 것이 진정으로 이웃을 돕는 것이라고 말씀하셨습니다. 그래서 일자리가 없는 제자들에게 작은 사업장을 만들어 주는 "달란트 사업"을 하고 있습니다. 식당, 반찬 가게 등을 차려 주고, 기존의 어려운 사업장이 자립할 수 있도록 돕고 있습니다(커피숍, 미용실, 의상실 등).

하나님께서는 교회에 나와서 모든 시간과 재물을 쏟기를 원하지 않으시고, 그 시간과 재물을 교육에 투자하여 스스로 미래를 열어 가기를 원하십니다. 그래서 제때 공부하지 못한 제자들에게 학업을 이어 가도록 하였습니다. 중화요리 주방장을 하며 초등학교 검정고시부터 공부하여 2012년에 방통대를 졸업한 36세 남성, 만학도들의 2년제 중학교에 입학해서 2007년에 명지대학을 졸업한 38세 여성, 중학교 검정고시를 시작으로 숭의여자대학을 졸업한 47세 여성 등이 있습니다. 그밖에도 많은 제자들에게 나이를 초월하여 배우고 깨우쳐서 사회 속의 당당한 일원이 되도록 인도하고 있습니다.

학자금 대출로 힘겨워하는 젊은이들을 위해 "따뜻한 바람 장학회"를 발족하여(2016년 12월) 대출받은 학자금 전액을 매월 갚아 주고 있습니다. 또한, 다문화 가정을 위해 "다문화 가족 랜드"를 조성하여, 각종 시설을 무료로 활용하도록 하고 있습니다.

이러한 따뜻한 실천이 아직은 미약합니다. 그러나 책의 수입이 늘고, 저와 뜻을 같이하는 분들이 늘어나면 계속 확대할 것입니다. 지도자로서 신도의 재물을 헌금으로 거둬들여 착복하는 것이 아니라, 하나님께서 기뻐하시는 일에 사용하도록 중매 역할만 하며 살아가고자 합니다. 이런 제가 과연 사탄이고 이단인가요? 하나님께서 기뻐하시는 일이라면, 저에게 사탄이라 하든 거짓 선지자라 하든 굽히지 않고 실천해 나갈 것입니다.

끝으로, 일상의 삶 속에서 "지금 내가 하는 행동이 과연 하나님께서 기뻐하실까, 슬퍼하실까?" 생각하고, 매사에 하나님께서 기뻐하시는 길을 택하기 바랍니다. 교회에 모여서 집단적으로 예배 드리는 것이 아니라, 개인이나 가정 단위로 새로운 성경을 읽어 스스로 깨우치고 그대로 행하면 충분합니다. 그것이 마음속에 성전을 짓고, 신령과 진정으로 예배 드리는 길입니다. 그러면 천국의 문에 들어서게 됩니다.

2017. 2. 1.

하나님 말씀 대역자 김용철

차 례

십 계 명

이 책은 십계명을 암송하고 나면 내려 주시는 "하나님의 음성"을 듣고 그대로 받아쓴 기록입니다. 하나님께서 십계명을 모세에게 내려 주셨지만, 그것은 만백성에게 내려 주신 것입니다. 마찬가지로 이 책의 모든 말씀도 저에게 내려 주셨지만, 만백성 각자에게 들려주시는 말씀입니다. 여러분도 이 책을 접할 때마다 십계명을 암송하고 나서 정독해 주시기 바랍니다.

제일은, 너는 나 외에는 다른 신들을 네게 있게 말지니라.

제이는, 너를 위하여 새긴 우상을 만들지 말고, 또 위로 하늘에 있는 것이나, 아래로 땅에 있는 것이나, 땅 아래 물 속에 있는 것의 아무 형상이든지 만들지 말며, 그것들에게 절하지 말며, 그것들을 섬기지 말라.

제삼은, 너는 너의 하나님 여호와의 이름을 망령되이 일컫지 말라.

제사는, 안식일을 기억하여 거룩히 지키라.

제오는, 네 부모를 공경하라.

제육은, 살인하지 말지니라.

제칠은, 간음하지 말지니라.

제팔은, 도적질하지 말지니라.

제구는, 네 이웃에 대하여 거짓 증거하지 말지니라.

제십은, 네 이웃의 집을 탐내지 말지니라.

나 여호와가 존재함을 믿는 그 자체가 구원의 길에 들어서는 기본이요, 근본이며, 나의 새로운 성경을 가슴에 안고 정독하는 자, 반석 위에 서서 하늘에 오르는 찬란한 빛을 보게 되는 영광을 얻게 됨이니라. 진정 나를 따르고 믿는 자는 감히 사탄이나 마귀도 근접하지 못하느니라.

〈하나님 말씀〉

2003년 9월

7,537 번째 하나님 말씀

2003년 9월 17일 11시 51분

1 사랑하는 나의 아들아!
2 "네, 아버님! 말씀하옵소서."
3 지금의 모든 종교 집단이요, 지도자들
이 나의 성경을 잘못 가르치고 있으며
나의 뜻을 잘못 가르치고 있으며, 또
한 모든 백성이 이제는 나의 법전까
지 왜곡되게 가르칠 것이니, 이를 과
연 어찌해야 하겠는가?
4 내가 너에게 일찍이 깨우쳐 주지 아니
하였던가?
5 너희는 예수의 피로써 깨끗해졌으며
거룩해졌으며 죄가 없는 천사와 같이
된 자들이니,
6 아직도 죄가 있다고 생각하는 그 자
체, 그리고 회개의 기도를 하는 것, 회
개의 눈물을 흘리는 그 백성 자체는
나의 아들 예수의 대속의 죽음을 믿
지 아니하며, 위로는 나 여호와가 존
재함을 믿지 않는 그와 같은 사악한
자들이요, 사탄이요, 이단이라 말하면
서 가르치는 종교 지도자가 있음이니,
7 이를 바라보는 나 여호와의 마음은 과
연 어떠하겠는가?
8 나 여호와는 이 세상에서 너희 죄를
다 심판하였다 말하느니라.
9 나의 아들 예수가 모든 죄를 대속하여
갔음이니, 그 아버지인 창조주 나 여
호와가 이 세상에서 너희 죄를 다 심
판하여 무죄 방면된 자며 무죄판결을
받은 자들이니,
10 너희는 나에게 와 심판을 받을 일이
없으며, 너희가 죽어 와 영혼이 심판
을 받는 그와 같은 일은 없다 그리 말
함이니라.
11 이것이 오늘의 종교 집단 지도자 너희
가 가르치는 것이니라.
12 나 여호와는 너희가 육을 가진 세상
에서 60점이라는 그 점수 속에서 모
두 살아가며 영위할 수 있도록 다 해
주었다 했음이니라.
13 그리고 그 한계를 넘어서 너희가 나에
게 심판을 받는 것은 하늘나라요, 보
지 못하며 만지지도 못하며 그릴 수도
없는 그 영혼의 세계에서 영혼이 심판
을 받는 것이라 내가 너희에게 가르쳐
주었음이니,
14 나의 아들을 따르는 제자들이요, 나의
법전을 읽는 백성 너희는 이를 확고
히 심어야 할 것이며, 사탄들의 말에
현혹되어 무너지는 자가 있어서는 아
니 될 것이며 이는 하늘의 뜻임을 알
라.
15 감히 그들이 나의 피조물 만백성들을
내가 육의 세상에서 다 심판하여 너희
는 죄의 심판을 받을 만한 아무런 가
치도 없으며 그 심판을 받을 이유가
없어 너희는 천국에 오르는 백성이라
그리 가르쳤으며,
16 너희 죄는 과거나 현재나 미래에도 나
의 아들 예수가 다 용서해 주었는데
또 죄를 용서해 달라 비는 것은 얼마

나 나 여호와가 속상하며 예수의 가슴
이 찢어지도록 아프겠냐 하며 그와
같이 가르치는 종교 지도자가 있음이
니,
17 너희가 듣기에는 그 말이 맞는 것 같
으나 그 말은 사탄의 말임을 알라.
18 나의 아들 예수가 고통스럽게 너희
죄를 다 용서해 주었는데, 또 죄가 있
다 하여 용서해 달라 비는 것은 용서
해 준 예수의 마음에 너희가 대못을
박으며, 그를 명한 나 여호와의 가슴
에 너희가 못을 박는 그와 같은 사악
한 행위를 하는 백성이라 너희가 그
리 말하고 있음이니, 그들의 말에 너
희가 현혹되어서는 아니 될 것이니라.
19 그리하여 너희는 회개하지 말며, 용서
를 빌지 말며, 회개할 것이 없는 것이
라 가르치며,
20 오로지 너희가 재물을 바치며 너희
손으로 지은 죄의 온상인 교회에 와
울고불고하는 것으로써 천국에 오른
다고 그리하면서 과연 뭐라 말하느냐?
21 '회개하라, 반성하라, 깨우치라!' 그리
고 '불신 지옥, 예수 천국'이라 그리
부르짖고 있지 않은가?
22 그러면서 예수의 거룩한 피를 부정하
게 하지 말라고 설교하는 자들이 있음
이니라.
23 그러면서 회개하고 반성하라, 너희가
죄를 반성하기 위하여 그 죄의 대가인
재물을 바치지 아니하면 용서를 받지
못한다 함이니라.
24 너희가 모든 죄를 용서해 주었으며 심
판을 받을 일이 없다면, 어찌하여 하
늘나라에 금화와 은화를 쌓아 놓아야
하며 십일조요, 각종 헌금을 많이 바
쳐야 너희가 나로부터 상을 받으며
구원을 받는다고 말한단 말이더냐?
25 너희는 죄의 용서를 받는 것이요, 그
용서를 받은 자가 회개하고 용서를 비
는 것은 나 여호와요, 나의 아들 예수
의 가슴에 대못을 박는 사악한 짓이라
그리하면서,
26 너희는 어찌하여 재물을 많이 바치고
봉사하고 희생해야만 구원을 받으며
용서를 받는다고 한쪽에서 그리 가르
치고 있음인가?
27 이것이 오늘의 너희가 믿음의 길을
가는 것이니라.
28 그러니 나의 피조물 만백성들이 제정
신이 아니라 함이 여기 있음이니라.
29 그저 죄를 다 용서받았으니 너희는
천사와 같으며, 하늘에 올라오는 자라
해도 '옳소, 믿습니다, 할렐루야!' 하
며 광란의 짓을 하며,
30 재물을 바쳐 하늘에 많이 쌓아야 하며
너희가 많이 역사해야만 은혜를 받으
며 축복을 받는다 해도 너희는 또 '아
멘, 할렐루야, 옳습니다!' 하며 울고불
고 콧물 흘리며 찬송을 부르고 악을
쓰고 있음이니,
31 내가 보는 너희는 바로 무엇이더냐?
32 세 살 먹은 아이를 벗어나지 못했음이
니, 유치원생의 그 믿음을 벗어나지
못한 자요, 어머니의 젖을 물고 사는
아이만도 못한 것이 너희라 내가 말
함이니라.
33 어린아이가 젖을 물고 재롱을 부리고
또는 울음을 터트려 제 욕구를 표현하
듯이, 또 엄마에게 떼쓰듯이 그와 같

은 짓을 하는 것이며,
34 그 세 살 먹은 것을 벗어나지 못하는 것이 오늘의 종교 집단이요, 지도자요, 그 이름으로 세상을 덮는 지도자들이 하는 행위요, 구원을 받았다는 불쌍한 백성이 하는 짓이니,
35 나의 법전을 읽고 깨우쳐서도 너희가 이를 모른다 하면 나는 더 이상 너희에게 무엇을 더 해 주어야 하며 무엇을 더 바쳐야 하겠는가?
36 너희는 나에게 무엇을 더 요구하느냐?
37 모세를 보내어 그 광야의 역사를 보냈으며, 나의 아들 예수를 보내어 그와 같은 역사의 고통 속에 죽게 했으며,
38 지금 나의 아들을 통하여 밤과 낮을 가리지 아니하며 160권이라는 법전의 이 책을 만들어 증거하여 너희 손에 주며 읽고 듣고 깨우치라 함이니,
39 이것으로써도 안된다면 나 여호와가 너희에게 어찌해야 할 것이며, 너희는 무엇을 나에게 원하며 더 어떠한 희생을 바라며 어떠한 방법으로써 너희를 깨우쳐 주겠는가?
40 너희가 정녕 너희를 바로 깨우치고 너희를 인도하는 방법이 있으면 하늘에 대고 고하라.
41 그렇다면 내가 그를 들어 타당하다면 그리 행할 것이니라.
42 나의 법전이 세상에 내려가 너희를 깨우치는 증거가 된 것보다도 더 위대한 역사의 변화할 수 있는 것이 있으면 나에게 고하라.
43 그리하면 내가 그 뜻을 들어, 과연 그렇다면 그리 행하고자 함이니라.
44 나에게 더 요구하지 말라.
45 더 무엇을 원하지 말라.
46 모두는 너희 마음 자세요, 너희 마음에 성전을 짓고 교회를 지어 너희가 깨끗하게 다스리고 관리하면 됨을 잊지 말라.
47 내가 너희를 사랑하기에 오늘 나의 아들을 통하여 이 하늘의 뜻이요, 천기를 내가 다 기록하여 너희에게 내려 보냄이니라, 사랑하는 나의 아들딸들아!

7,538 번째 하나님 말씀

2003년 9월 17일 11시 55분

1 사랑하는 나의 아들아!
2 "네, 아버님! 말씀하옵소서."
3 내가 구약의 성서에 한 구절을 기록하여 너희에게 전하여 깨우치는 역사의 내용이 있을 것이니라.
4 지금의 초보적인 믿음을 버리지 아니하고 너희가 죽음의 생활을 청산하지 아니하고 진정한 나의 뜻에 의한 믿음의 길을 변화시키지 아니한다면, 너희는 정녕 나에게 오를 수 없으며 구원을 받을 수 없는 백성이요,
5 너희가 믿음의 변화를 일으키며 변화의 역사를 하지 아니하면 아니 된다는 나의 성서에 기록된 한 구절을 너희는 읽고 깨우쳤을 것이니라.
6 너희가 새로운 구원에 대한 믿음을 찾지 아니하며 구약 시대의 믿음이요, 신약 시대의 믿음이요, 그것에서 변화되지 아니하며 그 믿음의 역사를 찾지 아니하면 결코 너희는 하늘에 오르는 길을 볼 수 없음이니라.

7 구약 시대요, 신약 시대에도 나의 피
조물 만백성들이 나의 참진리를 받아
들여 그를 역사하며 뿌리를 내리는
그 역사를 이루지 못함을 나 여호와는
이미 알고 있었음이니라.
8 그리하여 너희가 구원을 얻고자 한다
면 새로운 믿음이요, 진정한 길을 찾
지 아니하면 아니 된다는 그 뜻을 내
가 성서에 일찍이 기록하여 너희에게
깨우쳤음이니라.
9 너희는 나의 뜻에 의한 삶이 아니요,
구약의 시대 또한 너희는 나의 뜻을
거역했으며 신약의 시대 또한 나의 뜻
을 거역하여, 너희의 잘못된 신앙이
요, 잘못된 믿음만 이 세상에 존재한
다는 것을 내가 미리 경고하기 위해
너희에게 기록해 준 그 대목을 너희
는 읽고 깨우쳤을 것이니, 한번 그 의
미를 깊이 새겨보도록 그리하라.
10 내가 오늘을 대비하여 일찍 너희에게
전하였음이니라.
11 이제는 너희가 고집해서는 아니 될
것이니라.
12 내가 구약의 성서요, 신약의 성서에
너희에게 깨우쳐 주었듯이, 지금 너희
가 초보적인 믿음에서 변화되지 아니
하면 구원을 받을 수 없다는 것을 미
리 기록하여 너희에게 전하였음이니
라.
13 이제 초보적인 그 믿음에서 벗어나야
함을 알라.
14 그와 같은 길을 역사하지 않는 자는
정녕 나에게 오를 수 없음이니라.

7,539 번째 하나님 말씀

2003년 9월 17일 12시 03분

1 사랑하는 나의 아들아!
2 "네, 아버님! 말씀하옵소서."
3 구약의 시대와 신약의 시대가 정녕 진
정한 참진리요, 나 여호와의 뜻에 따
라 살아가는 그 삶이요, 만백성이 내
뜻에 따라 역사하는 그와 같은 변화
를 이루었다면,
4 지금쯤은 모든 백성이 영적으로 선생
이 되어 있어야 하며 이 세상은 아름
다운 천국이 되어야 했을 것이며, 나
의 피조물 만백성들은 다 천사의 날개
를 달고 있어야 할 것이니라.
5 선생이 되어 있어야 하며 천사와 같은
백성이 이 세상을 지배하고 있어야 하
거늘, 그러나 지금의 이 세상은 어찌
되었더냐?
6 나의 피조물 만백성 너희가 쓴 것은
약이라 해도 그를 먹지 아니하며, 그
리고 독이라 해도 단 것만을 취하며,
7 간교한 종교 지도자들 때문에 나의 백
성이 아름다운 지상의 낙원에서 천사
가 되어 사는 것이 아니라, 악의 세상
에서 사탄에게 지배를 받고 있으며 그
들에게 당하는 것이 지금의 삶이니라.
8 그러니 너희가 아무리 권력을 갖고 재
물을 가져도 불안하고 초조한 마음이
요, 공허한 마음을 달랠 수 없는 험악
한 세상이 되어 있음을 알아야 할 것
이니라.
9 이 모두는 모든 종교 집단의 지도자들
이 초보적인 그 믿음을 벗어나지 못한
그와 같은 형국이 되어 있기 때문이니

라.
10 몇천 년이 지난 지금에도 부모의 품에
서 젖을 먹는 아이와 같은 믿음이요,
변하지 못하였음이니라.
11 너희는 정녕 성인으로서 성장치 못하
였으며, 성장하는 변화를 갖지 못하
고, 아직도 부모의 품에서 젖을 먹는
어린아이와 같은 그 믿음에서 벗어나
지 못했음이니라.
12 너희는 바로 그와 같은 자들로 인하여
이 세상의 미래를 모르며, 장차 역사
할 것을 모르며 나 여호와가 천 년에
걸쳐 지상의 낙원을 이루는 것을 보지
못함이니라.
13 그것을 깨우쳐서 내 뜻을 알아 하늘의
역사함이 이 세상에 이루어지는 것처
럼 너희가 매일 암송하는 그 뜻을 이
루고자 하는 자가 나올 때마다 너희는
그를 이단이요, 사탄이라 그리 말하느
니라.
14 너희는 애벌레에서 벗어나지 못하며,
나비가 되어 역사하는 자를 사탄이요,
이단이요, 그가 펴지 못하도록 뭉개
버리는 그와 같은 자들이니라.
15 너희가 오늘날 초보적인 믿음을 벗어
나지 못하고 성장하지 못하였기 때문
에 이 세상이 오늘과 같이 암흑의 세
상이 되어 있음을 알아야 할 것이니
라.
16 참진리의 성령의 뜻을 너희가 먹고
성장해야 할 것이거늘, 성령의 뜻을
먹고 나의 뜻을 먹고 성장하지 못하고
그저 부모의 젖을 떼지 못하는 것처
럼 그리 헤매고 있음이니라.
17 그리하여 그를 보기가 불쌍하여, 그들
을 깨우치려면 나의 뜻이요, 나의 성
령을 세상에 내려보내는 길밖에 없기
에, 내가 지금 나의 아들을 통하여
160권의 법전을 너희가 알기 쉽고 깨
우치기 쉽게 세상에 내려보내는 것임
을 너희는 알아야 할 것이니라.
18 그러나 나 여호와가 무엇을 역사하고
자 하는 것인지 그 모두를 모르는 것
이 오늘의 종교 집단 지도자들이 지금
헤매는 것이니라.
19 그러니 어린아이 같은 초보 단계를 벗
어나지 못하며 거기에서만 허덕이며,
그 선생조차 아이와 같은 똑같은 강론
만을 하고 있음이니,
20 내가 역사하고자 하는 것, 너희가 '사
도신경'이라 하여 매일 암송하고 외우
는 그것조차도 그 의미도 모르고 그
뜻도 모르는 자들이니,
21 내가 역사하는 것을 모르는 너희는
어떠한 자들이냐?
22 당연히 선악이 무엇인지, 악과 선이
무엇인지도 모르고 헤매는 것이 종교
집단이요, 지도자요, 그들을 따르는
백성임을 너희는 알아야 할 것이니라.
23 이제는 정상적인 신앙생활이요, 믿음
의 길을 가지 아니하면 아니 됨이니라.
24 지금쯤은 어른이 되어 선생의 역할을
충실히 해야 하는 너희거늘, 그와 같
은 역사를 하여 만백성을 구하지 못하
며,
25 부모의 젖을 떼지 못하는 어린 아이
들처럼 종교 집단이요, 지도자들이 그
어머니의 젖을 붙잡고 매달리는 아이
와 같은 데서 벗어나지 못하고 있음이
니라.

26 너희가 성장한 만큼 만백성을 구하는
그 역사가 이루어져야 할 것이니라.
27 어찌하여 성령으로써 성장하여 성령
으로써 만백성을 구하는 선생의 자리
를 지켜야 할 너희가 변화되지 못하
고 있는가?
28 물이 흐르지 아니하면 그 물은 썩음이
니라.
29 그리고 썩은 물은 쓸 수가 없는 것이
아니더냐?
30 물은 흘러야 하는 것처럼, 너희는 모
두 성령으로써 변하여 성령을 먹고 성
장하는 그와 같은 변화된 모습이어야
만 너희가 천사가 될 수 있을 것이며,
내 뜻을 역사할 수 있는 천사로 임할
수 있는 것이니,
31 너희의 발목을 잡는 자, 너희를 나가
지 못하도록 가두고 있는 그곳을 뿌
리치고 그 문을 활짝 열고, 넓은 세상
의 아름다움을 보며 나 여호와가 역사
하는 대자연의 위대함을 봐야 할 것
이니,
32 그리해야만 너희가 선생의 자격이 있
으며 선생의 자리를 찾을 수 있으며
지도자로서 거듭날 수 있다는 것을 나
의 피조물 만백성들이 읽고 깨우칠 수
있도록 나의 법전을 세상에 전하도록
하라.
33 어찌하여 선생으로서도 손색이 없는
너희가 지금 성령으로써 성장하지 못
하고 어머니 젖만 먹는 그와 같은 어
리석은 신앙생활에서 벗어나지 못하
는가?
34 그들을 너희가 깨우치라, 사랑하는 나
의 아들딸들아!
35 그것이 너희가 역사할 대명임을 잊지
말라.

7,540 번째 하나님 말씀

2003년 9월 17일 12시 08분

1 사랑하는 나의 아들아!
2 "네, 아버님! 말씀하옵소서."
3 모두는 다 사랑이 있어야 한다 하였음
이니라.
4 그 사랑도 육의 세상의 사랑이 아니
요, 나 여호와의 위대한 큰 사랑으로
써 모두 역사해야 한다는 것을 내가
너희에게 가르쳐 주었음이니라.
5 그리고 나의 법전에 기록하여 전함이
니, 이는 너희가 한자도 고치고 빼서
는 안 된다는 그 성경에도 내가 이미
너희에게 기록하여 주었음이니라.
6 아무리 앞에 있는 큰 산을 너희가 옮
기는 그 믿음이 있다 해도 너희가 나
여호와의 진정한 사랑이 없는 믿음은
곧 죽음의 믿음이요,
7 그 믿음은 나와는 아무런 관계도 없다
내가 기록하여 너희에게 전하지 아니
하였던가?
8 어찌하여 너희는 그 대목을 소홀히
생각하며, 그를 실천하고 행하는 삶을
살지 않는가?
9 지금의 종교 집단의 신도 그들은 무엇
을 위하여 사는가?
10 오직 믿음이요, 믿음만을 위한 신앙생
활을 하는 것이 그들이니라.
11 사랑이란 실천이 있어야 하며, 행하고
실천하지 아니하면 너희는 나에게 오
를 수 없는 것이라 내가 그리 가르쳐

으나,
12 너희는 행함이요, 사랑이라는 것을 왜 저버렸으며 왜 그걸 뒷전으로 저버렸는가?
13 그저 믿음이라는 것은 손해 보는 것이 없으며, 잃는 것이 없으며, 소중한 것을 버리는 것이 없음이니라.
14 그러나 너희가 사랑을 행하는 것은 항상 손해 보는 삶을 사는 것 같은 삶이요, 그와 같은 생각이 듦이니, 육의 세상의 모두를 놓을 수 없으며,
15 사랑을 베푸는 것은 육의 세상에 작든 크든 소중하든 소중하지 아니하든 그를 놓고 살아야 하며, 남 앞에 그를 놓을 수 있는 그와 같은 삶을 살아야 하며,
16 기도를 해도 남을 위한 기도요, 너희가 재물을 바치고 축복을 추구한다 해도 그것도 남을 위하는 것이 사랑의 실천함이니라.
17 너희는 항상 손해 보는 것 같기에, 가장 소중한 나의 사랑은 헌신짝 버리듯이 그저 버려두고 믿음을 위한 믿음이요, 그 믿음을 위한 신앙을 가는 것이요, 믿음만을 위한 신앙을 가는 것이 너희이기 때문이니라.
18 너희는 손해 볼 것 같은 그와 같은 계산이니, 모든 종교 집단이요, 지도자들이요, 구원을 받았다는 자들이 얼마나 간교한 방법으로 가고 있는가?
19 너희는 그와 같은 자들이기 때문에 사랑은 뒷전이요, 사랑은 잊혀졌으며 찢어졌으며 모두 다 버려져 있는 그와 같은 형국이 되어 있음이니라.
20 이제 나의 아들을 따르는 제자들이요, 그리고 나의 법전을 읽고 깨우친 너희는 하늘의 나 여호와의 큰 사랑을, 내가 너희를 통하여 역사하고 이루고자 하는 그 애절한 마음을 알겠는가?
21 아무리 큰 역사를 해도 사랑이 없이는 아니 된다 하였음이니라.
22 죽은 자로 사는 것은 공허함이 있으나, 사랑이 없이는 그것이 빛을 보지 못하며 그것이 위대함이 없다 하였음이니, 모두는 다 사랑으로써 역사해야 한다는 것을 잊지 말라.
23 그러니 너희는 모두를 이루되 사랑으로써 먼저 행하는 그와 같은 삶을 살라.
24 오로지 행동과 행함과 베풂이 없는 믿음을 갖고 지금 강조하고 부르짖는 집단은 모두 죽은 자요, 썩은 자들이라는 것을 알라.
25 '모두를 버리고 나를 따르라' 한 그 내용을 너희는 알겠는가?
26 너희가 큰 사랑으로써 모두를 다 버리고 나 여호와를 따르며 나의 뜻을 따르며 나의 아들 예수가 살아왔던 그 길을 산다면, 이 세상은 지상의 낙원이요, 평화요, 아름다움만이 존재할 것이거늘,
27 너희가 사랑이 없는 삶을 살기에, 하늘에서 이루어진 것같이 평화롭고 아름다워야 할 이 지상의 낙원이 암흑의 세계요, 사탄의 지배하에 지금 모든 사탄의 뜻을 따라 행하는 험악한 세상이 되었음을 알라.
28 이는 사랑이 없기 때문이니라.
29 그리하여 그 모든 먹구름을 거둬 버리며 그 사탄들의 뿌리를 뽑아 버리며,

오로지 사랑으로써 모든 백성이 존재
하는 세상을 만들려고 너희에게 베푸
는 사랑의 훈련을 시키고 있음이니,
30 일찍이 너희가 모두를 다 놓고 버리
는 큰 사랑으로써 임하는 역사를 갖도
록 그리하라.
31 너희가 몸소 실천하는 그와 같은 것만
이 만백성을 구하는 길이라는 것을 절
대 잊지 말라.
32 몸소 실천하며 몸소 행하라.
33 나의 성령을 직접 들으며 나의 강론을
들으며 나의 법전을 듣는 너희가 몸
소 행하는 그와 같은 삶을 역사하라.
34 그렇지 아니하면 그 누구도 따를 수
없으며 그 누구도 역사하는 자가 없
을 것이니,
35 이제는 너희가 대결정이요, 대결단의
씨앗을 뿌릴 때가 되었음을 알아야 할
것이니라.

7,541 번째 하나님 말씀

2003년 9월 17일 12시 13분

1 사랑하는 나의 아들아!
2 "네, 아버님! 말씀하옵소서."
3 큰 사랑을 베풀며 사랑으로 역사하고
살아가야 하는 나의 피조물 만백성
너희는 나 여호와의 사랑이 무엇이며
내가 사랑을 실천하는 것이 어떠한 것
인가를 알고 가야 하거늘,
4 너희는 그 의미요, 그 뜻도 모름이니,
그 의미의 뜻을 모르는 자가 어찌 실
천하고 살아갈 수 있단 말이더냐?
5 사랑하는 나의 아들딸들아!
6 사랑의 실천은 구원의 완성임을 너희
가 알아야 할 것이니라.
7 너희가 그렇게 갈구하며 하늘에 오르
고자 하며 그 천국의 내 품에 오고자
하는 그 모든 것이 완성되는 것은, 즉
말하자면 너희가 지상의 세상에서 육
이 죽어 영원히 구원을 받는 그 구원
의 완성이 곧 사랑이라는 것을 잊지
말라.
8 오로지 큰 사랑만이 구원의 역사의 완
성품이니라.
9 사랑은 나 여호와의 성령으로써 다시
태어남이요, 너희가 거듭나는 그 역사
이니,
10 너희가 구원을 받고자 하는 그 구원의
완성은 바로 사랑이라는 것을 가슴 깊
이 새기도록 하라, 나의 아들을 따르
는 제자들아!
11 사랑은 나 여호와의 전부라는 것을 알
라.
12 곧 사랑이 나 여호와의 전부요, 너희
가 큰 사랑을 베푸는 것이 곧 나의 뜻
이요, 나의 전부요, 나의 분신으로서
너희가 역사하는 것이며,
13 너희가 사랑의 생활이 없이 믿음을 부
르짖기만 한다 하여 구원을 받는 것이
아니요, 그건 절대 나와 관계없다는
것을 명심하라.
14 지금의 모든 종교 집단의 그 기도 소
리를 내가 파도 소리요, 강아지 울음
소리만큼도 듣지 아니한다는 것은 바
로 무엇인 줄 알겠느냐?
15 사랑이 없음이니, 그는 나의 완성품을
원하는 것이 아니요, 나에게 오고자
하여 너희가 완성된 나의 백성으로서
거듭나고자 하지 아니하는 자들이기

에, 나와 관계없다는 것을 너희는 알
아야 할 것이니라.
16 사랑하는 나의 아들을 따르는 제자 너
희는 들으라.
17 나 여호와의 전부가 무엇인 줄 알겠
느냐?
18 사랑이니라.
19 곧 그 사랑은 내가 뭐라 말하였느냐?
20 너희의 구원의 완성품이라 내가 말하
였음이니,
21 거듭남이 사랑이요, 모두가 여기에 있
거늘, 사랑을 실천하지 아니하고 행하
지 아니하고 살아가는 것은 아무것도
이루어질 수 없음이니 그리 알라.
22 그리하여 내가 너희에게 전하느니라.
23 너희가 사랑의 실천은 구원의 완성이
라는 것, 구원의 완성을 위해서는 너
희가 큰 사랑으로써 모두를 다스려
나가도록 그리하라, 사랑하는 나의 아
들딸들아!
24 사랑의 실천을 위하여 지금 모든 종교
집단 지도자들은 저희가 믿는 그 믿
음 속에서 벗어나지 아니하면 아니 되
며, 거기서 뛰쳐나가지 아니하면 절대
그를 볼 수 없음이니라.
25 오로지 종교 집단 지도자들이 어린아
이와 같이 다스리기 쉽도록 나의 백성
을 초보자의 믿음에서 벗어나지 못하
도록 하고 있음이니,
26 부모에게 보호를 받으며 그저 그 속에
서 살아가야 하는 어린 믿음으로써
너희를 묶어 놓고 있으며, 헤어나지
못하게 하고 있음이니라.
27 그러니 그 믿음에서 헤어나지 못하고
계속 너희가 그대로 있다 하면 너희
는 나와 관계없는 삶이요, 나와 관계
없는 백성으로서 너희가 나를 보지
못하며 지옥으로 간다는 그 두려움을
알라고 전하라, 사랑하는 나의 아들딸
들아!
28 그들에게 전할 수 있는 것은 너희뿐이
며, 그들에게 전할 수 있는 것은 나의
법전이요,
29 그들에게 전할 수 있는 나의 법전을
이고 지고 가서 전할 수 있는 것은 나
의 아들을 따르는 제자들이요, 나의
강론을 듣고 깨달음을 얻어 변하는 너
희밖에 없음이니,
30 나의 법전이 그들을 구하는 길이요,
나의 법전을 전하는 것은 나의 법전을
읽고 깨우친 너희뿐이라는 이와 같은
논리를 깊이 깨우쳐,
31 너희가 잠시도 게을리해서는 아니 될
것이며 나태해서도 아니 됨이니라.
32 큰 사랑을 너희 스스로 몸소 실천하
며, 그 큰 사랑이 담겨 있는 나의 성령
을, 나의 마음을 너희가 그들에게 전
하는 일을 게을리하지 말라, 사랑하는
나의 아들딸들아!
33 내가 너희를 사랑함이니라, 너희를 사
랑함이니라.
34 오늘의 고통과 시련이 있는 만큼 너희
에게 또한 그 받을 상이 있을 것이라
는 것을 너희는 알고 있을 것이니 그
리 알라.

7,542 번째 하나님 말씀

2003년 9월 17일 20시 51분

(강론을 마치며)

1 사랑하는 나의 아들아!
2 "네, 아버님! 말씀하옵소서."
3 이 세상에는 모두가 정답과 오답이 있다 하였음이니라.
4 그러니 너희가 정답을 찾고자 노력한다면 반드시 정답을 찾을 것이며 그 정답을 찾는 것은 바로 무엇을 의미하는가?
5 승리를 의미하느니라.
6 진정한 진실보다도 더 위대한 것이 없음이니, 아무리 거짓이 화려하고 위대한 것 같아도, 시간이 되면 그 허물이 드러나며 그 모든 비밀이 벗겨지게 됨이니라.
7 그러나 진실은 세월이 흐르면 흐를수록 빛이 나며 아름다운 것이며 값진 보석으로써 그 자리를 지키는 것이니, 진실이 얼마나 위대한 것인 줄 알겠느냐?
8 그 진실이요, 참진리는 바로 무엇인 줄 알겠느냐?
9 그것이 바로 정답임을 너희는 알아야 할 것이니라.
10 모두가 오답이 아니고 정답이 진리이니라.
11 그러니 너희는 그 진리에 따라 살아가는 그와 같은 삶을 살지 아니해서는 아니 됨을 너희는 알아야 할 것이니라.
12 내가 지금 나의 아들을 통하여 나의 피조물 만백성 너희에게 강론하며, 또 한 나의 법전을 읽고 깨우쳐 가는 너희를 바라보는 나 여호와의 마음이 어떠한 줄 알겠느냐?
13 한 나라의 왕이 전쟁을 하면서 모든 병사를 다 동원하여 전쟁터에 내보냈음이니, 그들이 쓰러지느냐 이기느냐에 따라서 그 나라의 운명이 달렸다면, 그를 기다리는 그 제왕의 마음은 과연 어떠하겠는가?
14 그에게 승전보를 올리는 것과 패전의 그 소식을 전하는 그것은 얼마만큼 어려운 것이며 위험한 것이며, 승자의 위대함이요, 패자의 그 처참함을 어찌 감당하겠는가?
15 그것을 기다리는 나 여호와의 마음보다는 그들은 못할 것이니라.
16 내가 너희를 세상에 내려보내 나의 법전을 읽고 깨우치게 했으며, 모든 연합군과 싸워서 이겨야 한다는 그 명령을 내리는 나 여호와야말로 너희가 나에게 승전보를 올려 주기를 바라는 그 마음이 오죽하겠는가?
17 그래서 내가 너희에게 서서히 임하라 하는 것이며, 서서히 변하라 하는 것이니라.
18 진정한 의인으로서 한 백성이 태어날 때 어떠한 것도 너희를 공격하지 못하며 너희를 쓰러트리지 못한다 하였음이니,
19 너희가 얼마만큼 아름답게 변하느냐가 가장 중요함을 너희는 항상 가슴에 안고 그와 같은 삶을 살아야 할 것이니라.
20 순간적인 실수를 저지르며, 아무리 너희가 고통스럽고 괴로워한다 해도 이

미 저질러지고 범한 그 죄는 지워질
수가 없음이니라.
21 그러니 너희가 아무리 고통스럽고 어
렵다 해도 처음부터 그 죄를 짓지 아
니하며 나에게 부끄러운 행위를 하지
않는 그와 같은 삶을 살아야 한다는
것을 알라.
22 모든 부하요, 병력을 다 내보내어 마
지막 결전에 내보낸 그 제왕이 기다리
는 승전보와 패전보는 그것이 얼마만
큼 차이가 있겠느냐?
23 오죽하면 너희 말에 전해져 있지 않
더냐?
24 적은 병력으로써 전쟁하여 이겼음이
니, 그 소식을 전하려고 단숨에 백 리
길을 달려온 그 병사가 '이겼노라' 하
고 그 왕 앞에 말하고 죽었음이니,
25 그것이 바로 너희가 오늘의 인간의
한계에 도전하는 그 경기의 종목으로
써 채택했다는 말이 이 세상에 전해지
고 있지 않더냐?
26 오죽하면 그 승전보를 전하는 데 목숨
을 다하여 왕에게 그를 전하여, 백성
에게 전하기 위해 그 병사는 목숨을
다하여 달려왔겠는가?
27 그 병사의 승전의 기쁨이 그와 같이
위대한 것이거늘, 너희는 인간 세상의
전쟁에서 승전보를 올리는 것같이, 나
여호와에게 너희가 승전보의 그 뜻을
올려 전하는 것과 감히 비교할 수 있
으며 생각할 수 있다고 생각하는가?
28 너희가 적은 병력으로써 전쟁에 이겨
그 국민에게 기쁨을 알리려고 목숨을
바쳐 달려온 그와 같은 자보다도 너희
는 열배 백배 더 강한 마음으로 강한
의지로써 역사할 때 그 모두는 역사
할 수 있는 것이니라.
29 한 사람의 병사가 이겼노라 전하고 죽
어 갔듯이,
30 너희 한 사람이 그보다도 더한 죽음을
두려워하지 아니하며 그보다도 강한
의지와 굳은 결의로써 모두를 역사한
다면 이루지 못할 것이 없느니라.
31 그가 죽음으로써 승전보를 전하고 죽
었듯이,
32 너희도 나의 법전을 들고 이것이 나
여호와의 뜻이며 이는 하나님의 말씀
이라 하여 너희가 그를 들고 외치며,
죽음 앞에 두려워하지 않는 그와 같은
마음 자세로써 임한다면,
33 나의 법전이 세상을 덮는 것은 시간문
제일 것이니라.
34 너희가 마음이 그리 굳어지지 아니하
였으며 다스려지지 아니하였음이니,
35 나의 법전을 세상에 전한다 해도 너희
스스로 물러나서 두려워 숨고 도망가
는 자들이 될 것이니라.
36 많은 역사와 기적을 이루었던 나의 아
들 예수를 팔았으며 그로부터 등을 돌
린 그와 같은 제자들이 있듯이, 너희
는 그보다도 더한 그 형국이 이루어질
것이니,
37 두 번 다시 나의 아들 예수를 죽이는
그와 같은 역사를 이루지 아니하려고
내가 지금 너희가 변하는 것을 기다
리고 있음을 알아야 할 것이니 그리
알라.

7,543 번째 하나님 말씀

2003년 9월 18일 08시 13분

1 사랑하는 나의 아들아!
2 "네, 아버님! 말씀하옵소서."
3 인간 세속에 살아가면서 너희가 하는
말이 있느니라.
4 '열 길 물속은 알 수 있으나, 한 사람
의 그 깊이는 알 수 없다.' 하였음이니,
5 인간은 살아 있는 것이요, 움직이는
동물이기 때문에 그러하며, 또한 그
환경에 따라 제가 대항할 수 있는 자
체의 그 능력을 가지고 세상에 태어
났기 때문에 그러하니라.
6 그러니 여기서 또한 너희는 하나 깨
우치고 가야 할 것이 있음을 알라.
7 인간은 무엇보다도 저 스스로 자신이
너무나 그 모두를 잘 알고 있으며, 제
가 바로 가고 잘못 가는 것, 그리고 제
가 또 바로 사는 것, 살지 못하는 것,
그 모두를 인간 스스로 누구보다도
더 자신이 잘 안다 하였음이니라.
8 그러니 너희는 사람이 살아가면서 실
수를 하며 잘못하는 것, 그리고 이해
할 수 없는 그와 같은 이웃에 대한 삶
이요, 행동에 대하여 너희가 시시비비
를 해서는 아니 될 것이니라.
9 그 모두는 다 때가 있으며 환경이 있
으며 그 역사함이 있기 때문이니, 이
를 너희는 볼 줄 아는 사람이 되어야
함을 알아야 할 것이니라.
10 인간 세상에 살아가면서 너희가 '대를
위하여 소가 희생된다'는 말이 있지
않더냐?
11 그는 무엇이더냐?
12 오로지 너희가 정의로움이 아니요, 때
로는 큰 일을 위하여 작은 일이 묻히
는 그와 같은 일이 있어야 한다 함이
니,
13 이는 뒤집어 보면 억울하고 분한 일이
요, 너희가 볼 때 순리적으로 맞을 수
없는 길이요, 역사할 수 없는 말이라
하나,
14 너희는 많은 것이요, 큰 역사를 위하
여 작은 희생은 감수해야 한다는 뜻이
거기에 있음이니라.
15 너희가 큰 역사를 하다 사람이 다치
며 또한 죽어 가는 것이 두려워서 큰
역사를 이루지 못하면 너희는 아무것
도 역사하지 못한다는 그와 같은 의미
의 깨달음도 거기에 있음이니라.
16 그러니 이제 나의 아들을 따르는 백성
이요, 그리고 그 제자들은 너희 자신
의 소임이요, 자기의 직분만을 조용히
최선을 다할 때, 모두는 역사하여 감
을 너희는 알아야 할 것이니라.
17 크나큰 하나의 배를 만들려면 필요한
부속이며 거기에 제자리를 잘 지키는
것만이 그가 가는 길이라는 것을 너
희는 알아야 할 것이니라.
18 너희가 나무라는 것을 가지고 배를
만듦이니, 그를 깎고 깨끗한 그 형틀
안에 너희 몸에 묻어서는 아니 되는
기름이요, 또는 폐유를 발라 그와 같
은 것이 썩지 않도록 보호하듯이,
19 그 모든 세상은 얽히고설킨 상태에서
나 여호와의 각본에 의해 내 뜻에 따
라 모두 역사한다는 것을 너희는 스
스로 알아야 할 것이니라.
20 그 모두가 훈련이요, 너희가 변해 가

는 하나의 과정임을 알아야 할 것이
니라.
21 너희가 스스로 하나의 변해 가는 과정
이요, 역사하는 그 아픔이 없이 너희
는 절대 바로 설 수 없으며, 큰 역사를
할 수 없는 것이 인간 너희이니라.
22 그리하여 너희는 많은 훈련과 고통
속에서 인내하고 견디는 그와 같은 삶
속에서 모두 이루어짐을 알아야 할
것이니라.
23 이것이 너희가 가질 수 있는 마음이
요, 그 모두를 덮고 너희가 그 모두를
바라보며, 봐도 보지 아니하며 들어도
듣지 아니하는 그와 같은 삶의 마음
자세이니라.
24 오로지 네 직분이요, 네가 할 수 있는
일만을 조용히 너희가 최선을 다하여
이루는 것이 너희가 나를 따르는 백
성이요, 선택된 백성 너희가 갈 수 있
는 것이니라.
25 인간 세상에서 너희가 죽고 사는 것,
그리고 육의 죽음으로 나에게 심판을
받는 그 시간과 때와 장소를 너희가
알지 못하는 것처럼, 너희는 나 여호
와가 역사함을 알 수가 없음이니,
26 오로지 스스로 너희 자신을 네가 다
스려 바로 서는 그것만이 너희가 가
야 할 길이니라.
27 남에 대한 시시비비요, 이웃에 대한
시시비비를 해서는 절대 아니 됨이니
라.
28 그 모두는 또한 나의 뜻이요, 나의 주
관하에 모두 역사한다는 것을 알아야
할 것이며,
29 항상 너희는 대를 위해 소가 더러는
희생이 된다는 것을 바로 내가 너희에
게 말하지 아니하였던가?
30 큰 역사를 위하여 더러는 실족되며 더
러는 슬픈 일 그 모두를 거치는 과정
에서 하나의 대형 건축물이요, 대역사
가 이루어진다는 것, 이와 같은 의미
의 깊이를 너희가 알아야 할 것이니
라.
31 이제 나의 법전을 읽고 깨우친 백성이
요, 그리고 나의 아들을 따르는 제자,
너희는 변화무쌍한 역사의 그 모두는
나의 주관하에 내가 이루고자 하는 그
모든 것이 내 뜻에 따라 이루어진다는
것을 깊이 깨우쳐,
32 너희 스스로 마음을 다스리며 너희
스스로 깨우침을 얻는 그와 같은 자가
되지 아니하면 너희가 마음을 돌이킬
수 없음이니라.
33 모두는 너희 자신 하나하나가 가지는
단점이요, 그 약점이요, 너희가 버리
지 못하는 그 마음을 다스리기 위해
내가 그걸 하루아침에 고쳐 주는 것이
아니요,
34 그와 같은 것을 시련과 고통 속에서
너희 스스로 훈련 속에서 너희 자신
을 닦고 가꾸어 나가는 그와 같은 그
훈련의 역사함을 너희는 알아야 할
것이며, 모든 백성에게 그리 전하라.
35 너희는 스스로 갈 길만을 가는 것이
요, 네 책무만을 충실히 하는 것이요,
모두는 나 여호와의 뜻에 이루어지니,
36 그를 너희가 알려 해서도 아니 되며
그를 시시비비해서도 아니 되며 그를
가지고 왈가불가해서도 아니 되며,
37 세월이 지난 다음에 오늘의 역사함을

모두 알게 될 것이며 알 날이 있을 것
이니라.
38 그때 가서야 너희가 나 여호와의 뜻
이 무엇이었는가를 알게 됨이니,
39 오늘의 너희 눈앞에 보이는 것이요,
오늘의 느낌을 가지고 모두를 너희가
그것이 정답인 것처럼 그와 같은 생각
을 하지 말고 살아가도록 그리하라.
40 그래야 너희의 마음이 비워지며 마음
의 욕심이 없어지며 마음에 담는 것
이 없으며, 네 생각을 하지 아니하고
오로지 나의 뜻에 살아가는 그와 같은
훈련에 임함을 알아야 할 것이니라.

7,544 번째 하나님 말씀

2003년 9월 18일 08시 19분

1 사랑하는 나의 아들아!
2 "네, 아버님! 말씀하옵소서."
3 모든 종교 집단이요, 지도자 너희가
지금 나를 위하여 경배하고 기도하고
또 설교하며 강론하는 것과, 나의 아
들이 나의 피조물 만백성들에게 강론
하며 설교하며 살아가는 그 삶의 과정
이 무엇이 다르며 무엇이 차이가 있는
지 너희는 알겠는가?
4 지금의 나의 아들은 모든 사람이요,
그 제자들 앞에 강론이요, 또한 나의
뜻을 전할 때, 그는 두려움 속에서 떨
고 있음을 너희는 알아야 할 것이니
라.
5 그는 작은 강단에 서서 나의 피조물
만백성들을 깨우치나, 그는 두렵고 무
서우며, 수천 번 죽는 그 죽음의 순간
보다도 더 두렵고 무서운 마음으로써
단상에 서며 강론함을 너희 제자들은
알아야 할 것이니라.
6 그는 왜 그러하던가?
7 그는 나 여호와의 뜻을 내가 전하여
주지 아니하며 내가 그에게 내리지 아
니하며 명하지 아니하면 아무것도 할
수가 없으며 아무것도 알지 못하는 자
요,
8 강론이요, 너희에게 설교라는 것을 할
수도 없으며, 너희가 묻는 말에 대답
할 수 없기 때문이니라.
9 그는 제 임의로 제 뜻대로 행하는 것
이 아니요, 오로지 내가 명하는 것, 내
가 내리는 것만 가지고 강론하며 또한
설교를 하며 너희에게 깨우침의 그 길
을 감이니라.
10 그러니 그는 너희가 말하는 강론을
하려고 단상에 설 때마다 천 번 만 번
죽는 그 고통보다도 더 두렵고 무서운
마음으로 그 단상에 섬이니라.
11 또한, 그는 기도도 마찬가지니라.
12 나로부터 성령을 받아 만백성을 구하
는 나의 법전 160권을 세상에 만듦이
니, 그는 기도할 때마다 죽음보다도
더 두렵고 무서운 마음으로써 기도함
을 너희 제자들은 알아야 할 것이니라.
13 그가 아무리 기도하고자 해도 내가 내
리지 아니할 때 내가 그에게 명을 하
지 아니할 때 그는 아무것도 할 수 없
으며 아무것도 역사할 수 없으며 알
지 못하기 때문에 그리고 제가 행할
수 없기 때문에,
14 그때마다 내가 명령을 내리지 않고
내 뜻을 전하지 아니하면 어찌할까
하는 그와 같은 두려움으로 그는 죽음

보다도 더 무서운 마음으로써 나에게
기도하고 경배하는 것이니,

15 그가 단상에 섰을 때도 죽음보다도 더
무서운 마음으로 심판받는 마음으로
항상 서고 있음이니라.

16 또한, 그가 기도할 때도 항상 심판을
받는 그 마음으로써 나에게 기도의 뜻
을 받고자 내 뜻을 받고자 그는 나에
게 그와 같은 시간을 가짐이니라.

17 그러나 지금의 모든 종교 집단이요,
지도자 너희는 무엇이던가?

18 너희가 과연 두렵고 무서운 마음으로
써 설교하는가?

19 그리고 기도하는가?

20 너희는 너희가 연구하고 생각한 것으
로써 나의 피조물 만백성들을 너희 생
각대로 가르치며 얼마든지 좌지우지
할 수 있으며 네 뜻대로 가르침이니라.

21 또한, 기도하는 것도 너희가 죽음보다
도 더 두렵고 무서운 마음에서 기도하
는가?

22 너희는 그저 생각나는 대로 말하고 전
하고, 그저 중단하고 싶을 때 중단하
며 하고 싶은 대로 무엇이든지 다 말
을 하면 되며, 그리고 말문만 열면 너
희는 막히지 아니하고 모든 것을 전할
수 있는 것이 아니더냐?

23 그러니 너희는 두려움을 모르며 기도
하는 자체를 두려움을 모르며 설교하
는 자체를 두려움을 모르며 단상에 서
는 것을 두려워함을 모름이니라.

24 나의 아들과 너희와의 그 차이점이
여기 있음을 알아야 할 것이니라.

25 나의 아들이 설교하기 위하여 나의 아
들이 강론하기 위하여 그가 설 때마다
그는 천 번 만 번 죽음 앞에 서는 고통
보다도 더 무서운 마음으로써 거기에
서게 되며, 그는 또한 기도할 때 그와
같은 고통 속에서 그 기도를 함이니라.

26 내가 내리지 아니하며 내가 명하지 않
을 때 아무것도 할 수가 없으며 역사
할 수가 없기 때문에, 내가 내릴지 안
내릴지 그때마다 그는 알지 못하기 때
문에,

27 죽음보다도 더 무섭고 두려움 속에서
하루하루를 존재하고 가는 것이니라.

28 그러나 모든 종교 집단이요, 지도자
너희는 그저 너희가 말을 만들어 말
문을 그저 열고 싶으면 열고 말하고
싶으면 말하며 너희가 하고 싶은 대
로 말할 수 있으니,

29 바로 나 여호와의 뜻에 따라 행하는
나의 아들과 인간의 생각이요, 인간의
마음으로 하는 너희와의 차이점이 여
기 있음을 알아야 할 것이며,

30 나의 아들을 따르는 제자 너희는 나의
아들이 죽음의 그 순간보다도 더 고통
스럽게 나에게 기도를 하며 단상에 선
다는 것을 잊지 말며, 그 두려운 마음
을 너희가 들여다볼 줄 알아야 할 것
이니라.

7,545 번째 하나님 말씀

2003년 9월 18일 08시 24분

1 사랑하는 나의 아들아!

2 "네, 아버님! 말씀하옵소서."

3 나 여호와는 너희에게 일깨워 주고 말
하였느니라.

4 너희 자신을 다스리는 것만이 나에게

오르는 길이요, 너희가 하나의 악습을
버리며 너희 자신을 다스렸을 때, 나
여호와는 너희에게 은혜를 내리며,
5 너희가 그 모든 과정의 역경을 힘들고
어려움을 거쳐 하나의 목적을 이루었
을 때 내가 너희에게 은혜와 사랑을
내린다 하였음이니, 그 의미를 너희는
깊이 깨우쳐야 할 것이니라.
6 너희가 이루어 가는 그 과정에서는 내
가 너희에게 은혜요, 상을 내림이 아
니요,
7 너희가 모두를 다 완벽히 만들고 이루
었을 때만 내가 너희에게 상을 내린
다 하였음이니라.
8 너희가 이루는 과정이요, 만들어 가는
그 과정은 완벽한 너희 것이 아니기
때문이니라.
9 나 여호와는 너희가 모든 것을 네 소
유물로 완전히 만들었을 때 너희 것이
완벽히 되었을 때, 그 과정을 지나면
서 너희가 역사하는 그때 내가 너희
에게 힘을 실어 주며 역사함이니라.
10 너희가 만들어 가는 그 과정에서는 내
가 너희에게 힘과 용기와 은혜를 내
리지 아니함이니라.
11 너희가 완벽히 만든 것, 그리고 완벽
히 주관하는 그것은 나 여호와가 주관
하는 것이요, 너희가 주관하는 것이
니, 이는 너희 것이라 함이니라.
12 네 것이 아니요, 네가 이루는 그 과정
에서 나는 너에게 힘과 용기를 실어
주지 아니하는 것을 반드시 여기서 깨
달아야 할 것이니라.
13 너희가 완벽히 만들었을 때만 너희
소유이니, 그는 사랑하는 나의 백성의
소유가 되었을 때만 내가 역사하며
내가 은혜와 지혜를 너희에게 내려
줌이니라.
14 그러니 너희가 이루는 과정에서는 내
가 너희에게 내려 주지 아니함을 알라.
15 나 여호와가 너희가 이루는 과정에서
모두를 주며 은혜와 축복을 내리며 지
혜를 주는 것이 아님을 알라.
16 모두 이루었을 때 내가 너희에게 내린
다는 것이니, 평생 하는 기도가 얼마
나 잘못되었으며 너희가 나와 관계없
다는 그 말뜻을 알겠는가?
17 너희가 이루는 과정에서 나에게 이루
어 달라 아무리 기도하고 경배해도 아
니 됨이니라.
18 너희가 완벽히 이루었을 때, 내가 사
랑하는 아들딸들의 고유의 소유가 됐
을 때 내가 거기에 대한 응답이요, 답
을 내림이니라.
19 이는 나의 아들딸이 영원히 주관하고
관리할 수 있으며 그 소유로 되었기
때문이니,
20 되는 과정에서는 사탄의 것이 될 수
있으며 너희가 버릴 수 있으며 흘러
갈 수도 있음이니, 그리하여 내가 너
희에게 은혜와 축복의 지혜를 내리지
아니한다 하였음이니,
21 너희는 모든 것을 이루기도 전에 이루
어 달라는 기도를 하지 말라 함이 여
기 있음이니라.
22 너희가 이루는 과정에서 기도하고 나
에게 울고불고하는 것은 내가 너희에
게 지혜요, 은혜를 내리지 아니함이니
라.
23 완벽히 너희 소유가 되어 있을 때이니

라.
24 나 여호와의 모든 것이 너희 것이며
너희가 완벽히 소유하는 것이 나의
것이니, 하늘과 지상의 모두 하늘에는
나 여호와가 지상에는 너희가 있음이
니,
25 너희와 나 여호와의 소유물이 되었을
때, 우리가 주관할 수 있는 그와 같은
완벽한 결과가 나왔을 때는 나는 너희
에게 은혜를 내리며 그 수고로움에 상
을 내리며, 그리고 또 너희가 왜 그리
했는가 그 지혜의 깨달음을 내림이니
라.
26 완벽한 소유물이 되지 아니하였을 때
나는 너희에게 내리지 아니한다는 것
을 알라.
27 너희가 개인이나 단체나 너희 자신이
모든 것을 완벽하게 행사했을 때, 권
리를 행사할 수 있도록 이루어졌을
때, 내가 너희에게 은혜와 상을 내린
다는 이 무서운 하늘의 뜻을 깊이 깨
우쳐, 이를 거역하는 일이 없도록 그
리해야 함을 너희는 알라.
28 너희는 하늘을 향하여 말하느니라.
29 이 세상에 죄인들을 모두 쓸어버리고
다스려 한 사람도 존재하지 못하도록
하고, 선한 백성만 이 세상에 존재하
도록 하면 될 것을,
30 어찌하여 악한 자도 존재하도록 하여
이 세상이 이 험악하게 갈 수 있는가
하여 나를 원망하고 있음이니,
31 그것이 얼마나 잘못된 것인가를 오늘
내가 너희에게 깨우쳐 주는 하늘의
이 뜻을 깊이 음미한다면,
32 그와 같은 원망을 해서는 아니 되며
원망을 하는 것은 이루어질 수 없다는
것을 너희는 알아야 할 것이니라.
33 내가 다시 한 번 너희에게 이름이니라.
34 너희가 권리를 행사할 수 있을 때 모
든 역사가 거기에 이루어지는 것이요,
35 너희가 완벽한 권리를 소유할 수 없을
때 거기에 내가 지혜와 능력의 은혜를
중간에 내려 주는 것이 아니라는 것을
알라.
36 너희 것이 완벽히 되었을 때 하늘의
것이요, 땅의 나의 백성의 것이니, 그
수고와 고통스러움에 대한 보상을 내
리며 그 이유와 깨달을 수 있는 지혜
를 내린다는 것을 절대 잊지 말라.

7,546 번째 하나님 말씀

2003년 9월 18일 08시 32분

1 사랑하는 나의 아들아!
2 "네, 아버님! 말씀하옵소서."
3 아브라함이 백 살이 되어 얻은 그 아
들 이삭을 나에게 바치라 하였음이니,
그가 바치고자 함을 너희는 알고 있
는가?
4 너희는 그 아브라함의 순종함만을 표
본으로 삼을 것이며, 믿음 또한 그와
같이 해야 한다고 그리 생각할 것이니
라.
5 그러니 백 살이 되어 늦게 얻은 그 소
중한 아들을 바치라 할 때, 바칠 수 있
는 그 이성은 순종이요, 믿음이 철저
한 사람이라 생각할 것이니라.
6 그러나 너희는 여기서 아브라함의 깨
달음을 알아야 할 것이니라.
7 아브라함이 백 살이 되어 얻은 그 소

중한 아들이라 해도, 그는 제 스스로
제가 이룬 것이 아니요, 창조주 나 여
호와로부터 그 아들을 받은 것이니,
곧 나로부터 받은 선물이라는 것을 그
는 깨닫고 아는 자이기 때문이며 그
는 지혜 있는 자임이니라.
8 비록 제 혈육이요, 아들이라 해도 그
는 나로부터 받은 선물이요, 내가 저
에게 명한 것이니, 내 것을 제가 아들
이라 그리 생각하는 그것을 그는 깨
닫고 알고 있음이니,
9 이 세상의 모든 것은 다 너희 개인 것
이 아니요, 나 여호와의 것이라는 것
을 그는 알고 깨닫고 실천한 자라는
이 하나의 의미를 너희가 오늘 깨달
아야 함을 알아야 할 것이니라.
10 지금의 종교 집단의 지도자, 신도들,
너희는 모두 나로부터 역사한 것이며,
내 소유를 빌려 쓰고 있다는 생각을
과연 하고 있는가?
11 너희가 먹고살고 움직이는 것, 소유한
모든 것이 나로부터 받은 것이요, 내
것을 빌려 쓴다는 그와 같은 굳은 깨
달음이 있는가?
12 그 깊이의 마음을 얼마나 믿고 사는가?
13 모든 것을 다 나로부터 받은 것이라
하면, 내 것을 가지고 내가 역사하는
오늘의 그 일에 동참하는 나의 아들을
따르는 제자요, 그리고 만백성 너희는
어떠한 길을 선택해야 할 것인가?
14 아무리 소중하고 귀한 것이라 해도 너
희가 정녕 나를 위하여 던질 수 있는
그 마음은 내 것을 나에게 돌려주는
것이라는 그 마음을 깨닫고 알 때,
15 너희는 이 세상의 소중한 것, 귀한 것
을 두려움에 놓지 못하며 아까워 내놓
지 못하는 그와 같은 것은 없을 것이
니라.
16 그러니 모든 종교 집단이요, 지도자들
이 그와 같은 마음을 가지고 지금까지
몇천 년 동안 믿음의 길을 왔으며 그
들이 역사했다면 오늘과 같이 사악한
현상은 이루어지지 아니하였을 것이
니라.
17 모든 종교 집단이요, 지도자들이 강단
에 서서 저희가 설교를 하는 것, 그 설
교요, 깨달음이 과연 누구를 위하여
설교하는가?
18 너희는 나를 위하여 설교한 것이 아니
요, 내 뜻을 가지고 설교한다는 그 마
음을 깨닫지 못하니라.
19 저 자신이 목자요, 제 이름 석 자를 위
하여 제 명성을 얻으려고 설교를 하
고 있는 것을 그들은 모르느니라.
20 그러나 그들은 제 이름 석 자를 먼저
생각하며 저 자신의 명성을 먼저 생
각하며 설교하고 강론하는 자들이니
라.
21 그 모두도 나의 뜻을 가지고 내 것을
가지고 전하고 가르친다는 겸손한 그
마음 자세를 갖지 못하는 자들이 그들
이니라.
22 그리고 너희가 교회를 짓는다고 역사
하는 그것은 또 누구를 위하는 것이냐?
23 나 여호와를 위함이라 말하나, 이는
누구를 위한 것인가 돌이켜 생각해 보
라.
24 제 이름 석 자의 성공 여부를 위해 역
사하고 있다는 것을 너희는 아니라
할 것이냐,

25 내가 보는 너희는 그와 같은 너희 자
신의 성공 여부에 모두를 걸고 밤과
낮을 가리지 아니하며 큰 교회를 짓고
자 더 화려한 교회를 짓고자 하는 것
이 너희의 그 속마음이요, 너희가 가
진 마음임을 알아야 할 것이니라.
26 너희 이름이요, 명성을 얻는 것은 누
구 것인가?
27 너희가 명성을 얻는 것은 과연 누구의
것을 가지고 그와 같은 역사를 하는가?
28 나 여호와의 것을 빌려 쓰면서 그걸
가지고 네 명성이요, 네 이름을 얻고
자 하며 네가 존경받는 사람이 되고자
하는 그와 같은 오늘의 믿음의 길을
가는 것이 종교 집단 지도자들이니라.
29 그러니 그것조차도 깨닫지 못하는 지
도자요, 또한 그를 보고 '아멘, 옳소,
맞습니다.' 소리 지르고 따라가는 그
어리석은 신도들이 너희이니라.
30 더 높이 알리고자 하는 것이 무엇이더
냐?
31 나 여호와의 이름이요, 나를 경배하며
나 여호와가 존재함을 위해 그를 드높
이 올려 만백성을 참진리로 깨우치는
그 길을 위하여 모두를 역사하는 것
이 아니라,
32 저 자신의 명성이요, 저희 종교 집단
이요, 지도자, 신도들 자신의 모두를
위하여 이루고 있다는 것을 알아야 할
것이니라.
33 그렇지 않다면 너희가 큰 교회요, 호
화찬란한 교회요, 그와 같은 성전을
역사할 필요가 없는 것이니라.
34 모두 너희 자신을 위하는 것이며, 네
머리로 네 손으로 너를 위하여 이루고
살아온 교만한 자들이니,
35 그 교만을 채우기 위해 노력하는 것은
모두 다 네 손이요, 네 머리요, 네 육
신의 그 모두가 다 너를 위하여 쓰고
자 하며 네 육신 전체의 생각이요, 네
이름 석 자의 공명에 젖어 그를 만족
시키기 위하여 이루어지고 있다는 것
을 알아야 할 것이며,
36 역사하는 모든 것이 거기에 근거를 두
고 있다는 것을 잊지 말라.
37 아니라 말하나, 너희는 그와 같은 삶
이요, 그와 같은 종교 집단이요, 지도
자들이 이 세상을 지배하고 있음을 알
아야 할 것이니라.
38 이제는 모두 나 여호와가 너희에게 내
려 준 것이며 나의 것을 가지고 너희
가 임함이니,
39 아브라함이 소중한 아들 이삭을 나로
부터 받은 것이요, 나의 소유요, 나의
선물이라 생각하여 내가 내려 준 것이
요, 내 것이라 하여 그가 바칠 수 있는
그 이면의 깨달은 마음을 너희가 알았
다면,
40 너희는 그와 같은 마음을 가지고 세상
을 살아가야 할 것이며, 그와 같은 마
음을 가지고 나의 법전이 세상에 나가
역사하는 것을 그 제자들이요, 그를
따르는 백성은 그리해야 할 것임을
알라.
41 내 것을 너희가 선물로 받은 것이니
그걸 돌려줄 수 있는 그 마음, 아낌없
이 주저 없이 돌려줄 수 있는 그와 같
은 마음을 가지고 살라.
42 그것이 나의 아들을 따르는 제자들이
요, 나의 법전을 읽고 깨우친 만백성

이요, 많은 백성을 구원하는 지도자로
서의 생각함이니 그리 알라, 사랑하는
나의 아들딸들아!

7,547 번째 하나님 말씀

2003년 9월 18일 08시 38분

1 사랑하는 나의 아들아!
2 "네, 아버님! 말씀하옵소서."
3 모든 것은 나 여호와에게 너희가 빌
려 쓰는 것이며 내 것을 사용한다 하
였음이니라.
4 그리하여 너희는 그를 바로 쓰다 나
에게 돌려주는 것이 도리요, 너희가
해야 할 일이라 말하였으며, 아래로는
또한 너희 후손들이 관리하고 살아야
할 것을 너희가 임시 빌려 사용하는
것이라 내가 너희에게 그리 깨우쳐
주었음이니라.
5 그러니 이 세상에 가장 지혜가 높고
가장 능력이 있는 나의 백성 너희만
그 진리를 모르고 사는 것이니라.
6 너희를 위하여 어떠한 길을 역사하는
것이 아니요, 오로지 나의 것을 가지
고 나의 뜻을 이 세상에 전하고 역사
하는 것이 너희가 이루는 길이요, 가
야 할 길이라는 것을 알면서, 그를 하
지 아니하는 것이 너희이니라.
7 이 세상의 자연에 존재하는 모든 것
을 한번 들여다보라.
8 동물이요, 식물이요, 미물이요, 그 모
두는 다 그들이 살고 존재하는 삶 속
에서 나에게 다시 돌려주는 그와 같은
순리를 거역하지 아니하고 살며, 자연
생태계에 사는 생명을 가진 모든 것
은 그와 같은 것을 벗어나지 않는 삶
을 사느니라.
9 오로지 가장 높은 지혜요, 가장 높은
판단력을 가지고 있는 너희만 나를
버리며 내 뜻을 따르지 아니하며 그와
같이 역행하며 사는 것이니라.
10 그는 바로 무엇이더냐?
11 모든 동식물은 자기 자신을 먼저 생각
하는 것이 아니니라.
12 다만, 인간 너희만이 저 자신을 먼저
생각하고 저 자신을 중심으로 살아가
는 그와 같은 삶을 살아가고 있기 때
문이니, 그게 바로 욕심을 버리지 못
함이라 하였음이니라.
13 그러니 이제 너희는 그 과거를 돌아
다보며 과거의 삶을 깨우쳐 보며 반성
하고 회개하는 그와 같은 삶을 살아야
할 것이거늘,
14 너희가 이를 이루지 못하며 그를 들여
다보지 못하며, 지난날의 삶을 회개하
고 반성하여 바로 사는 그와 같은 삶
을 역사하지 아니하며 그 길이요, 기
초가 없기에,
15 내가 나의 아들을 통하여 160권의 법
전을 만들어 너희가 과거를 돌아다보
며 지난 삶을 돌아다보며 자연의 순리
를 역행하고 사는 그 모두를 깨우쳐
주고자 함이니라.
16 그리고 너희는 모두 나의 것을 빌려쓰
는 것이니 그리하여 자연히 나에게 돌
려주어야 한다는 그 이치를 내가 너희
에게 깨우쳐 주고자 함이니라.
17 너희는 한 교회요, 너를 위한 복음이
요, 너희 자신의 거짓된 그 모두를 위
장하며 그를 속이려고 살아가는 그와

같은 형국이 오늘의 믿음이라는 것을
알아야 할 것이니라.
18 교회의 역사하는 것도 너희 자신을
위한 것이요, 복음을 전하는 것도 너
희 자신을 위한 것이라는 것을 세세히
기록하여 나의 법전에 전하였음이니
라.
19 그러니 너희는 지금 다 허물에 젖어
있으며 허물투성이에 던져져 있으며
죄 속에 허덕이는 자들이니,
20 너희 스스로 허물을 던져 버리며 죄가
두려운 줄을 알고 바로 태어나는 그
역사를 하지 아니하면 너희는 지옥문
앞에서 들어가지 아니하려고 몸부림
치는 그 형국이요,
21 너희가 벗어나려는 몸부림이 그 모두
가 얼마나 두렵고 무서운 것인가를 너
희는 알 것이니라.
22 너희가 몸부림을 치고 지옥에 갔을 때
는 너희가 생각하는 몸부림치는 것보
다도 천배 만배 더 두렵고 무서운 심
판의 결과에 따라 살아가야 할 것이며,
23 영원히 나오지 못하며 사는 그것이 기
다리고 있다 함을 너희는 알아야 할
것이니 그리 알라.

7,548 번째 하나님 말씀

2003년 9월 18일 08시 47분

1 사랑하는 나의 아들아!
2 "네, 아버님! 말씀하옵소서."
3 나의 아들 예수가 죽어 가면서 저를
죽이는 자를 사랑하며 그를 용서하라
하였으며,
4 그리고 그 모두를 허물어트려 남을 위
해 살아가는 그와 같은 모든 것은 사
랑이 근본이요, 너희의 영혼의 완성을
이루는 것은 바로 사랑이니라.
5 바로 그 사랑을 나의 피조물 만백성에
게 전하려고 그와 같이 예수는 죽음의
고통을 당하면서도 그를 고통이라 생
각하지 아니하고 그 길을 왔음이니,
6 그러니 오늘날 너희를 바라보는 나
여호와의 마음은 과연 어떠하던가?
7 남을 위하여 사는 것이 하늘의 뜻이
요, 나의 뜻이라 그리 가르치며 그를
전하고자 하였으나,
8 그와 같은 것은 벌써 너희 머릿속에서
지워져 있으며 이를 생각하는 백성이
없음이니, 나 여호와의 슬픔을 어찌하
겠는가?
9 정녕 나 여호와의 마음은 슬프도다.
10 너희는 너희를 위하여 살아가는 삶을
지금까지 살아왔으며, 그리고 오늘 현
재도 너희 자신만을 위해 살며, 미래
에도 너희 자신만을 위한 삶을 살아
가는 그와 같은 형국이 될 것이니라.
11 지금의 수천 년 동안 믿음의 집단이
요, 가장 방대한 조직을 이끄는 교회
라는 그 형태가 어떠하던가?
12 사랑으로 충만해야 할 교회라는 그곳
에서 교권 싸움이요, 교회의 주인 자
리를 놓고 그저 육박전을 벌이는 그
와 같은 싸움을 벌이는 것이요, 그리
고 형제지간에 소송하는 것을 예사로
함이니라.
13 뭐라 말하였느냐?
14 소송하여 겉옷을 달라 하면 속옷까지
주는 것이 나 여호와의 뜻이라 하였음
이니라.

15 너희는 서로 그 교회의 주인이요, 교
권을 장악하기 위하여 싸움하며 육박
전을 벌이며 소송하는 것을 부끄러운
줄 모르며, 그 인간의 재판관 앞에 믿
음이요, 종교에 대한 심판을 받고자
서류를 내미는 그 어리석고 불쌍한 인
간들이 바로 너희이니라.
16 그러니 그를 보는 나 여호와의 마음이
얼마나 슬프고 아프겠는가?
17 그것만으로써 나 여호와의 슬픔이라
말할 수 있겠는가?
18 그 이루어진 종교 집단이요, 교회를
모두 세습 체제로 이끌어 가려는 그
추한 모습으로 갖은 모함과 갖은 권모
술수를 쓰는 그 사악한 자들이 사악하
고 추한 생각으로 역사하면서도 그것
이 나 여호와의 뜻이요, 나 여호와가
너희에게 은혜를 준 것이라 그리 말하
고,
19 추한 행위도 내가 너희에게 내린 것
이며 죄의 행위도 내가 너희에게 은
혜를 주었다고 말하는 종교 집단이요,
지도자요, 그 신도들,
20 목적 달성을 위해서 그저 수단과 방법
을 가리지 않는 자들, 모든 사물에 대
한 소유권의 싸움이 그 교회 안에 있
음이니, 이는 거기에 있어서는 아니
될 것이니라.
21 모든 사물의 소유권이요, 그 관리하는
권리와 책임을 가지려고 인간 세상에
서는 서로 싸움을 하며 소송이 있을
수 있으나,
22 교회라는 곳, 신성한 나 여호와의 뜻
을 전한다는 그곳에는 절대 있어서는
아니 되며, 소유권의 싸움이 있어서는
아니 되는 것이니라.
23 그러니 그것이 나와는 관계없으며 죄
의 온상이라는 것이 무엇인 줄 알겠
느냐?
24 너희가 가장 치열한 것이 모든 재물이
요, 그 권한을 관장하기 위하여 육박
전의 싸움을 벌이는 것을 두렵고 무서
운 줄을 모르며 교회의 소유권을 가지
며, 세습 체제로 그대로 계승하기 위
하여 너희가 싸움하는 그 모습은 인
간 세상에서도 볼 수 없는 추한 모습
이며,
25 서로 소유권을 양보하지 못하고 싸우
는 것은 너희가 나의 피조물 만백성
들에게 가르친 교육이니, 사탄의 행위
임을 너희는 알라.
26 이를 바라보는 나 여호와의 마음이 얼
마나 슬프고 내 가슴이 아프겠는가,
너희는 그를 알아야 할 것이니라.
27 그리하여 내가 그들에게서 눈을 돌려
내가 너희를 바라보지 아니하는 것이
니, 정녕 바라볼 수 없는 것이 나 여호
와이니라.
28 그러한 지도자와 나의 백성이 나 여호
와의 은혜를 받지 못하는 자들이요,
너희는 나에게 축복과 영광을 받아 하
늘에 오를 수 있는 그 참진리의 길을
갈 수 있거늘, 너희는 나의 뜻이요, 나
의 성령이요, 나로부터 은혜를 받지
못하는 것이니,
29 지도자가 은혜를 받지 못하는 것은 당
연한 일이나, 사랑하는 나의 백성까지
도 은혜를 받지 못하도록 지옥으로 이
끌어 가는 것이 교회 안에서 세습 체
제요, 교권 다툼이요, 그와 같은 송사

를 하는 자들이니라.
30 나의 성경에 기록한 것을 너희가 암
송하며 수천수만 번 들은 자들이, 어
찌하여 나의 피조물 만백성들이 송사
하는 것은 사탄이요, 이단이라 그리
말하며,
31 '겉옷을 가지려고 송사하는 자에게 속
옷까지 벗어 주라'는 것을 수천수만
번 듣고 읽어 그를 행하는 것이 하늘
에 오르는 길이라 아는 너희가,
32 어찌하여 교권을 송사하며 세습 체제
를 위해서 송사를 하는 그와 같은 짓
을 하는가?
33 이것이 사탄이요, 사악한 자식들이요,
그리고 나 여호와의 자식이 아니라는
증거이니.
34 너희는 여기서 두 번 다시 이를 반복
하는 일이 있어서는 아니 될 것이니라.
35 그와 같은 행위를 하는 자는 정녕 용
서받지 못함을 알아야 할 것이니라.
36 이제는 너희가 알겠느냐?
37 나 여호와의 것을 너희가 빌려 쓰는
것이요, 그리하여 완벽하게 너희 것이
되지 아니하면 내가 너희에게 은혜를
내리지 않는다는 것을 내가 법전에 기
록하여 전했듯이,
38 너희가 가진 것이 나 여호와의 것이
요, 내가 가진 것이 너희 것이니,
39 너희가 소유하고 관리하고 역사하지
아니하는 것은 나의 은혜와 축복이 없
다는 것을 너희는 알고 있는가?
40 그러니 완벽하게 이루어지는 것만 내
가 거기에 은혜요, 상을 내리며, 미완
성의 것에 대해서는 축복을 내리지 않
는다는 그 이유를 너희는 깊이 알 수
있으며 깨달았을 것이니,
41 너희는 그와 같은 내 뜻을 알고 행하
는 백성으로서 살아가도록 그리하라,
사랑하는 나의 아들딸들아!

7,549 번째 하나님 말씀

2003년 9월 18일 08시 56분

1 사랑하는 나의 아들아!
2 "네, 아버님! 말씀하옵소서."
3 참진리를 깨닫는 것, 계명을 지키고
사는 것, 그것이 바로 무엇이더냐?
4 그 자체가 천국에 돌아오는 길임을 너
희는 알아야 할 것이니라.
5 그리고 이제는 제3의 시대에 나의 법
전을 내려보내니, 이를 읽고 깨우쳐
행하는 자가 심판대에 설 수 있으며,
그리하여 너희가 구원을 받으며 구원
의 길에 역사한다는 것을 내가 너희
에게 이미 깨우쳐 전했음이니, 이를
함부로 들어서는 아니 될 것이니라.
6 하늘에 오르려는 백성이요, 나에게 구
원을 받고자 하는 자들이 계명을 지키
지 아니하며 참진리를 깨달아 그 길
을 행하지 아니하며,
7 나에게 오르고자 생각하는 자, 나의
법전을 가슴에 안고 정독하고 깨우쳐
하늘에 오르는 그 길을 저버리는 자,
이를 거부하는 자는 이루어질 수 없
다는 것을 알아야 할 것이니라.
8 이 세상의 모든 유혹에서 벗어나는
것, 너희는 나의 아들 예수가 세상 것
모두와 싸워서 이겼듯이 그 길이 깨달
음이요, 참진리의 길이라는 것을 가슴
깊이 새겨야 할 것이니라.

9 오로지 그와 같은 길을 가지 아니하고
는 너희가 나에게 오를 수 없으며 참
진리를 깨달을 수 없다는 것을 알라.
10 모든 유혹과 욕심과 인간 세상의 물질
에 대한 욕망을 모두 초월할 때만 너
희가 하늘의 빛을 볼 수 있으며 나의
성령이 너희에게 임한다는 것을 알라.
11 그러나 지금의 종교 집단이요, 참지도
자요, 참신앙을 가는 자들이요, 그리
고 다른 신을 섬기지 아니하며 오로지
믿음을 간다는 그 백성이 가는 그 길
이 참진리의 길의 깨달음이 없으며
진정한 믿음을 찾아볼 수 없는 것이
오늘의 너희이니라.
12 그것이 바로 무엇을 증거하는가?
13 내가 너희에게 참진리가 아니요, 다
른 신을 두고 사는 것이라 말하며 욕
심을 비우지 못한 백성이라 그리 말
하면 너희는 나를 원망할 것이며 사
탄이라 말할 것이니라.
14 너희가 부르짖는 그 소리를 보라.
15 제가 믿고 가는 종교만 참진리요, 제
종파만 구원을 받을 수 있으며 제 교
회 안에서만 구원이 이루어진다 그와
같이 가르치며 부르짖는 것이 바로 사
탄만 할 수 있는 얼마나 무서운 소리
인 줄 아는가?
16 제 교회 안에서만 구원을 받으며 제
교회가 아닌 다른 곳에서는 절대 구원
이 없다고 가르치며 그렇게 믿고 가는
것이 또한 그 백성이요, 그리고 가르
치는 선생들이 하는 짓이요, 부르짖는
내용이니라.
17 그러면서 그를 보고 '맞소, 옳소, 아멘,
할렐루야!' 하며 손뼉을 치고 울고불
고하는 그 백성 자체 또한 얼마나 무
능한 자들이며, 불쌍하고 어리석은 자
들인가?
18 너희가 평생 얼마나 부끄럽고 욕심에
눈이 어두워 추한 작태를 보이고 있는
지 자신을 모름이니,
19 자신에게서 썩은 냄새가 나는 것을 맡
을 수 있는 그와 같은 너희가 되어야
함을 절대 잊지 말라.
20 나 여호와가 너희를 보기가 역겨워
고개를 돌리고 있다는 이 무서운 나의
뜻을 그저 흘려들어서는 아니 될 것이
니라.
21 참진리를 깨닫고 나의 계명을 지키며
나의 법전을 지키고 사는 백성은 나의
아들딸들이요, 너희가 천국에 오름을
알라.
22 그러나 그렇지 아니한 백성은 하늘에
오르는 빛을 볼 수도 없음을 너희는
알아야 할 것이니,
23 나의 법전이요, 나의 계명이 무엇이더
냐?
24 너희는 일찍이 내가 성서에 기록하여
전했으며 예수가 말하였느니라.
25 예수가 너희에게 물었을 때 뭐라 말하
였느냐?
26 빵으로만 살 수 없는 것이 너희라, 그
리고 나 여호와의 성령으로써 살아야
한다며, '하나님의 말씀으로만 너희가
살아야 한다'고 나의 아들 예수가 그
리 가르쳤으며, 성서에 기록하여 전하
였음이니라.
27 바로 나의 법전이요, 새로운 성경이
요, 하늘에 오르는 길이라 하는 '하나
님! 말씀하옵소서' 이게 곧 성령이니,

28 너희가 빵으로만 살 수 없는, 하나님
의 말씀이요, 창조주의 말씀이라 너희
가 갈구하고 기다리는 것을 내가 160
권의 법전으로써 세상에 내려보낸 그
역사를 이루고 있음을 너희는 어찌하
여 보지 못하며 그를 깨닫지 못하며
생각하지 않는가?
29 그러니 너희가 얼마나 불쌍한 백성이
더냐?
30 제가 있는 그 종파만 구원을 받을 수
있는 것이라는 그 욕심에 눈이 어두워
서 벗어나지 못하고 있으며,
31 너희가 가는 그 교회 안에서만 구원
을 받을 수 있는 것이라 가르치며, 너
희 종교 안에서만 참진리가 있으며
하늘에 오르는 길이 있다는 그 욕심의
보따리가 가슴에 똘똘 뭉쳐져 있는
자들이기 때문에,
32 거기에 빈틈이 없으며 사랑이 들어갈
수 없으며 성령이 들어갈 수 없으며,
참진리의 가르침의 그 메아리가 들어
갈 틈이 없음이니라.
33 그러니 너희가 그를 보지 못함이니라.
34 이제 너희가 빵으로만 살 수 없으며
나의 성령이요, 나의 말씀으로 살아야
한다는, 너희가 말하며 그리 갈구하는
창조주 아버님의 말씀이 책으로 엮어
져 세상에 내려감이니,
35 너희 종교만 참진리요, 구원의 길이
요, 너희 종파만 하늘에 오는 길이요,
너희 교회를 벗어나서는 하늘에 올 수
있는 백성은 아무도 없다는 그 어리석
은 욕심을 버리라.
36 그렇지 아니하면 너희는 아무것도 볼
수 없으며 깨달을 수 없음이니, 그를
버렸을 때 너희가 알 수 있음이니라.
37 그러나 그들 스스로 버릴 수 없으며
그들 스스로 거듭날 수 없음이니, 그
들을 다스리고 깨우치는 것이 너희 대
명이니, 어렵고 힘든 그 길을 마다하
지 아니하며 그리 가라.

7,550 번째 하나님 말씀

2003년 9월 18일 09시 05분

1 사랑하는 나의 아들아!
2 "네, 아버님! 말씀하옵소서."
3 내가 나의 아들을 통하여 너희에게 일
깨워 주었음이니라.
4 너희가 살아가는 것을 '남'을 위한 삶
을 살아야 할 것이며, '나'를 위한 삶
을 살아서는 아니 된다 그리하였음이
니라.
5 그리고 너희가 남을 위하여 기도하며
남을 위하여 헌금하는 그와 같은 마음
으로 살아가는 것만이 나에게 오를
수 있으며 하늘에 오르는 그 길을 볼
수 있다고 내가 말하였음이니라.
6 그러니 성서에 기록하여 내가 너희에
게 일찍이 깨우쳐 줌이 있음이니, 그
모두는 다 자신을 위함이 아니요, 참
진리요, 진정한 나 여호와의 뜻에 따
라 살아가는 자는 핍박과 고통이 있다
해도 나에게 모두를 다 얻는다는 것을
내가 성경에 일찍이 기록하여 너희에
게 전한 대목이 있음이니라.
7 '심령이 가난한 자는 복이 있나니 천
국이 저희 것임이라는 것을 알라' 그
리 가르쳤음이니라.
8 너희가 재물에 대해 부족하며 가난함

이 있으나, 나의 뜻에 따라 살아가는
자는 충족함이 있으며, 천국은 천사
와 같이 변하는 자만 나에게 오를 수
있다는 그 가르침의 의미가 거기에 있
음을 알라.
9 '애통해하는 자는 복이 있나니 저희가
위로를 받을 것이니라' 했으니, 내가
뭐라 말하였느냐?
10 너희가 오늘 참진리의 길을 가며 의
인으로써 가는 길이 고통스럽고 어렵
다 해도, 너희가 그 길을 마다하지 아
니하며 나의 뜻에 따라 나의 계명을
지키고 살아가고자 하는 자는,
11 오늘은 어렵고 힘듦이 있으나, 위로는
나로부터 상을 받을 것이요, 또 복이
내려질 것이요, 은혜가 있을 것이라는
것을 내가 너희에게 일찍이 기록하여
전하지 아니하였던가?
12 '온유한 자는 복이 있나니 너희가 땅
을 기업으로 받을 것이라' 그리 말하
였음이니라.
13 온유한 자는 무엇을 말하는가?
14 남이 오른 빰을 때리면 왼빰을 내놓듯
이, 너희가 시시비비를 하지 아니하며
모두를 사랑으로써 다스리며 은혜로
써 역사하는 그와 같은 마음을 가진
그 후손이 곧 하늘에서 이루어진 것같
이 이 지상에 낙원을 이루는 그 모두
를 역사할 수 있는 후손들이니,
15 천사와 같은 그 후손이야말로 바로 영
원히 이 지상의 모두를 통제할 것이
며, 천 년 후에 하늘에서 이루어진 것
같이 이 지상의 역사를 이룰 수 있는
백성이라는 것을 그리 기록하였음이
니, 그 또한 무엇이더냐?
16 나 자신을 먼저 놓고 계산하며 '나'를
먼저 생각하면 아니 됨이니라.
17 '의에 주리고 목마른 자는 복이 있나
니, 저희가 배부를 것이라' 하였음이
니라.
18 너희가 나 여호와의 진리요, 나의 뜻
에 살아감에 육의 세상은 고달프고 어
려우나, 진정한 진리의 길을 가는 자
는 두려움이 없으며 부끄러움이 없음
이니라.
19 거짓된 것이 없으며, 진실을 가지고
사는 자는 세월이 지날 때 그 진실은
위대하고 빛이 나며,
20 거짓은 아무리 화려해도 세월이 지나
면 퇴색하며 그 모두가 등을 돌림이니,
21 참진리를 위하여 목마른 자와 같이
의를 지키고 살 때, 오늘은 너희가 배
가 고플 것이나 그러나 너희는 배부
른 최후의 승자가 된다는 것이니 그것
또한 무엇이더냐?
22 남을 위하는 삶이요, 너희 자신을 죽
이는 것이요, '나는 죽은 자'라는 마음
을 가지고 살라는 나 여호와의 뜻이
여기에 또 기록되었음을 너희는 알아
야 할 것이니라.
23 '긍휼히 여기는 자는 복이 있나니 저
희가 긍휼히 여김을 받을 것이니라'
했으니,
24 너희가 어렵고 힘들고 가난하고 힘들
다 하여 그것을 저버리지 아니하고 꿋
꿋이 그 길을 갈 때, 너희가 고통스러
운 것만큼 그 은혜를 받음이 여기 있
으니, 이 또한 나 자신을 버려야 함이
니라.
25 마음이 청결한 자는 복이 있나니 저희

가 하나님을 볼 것이라' 하였음이니라.
26 내가 너희에게 뭐라 말하였느냐?
27 너희 자신이 죄를 짓고 안 짓고 착하
고 선하고 악한 것은 너희 자신이 다
잘 안다 하였음이니,
28 너희가 악습을 하나하나 버려 천사와
같은 그 마음으로 되었을 때, 깨끗한
하얀 눈보다도 더 하얘졌을 때, 내 음
성을 들으며 나를 볼 수 있으며 나를
만질 수 있다 하였음이니,
29 이것이 바로 너희 자신을 버리고 살
아가는 마음이 아니면 절대 역사할
수 없음이니라.
30 제 앞에 더 큰 것을, 제 앞에 더 아름
다운 것을, 더 좋은 것을 놓고자 하는
그 욕심의 공장을 뽑아내지 아니하면
청결한 마음이 될 수가 없음이니,
31 이는 천사와 같이 될 수 없음을 너희
는 알아야 할 것이니라.
32 '화평케 하는 자는 복이 있나니 저희
가 하나님의 아들이라 일컬음을 받을
것이니라' 했으니,
33 모든 백성을 사랑으로써 다스리는 것,
구원의 완성이 결국 무엇이더냐?
34 구원의 완성품의 그 역사는 사랑이니
라.
35 그러니 사랑만이 이 세상을 편안케 함
이니, 그 모두는 나의 뜻을 행하고 실
천하는 자들이니라.
36 그러니 너희가 나의 자식이라 일컫는
것은 당연한 것이 아니더냐?
37 너희가 바로 사랑으로써 역사하며 지
금 선택된 너희가 나의 아들딸이라
함은 바로 무엇이더냐?
38 너희가 사랑을 실천하고 행하고자 함
이니, 남의 추하고 더러운 것, 잘못된
것을 상처라 생각하여 다스려 주고 치
료해 주는 그 사랑의 마음으로, 그리
고 너희 자신이 해야 할 일만 굳건히
지키고 가는 것이 바로 이 세상을 화
평케 함이니, 그게 나의 아들딸이라
하였음이니라.
39 '의를 위하여 핍박을 받는 자는 복이
있나니 천국이 저희 것임을 알라' 그
리 가르쳤음이니라.
40 너희가 나의 법전을 가지고 세상에 전
함이니, 그 핍박이요, 고통은 말할 수
없으나,
41 이는 나 여호와의 진리요, 나의 성령
이요, 나의 뜻이기에, 너희가 어떠한
고통과 시련을 겪는다 해도 그 길을
포기하고 저버려서는 아니 됨이니,
42 이를 지키고 행했을 때 너희가 나에
게 올 수 있음이라 함이니, 이 모두도
너희가 부귀영화와 편안함을 생각하
면 이룰 수 없으며, 그 길을 가고자 하
는 자는 이룰 수 없음이니라.
43 오로지 너희는 나의 뜻에 따라 모두
를 역사한다는 것을 알아야 할 것이
니라.
44 '내가 율법이나 선지자를 폐하러 온
것이 아니라 너희를 완성케 하고자
왔다는 것을 알라' 했으니
45 너희를 벌하며 다스리고자 나의 법전
160권이 세상에 내려지는 것이 아니
요, 너희를 깨우쳐 다스려 하늘에 오
르는 그 찬란한 빛을 볼 수 있도록 그
모두가 역사하고 존재함을 알라.
46 그러니 모든 나의 백성을 구원하며
인도하는 너희의 자세가 어떠해야 하

는가?
47 이제 너희 제자들이요, 나의 법전을 읽고 깨우친 백성 너희가 먼저 이 모두를 행하는 그와 같은 자세로써 변해야 하기 때문에 내가 오늘 아침 성경의 한 구절을 열어 너희에게 전함이니 이를 너희는 알라.
48 나 여호와가 나의 아들을 통하여 성서의 뚜껑을 열어 이를 기록하는 나의 그 뜻을 너희가 알아야 할 것이며,
49 그를 안다면 소중한 대목임을 알고 너희가 이대로 행하고 사는 것이 먼저임을 알도록 그리 전하라, 사랑하는 나의 아들아!

7,551 번째 하나님 말씀

2003년 9월 18일 11시 25분

1 사랑하는 나의 아들아!
2 "네, 아버님! 말씀하옵소서."
3 너희가 자식을 낳음이니, 그가 성장하면서 처음에 입을 열어 '엄마, 아빠'라 부를 때, 그 마음의 기쁨이 형용할 수 없이 크다 하였으며, 그리고 그 자식을 기르는 데 너희는 온갖 정성을 다하느니라.
4 그리하여 그 자식이 성장함에 따라서 그가 방황하기 시작함이니, 그가 방황하고 흔들리는 그 마음을 다스리지 못하며 그를 잡아 주지 못한다 하면,
5 잡아 주지 못하는 그 부모의 마음이 얼마나 아플 것이며, 그리고 다스려지지 않는 그 자식을 보면서 그 부모는 과연 어떠한 마음을 갖겠느냐?
6 지금 나의 피조물 만백성들을 하늘에 오르는 길이라 하여 인도하는 수천 년 동안 흘러온 종교 집단이요, 지도자들이 나의 아들 예수의 이름을 부르며 나를 찾기만 하며 삼위일체를 울고불고 찾으면서 나의 피조물 만백성을 하늘로 인도하는 그 길을 가는 대명을 맡은 자라 그리 말하나,
7 오늘의 종교 집단이요, 지도자요, 신도들이 가는 그 행태로써는 나의 피조물 만백성들이 방황하는 것을 잡을 수가 없으며 방황하는 백성을 다스릴 수 없는 것이니라.
8 그러니 너희는 그 한계에 지금 직면하였음을 알아야 할 것이니라.
9 너희가 나의 피조물 만백성들을 참진리요, 방황하고 흔들려 사탄으로 끌려가는 나의 백성을 구원할 수 있으며 그들을 잡아 줄 수 있다면, 오늘날 160권의 법전이요, 이와 같은 역사는 결코 없었을 것이니라.
10 그러나 방황하고 흔들리는 나의 피조물 만백성들을 지금의 세상의 모든 종교 집단이요, 그들로써는 절대 다스릴 수 없음을 알라.
11 저희 교회요, 저희 성전이요, 저희 집단에만 구원을 받을 수 있으며 역사할 것이라 그리 가르치고 있기 때문이니라.
12 너희는 이기심이요, 욕심에 눈이 어두워 참진리를 보지 못하는 자들이니, 나의 뜻에 따라 만백성을 깨우치는 것이 아니라,
13 너희 이름 석 자를 세상에 남기려는 공명심에 의하여 오늘의 종교 집단이요, 지도자들이 존재하며 가는 길이

그러한 형국이라 하였음이니라.
14 그들이 어찌 방황하는 나의 피조물 만
백성들을 다스리고 잡을 수 있단 말이
더냐?
15 그리하여 내가 나의 아들을 통하여
160권을 세상에 내려보냄이니, 너희
가 그 방황하는 마음이요, 흔들리는
백성의 마음을 잡는 것은 진실한 성령
이요, 진정한 성령으로써만 그들을 다
스리고 잡을 수가 있음이니라.
16 그리하여 나 여호와의 모두를 태워 내
가 '하늘에 오르는 길'이요, '하나님!
말씀하옵소서'라는 이 책으로써 근거
하여 세상에 내려보냄이니,
17 오로지 이를 읽고 깨우치는 자는 곧바
로 성령이 저희에게 임함이니, 방황하
고 쓰러져 가는 그 백성을 바로잡는
길이 여기 있음이니라.
18 그러니 그들에게 법전을 전해 주며 그
들이 그를 읽을 수 있도록 하는 것은
이 세상에 나로부터 선택된 백성 너희
가 할 일이라는 것을 알라.
19 그리하여 너희가 소중한 나의 아들딸
이라는 것을 잊지 말라.
20 방황하고 흔들려 지옥으로 가는 그들
을 잡아 바로 세우는 것은 나의 법전
이요, 성령의 가르침밖에는 없음이니
라.
21 진정한 성령의 빛이요, 성령의 가르침
이 아니면 그들을 절대 바로잡을 수
없기 때문에, 내가 이루고자 하는 그
역사의 의미를 너희가 알았다면 최선
을 다해야 할 것이니라.
22 너희가 세상에서 귀중한 것을 취하려
면 모든 것을 다 바치면서,
23 그보다도 더 귀하고 소중한 나의 법전
이요, 나의 성령을 가지고 만백성을
깨우치는 그 역사에는 최선을 다하지
아니하며, 목숨을 바쳐 역사하고자 하
는 그와 같은 각오가 되지 아니한 것
이 너희이니,
24 귀한 것을 위해서 너희는 모두를 다
던지면서 정말 소중하고 귀한 그 보배
를 위해서 모든 것을 던지지 못함이니,
25 이게 나의 아들을 따르는 제자들이요,
나의 법전을 읽은 백성 너희의 어리
석음이니 그리 알라.

7,552 번째 하나님 말씀

2003년 9월 18일 11시 31분

1 사랑하는 나의 아들아!
2 "네, 아버님! 말씀하옵소서."
3 내가 나의 아들 예수를 통하여 성서에
기록하여 너희에게 깊이 깨우침을 전
하였느니라.
4 나의 아들 예수가 정녕 내가 사랑하는
나의 아들이요, 그리하여 나의 아들
예수가 내가 보낸 사랑하는 나의 아들
이라 믿고 따라가는 그 백성,
5 또한 나의 아들 예수를 내가 보낸 것
이요, 나 여호와가 세상에 내려보낸
것이라 믿는 그 백성,
6 그와 같은 마음을 믿고 행하는 백성
너희가 있으므로 나 여호와의 그 기
쁨은 말할 수 없으며, 그리하여 내가
너희를 사랑한다고 말하여 전하였음
이니라.
7 그러나 수천 년 동안 믿음의 길을 오
는 지금의 시대에 과연 말로써는 나의

아들을 찾으며 내가 보낸 자라 그리
말하나,
8 너희는 나의 아들 예수의 보혈로써 구
원을 받은 것이요, 하늘에 오르는 그
것에만 연연하며 너희의 이름 석 자
의 광명을 내려고 지금 모두가 타락
한 그와 같은 믿음의 세상을 가고 있
음이니라.
9 나의 아들 예수가 사랑하는 나의 아들
이요, 그리고 내가 나의 아들 예수를
보내어 너희를 깨우치고자 했다는 것
을 진정 믿는 백성이 없음이니라.
10 너희가 그를 믿는다면 나의 아들의
삶을 그대로 실천하고 사는 것이 너희
가 오늘에 나에게 오는 길이거늘, 그
와 같이 사는 자가 어디 있는가?
11 가난하고 불쌍한 자, 친구 없는 자의
친구가 되어 주며, 어렵고 힘든 그 길
을 마다하지 아니하고 가며,
12 그리고 상대를 위하여 기도하며 상대
방을 위해 자기를 무너트리는 나의 아
들 예수의 그와 같은 삶을 사는 자들
이 없음이니 이를 어찌한단 말이던가?
13 이제 나의 아들을 따르는 제자들이요,
나의 법전을 읽고 깨우친 만백성, 너
희에게 내가 진심으로 명하느니라.
14 지금 나의 법전을 기록하는 나의 아들
을 너희는 믿어야 할 것이며,
15 나의 법전이 나의 성령이요, 나의 참
뜻이라는 것을, 그리고 만백성을 구하
는 마지막 심판의 기본이요, 근본이라
는 것을 믿으며, 그리 따라가고 그리
행하고 갈 때,
16 나 여호와의 기쁨은 이루 말할 수 없
으며, 나 또한 너희를 영원히 사랑함
이니라.
17 그러니 등 돌리며 변질되는 그와 같
은 삶으로 살아서는 아니 될 것이니라.
18 정녕 너희가 변질되지 아니하며 변하
지 아니하는 그와 같은 확고한 믿음을
가지고 갈 때, 나의 자식이요, 내가 사
랑하는 너희를 정녕 버리겠느냐?
19 너희가 나로부터 등을 돌리지 아니하
며 나의 뜻을 거역하지 아니하는 한
나 여호와는 너희를 절대 버리지 아
니함을 알아야 할 것이니라.
20 나의 아들 예수가 '여호와로부터 나와
서 세상에 왔고 다시 세상을 떠나 아
버지께 가는 것이라' 너희에게 이미
그리 깨우쳐 주지 아니하였던가?
21 그와 같은 내용의 한 구절 한 구절을
너희가 정독해서 읽으며, 거기에 들어
있는 그 뜻을 잘 알고 깨우쳐야 할 것
이니라.
22 그러니 지금 나의 아들 예수는 나로부
터 명을 받아 세상에 가서 그 임무를
역사했으며, 나에게 부름을 받아 다시
돌아왔음이니라.
23 그러나 지금 나는 나의 아들을 통하여
내가 160권의 법전을 세상에 내보내
어 너희를 바로 세우며 구원의 길을
인도하는 그 대명을 명하여 내가 내려
보냈음이니라.
24 그를 따르고 믿는 제자, 너희는 축복
받은 백성이요, 영광된 백성이라는 것
을 잊지 말아야 할 것이며,
25 나로부터 축복과 은혜를 받은 백성 너
희가 그 은혜로써 무엇인가를 역사함
은, 바로 나의 법전이 이 세상을 하얀
눈이 내려 덮듯이 덮을 수 있도록 최

선을 다하는 것이 너희가 나의 기쁨
에 부응하는 길이요, 나의 은혜에 감
사하는 뜻이라는 것을 잊지 말라, 사
랑하는 나의 아들딸들아!
26 내가 너희를 사랑함이니라.

7,553 번째 하나님 말씀

2003년 9월 18일 11시 36분

1 사랑하는 나의 아들아!
2 **"네, 아버님! 말씀하옵소서."**
3 너를 사랑하며, 너를 따르는 제자들을
사랑함이요, 나의 법전을 읽고 깨우친
만백성을 모두 나 여호와가 사랑함이
니,
4 곧 너희가 나에게 와 심판을 받아 구
원을 받고 구원을 받지 못함은 나 여
호와가 결정할 일이며,
5 다만 너희는 구원의 길에 들어서는
백성이니, 너희를 보는 나 여호와의
마음이 기쁘며, 나의 천국의 집이 너
희로 하여금 그득히 채워질 그날을
기다리고 있는 나 여호와의 마음을 알
라.
6 그리고 너의 제자들은 이제 바른 삶이
요, 바른 행함을 살아야 할 것이니라.
7 너희가 그와 같은 은혜와 영광을 입은
백성이라면, 나의 아들 예수가 세상에
살면서 세상 속에 속하지 아니하고 그
가 저 자신이요, 성령대로 산 그 삶을
보아야 할 것이며, 그를 연구하고 바
라다봐야 할 것이니라.
8 그러니 사랑하는 나의 아들 예수가 그
젊은 육을 가진 나이에 세상 속에 살
면서 세상 삶에 살지 않은 것처럼,
9 너희도 이 세상 속에 살면서 세상 속
의 삶을 살아서 아니 되는 것이 너희
운명이라는 것을 깊이 깨우치고 그를
행하는 삶을 살도록 해야 할 것을 잊
지 말라.
10 이제 선택된 자, 너희는 너희 삶이 아
니요, 만백성을 위하는 삶이니라.
11 그러니 너희가 만백성을 위해서 사는
삶은 무엇이더냐?
12 너희가 하늘에서 천둥번개처럼 그 음
성으로써 만백성을 깨우치는 것도 아
니요,
13 너희가 사는 삶이 바르고 곧을 때, 그
리고 한 점의 부끄럼이 없는 삶을 살
때, 너희의 살아가는 그 모습을 보고
나의 피조물 만백성들이 변하는 그 역
사가 이루어질 것이며 내가 역사하는
뜻이 거기에서 이루어지기 때문이니
라.
14 그러니 너희가 오늘의 삶을 어찌 살
아야 할 것인가를 나 여호와가 너희에
게 명함이니, 이를 명심하여 행하지
아니하면 절대 아니 됨이니라.
15 내가 다시 너희에게 말하느니라.
16 나의 아들 예수가 이 세상에 살면서
모든 악과 유혹을 싸워서 이긴 그 삶
을 본받아야 할 것이며,
17 세상 속에 살면서도 세상의 삶을 살지
아니하고 성령의 뜻이요, 나 여호와의
뜻에 따라 세상을 살아간 나의 아들
예수의 그 삶을 살아가도록 그를 보고
배워야 할 것이니라.
18 또한, 나의 160권의 법전을 기록하여
세상에 전하는 나의 아들의 그 검은
머리가 하얘졌을 때 그 또한 성령이

임하는 삶을 살 것이며, 한 점의 부끄
럼이 없는 삶을 살아가는 거듭나는 그
시대가 올 것이니,
19 너희도 나의 아들 예수가 살아온 그
세상 속의 삶에 젖어 있지 아니하는
삶으로 그날을 대비하며, 나의 법전을
가지고 전하며 직접 역사할 것은 너
희이니라.
20 나의 아들 혼자 그를 하는 것이 아니
니라.
21 다만, 나의 아들은 그를 따르는 제자
들에게 모범 된 삶이요, 세상 속에 살
면서도 거기에 어울리지 않는 삶을 보
여 주는 것이요,
22 그리고 만백성을 구하여 만백성들을
깨우치는 것은 너희가 세상 속에 살
면서 그 세상에 어울리지 아니하고 사
는 그와 같은 삶을 보여 주는 것, 그
모두는 제자 너희가 해야 할 몫임을
잊어서는 아니 될 것이니라.
23 그리하여 너희도 일찍이 나로부터 선
택된 백성이요, 운명이 없는 백성이라
내가 그리 말하였음이니라.
24 너희가 어찌 변하여 나에게 쓰일 수
있는 그 시간이 길고 짧으냐에 따라
서 나는 너희를 사용할 것이니라.
25 너희가 정녕 변화되지 아니하며 세상
속에 더불어 사는 그와 같은 삶에서
벗어나지 못한다면,
26 나 여호와는 아픈 가슴을 도려내는 한
이 있더라도, 그보다도 더한 아픔의
저림이 있어도 내가 사랑하는 너희
손을 놓을 수밖에 없음이니라.
27 이는 구제불능이기 때문에, 다른 나의
아들딸까지도 너희가 지옥으로 이끌
어 가며 사탄의 자식으로 이끌어 갈
수 있기 때문이니,
28 이 말을 명심하여 행하도록 그리하라,
사랑하는 나의 아들딸들아!
29 나의 아들은 너희 제자들에게 그 모습
을 보여 주는 것이요,
30 모든 백성을 구원하는 것은 나의 아
들을 보고 깨우친 그 제자들이 똑같이
닮은 삶을 사는 것, 그것이 나의 뜻을
이루는 것이요, 나의 가장 큰 기쁨이
요, 영광이라는 것을 잊지 말라.

7,554 번째 하나님 말씀

2003년 9월 18일 11시 41분

1 사랑하는 나의 아들아!
2 "네, 아버님! 말씀하옵소서."
3 나의 성령이요, 내 모두를 태운 '하나
님! 말씀하옵소서', '하늘에 오르는
길'이요, 만백성을 심판하는 기준인
나의 법전이 세상에 나감이니,
4 사탄의 자식이요, 악마의 노예가 된
그들이 이를 존재치 못하도록 할 것이
며, 나의 아들이 세상에 존재하지 못
하도록 할 것이며,
5 예수보다도 더 잔혹한 방법으로써 흔
적도 없이 나의 아들을 없애려는 것이
그들일 것이니라.
6 그리고 법전이 세상에 나오지 못하도
록 그들은 모든 방법을 다 동원하여
그를 훼방할 것이며 방해할 것이니라.
7 그러나 그들에게 너희는 전하라.
8 너희가 아무리 사악한 방법으로 그 모
두를 역사한다 해도, 너희가 그 악한
행위를 모두 중단하지 아니하면 아니

됨을 전하라.
9 너희가 지금 모든 인간의 생각과 인간
의 악한 행위로써 나의 아들을 제거하
며 나의 법전을 세상에 존재치 못하게
하려 하나,
10 나의 법전은 세상 속에 속한 책이 아
니요, 세상에서 인간의 선생이 가르치
는 교훈이 아님을 너희는 알아야 할
것이니라.
11 이는 창조주 나 여호와요, 하늘 세상
의 것이요, 하늘의 것이며, 나 여호와
의 성령의 뜻이라는 것을 모르고,
12 감히 이를 세상에 나가지 못하도록 너
희가 아무리 악한 행위를 한다 해도
나의 법전은 세상을 덮음이니,
13 이는 세상사에 이루어지는 책이 아니
요, 법전이 아니라,
14 하늘에서 이루어지는 것이요, 하늘의
것이며 나 여호와의 것이라는 것을,
하늘나라의 것이라는 것을 그들에게
깨우쳐 주어 감히, 하늘나라 나의 것
에 도전하는 어리석은 행위를 하지 말
라 그리 전하라.
15 인간인 너희가 하늘나라의 법전을 대
항하고자 한다면, 너희는 결국 너희
자신이 무너짐을 자초하는 것이며, 너
희 스스로 지옥 불에 가기 위한 그와
같은 역사를 하는 자들이니라.
16 그러니 너희가 그와 같은 행위를 하
고 죽어 머지않아 나에게 와 심판을
받을 때, 결코 견딜 수 없는 지옥의 벌
이 내려질 것이며 너희를 기다리고
있다는 것을 알라.
17 나의 법전을 훼방하는 자, 나의 아들
을 흔적도 없이 이 세상에서 제거하고
자 계획하고 음모하는 사악한 자, 하
늘의 뜻이요, 하늘의 것을 거역하여
대항하려는 어리석은 자들은 두려움
이요, 무서움을 머지않아 알게 될 것
이니라.
18 이제 사랑하는 나의 아들을 따르는 제
자들이요, 그리고 나의 법전을 읽고
깨우친 만백성, 너희는 들어야 할 것
이니라.
19 너희 제자들 또한 지상에서 인간의 재
물을 가지고 인간의 권력을 가지고 인
간의 힘을 가지고 하늘의 뜻을 좌지
우지하려 하는 것, 그리고 나의 아들
을 이리 끌고 저리 끌려 하는 것, 나의
법전을 이리 굴리고 저리 굴리고 이리
만들고 저리 만들어 계산을 두는 그와
같은 두려운 행위를 하지 말라.
20 그것이 얼마나 나로부터 무서운 죄를
받는지, 성령의 죄는 용서치 못한다는
그 무서움과 두려움을 너희는 알아야
할 것이니라.
21 지상의 어떠한 것으로써도 너희가 나
의 아들의 마음을 동요시켜서는 아니
될 것이며, 나의 법전을 만드는 그 역
사에 파장을 이루어서는 아니 될 것이
니라.
22 이는 인간 세상에서 이루어지는 역사
가 아니요, 인간 세상에서 계획된 것
이 아니라, 창조주 나 여호와요, 하늘
의 것이요, 하늘나라의 법도요, 하늘
의 뜻을 역사한다는 것을 너희는 알
아야 할 것이니,
23 오늘 내가 나의 아들을 통하여 너희에
게 내리는 이 뜻을 가슴 깊이 새겨, 너
희 가슴의 문을 열어야 할 것이며 성

령의 눈을 떠야 할 것이며, 성령을 듣는 데 귀를 열어야 할 것이니라.

24 너희는 바람이니라.

25 아무것도 없느니라.

26 너희가 부는 바람을 손으로 쥐었다 놓았을 때 네 손에 남는 것은 아무것도 없음이니라.

27 너희 인생이 바람이니라.

28 너희는 바람이 되어야 하며 너희는 바람이라는 것을 잊지 말라.

29 너희가 아름다운 향기가 되어 바람이 되어 세상에 전하면 만백성이 그를 맡을 것이며,

30 너희가 썩고 썩은 추한 모습으로써 바람이 되어 세상에 날아간다면, 모두 코를 막을 것이며 입을 다물 것이며, 그들은 고개를 숙여 그 바람을 피하고자 할 것이니, 이것이 너희 운명이니라.

31 너희는 바람이라 그리 전하라.

32 이제 너희는 모두 바람이라 그리 말하고 전하도록 하라, 사랑하는 나의 아들아!

7,555 번째 하나님 말씀

2003년 9월 18일 11시 46분

1 사랑하는 나의 아들아!

2 "네, 아버님! 말씀하옵소서."

3 만백성 너희가 갈구하고 구하는 것은 하늘에 오르는 길이요, 구원의 역사를 바라는 것이 아니더냐?

4 그리하여 평생 모두를 다 바쳐 살아가는 자들이 있음이니, 내가 너희에게 뭐라 말하였느냐?

5 사랑이라는 것이 구원의 완결판이요, 사랑이라는 것이 구원의 완전한 것이라는 것을 내가 너희에게 가르쳐 주었음이니라.

6 그러나 지금 이 세상에 살아가는 너희는 과연 어찌 사는가?

7 재물을 갖고 능력을 가진 자가 제 이웃이요, 형제의 어려움을 보고도 등 돌리는 자들이며,

8 그를 도와 더불어 가고자 하는 그와 같은 생각을 하지 아니하고 사는 백성이 이 세상을 지배하고 있음이니라.

9 그리고 사랑이 구원의 완결판이라는 것을 아는 지도자들이요, 그리고 사랑이 나 여호와의 전부요, 사랑이 나라는 것을 아는 너희가, 말로써는 모두 그리 부르짖으나,

10 네 이웃의 어려움을 보며 등을 돌리는 삶을 사는 것이 지금의 종교 집단 너희가 가는 것이니라.

11 구원의 완결판이요, 구원의 모든 결정체가 사랑이요, 사랑을 실천하며 사랑을 행하며 사는 것이 그 완결판을 이루는 것이라 내가 그리 말하고 전하였지만,

12 지금의 종교 집단 너희는 정녕 그와 같은 행위를 하지 아니하고 살고 있음이니, 이를 보는 나 여호와의 마음이 아프니라.

13 그리하여 나의 아들을 독려하여 밤과 낮을 가리지 아니하고 그 사랑의 완결판이요, 사랑이 무엇인가를 너희에게 깨우쳐 주기 위하여 이 법전을 세상에 내려보냄을 알아야 할 것이니라.

14 그들이 어찌 가든 나의 법전을 읽은

백성이요, 나의 아들을 따르는 백성
너희는 육의 세상의 재물을 갖고 권세
를 부리며 너희가 모든 것을 다 이루
고 구원할 것처럼 재물에 의존하는 그
와 같은 삶을 살지 말라.
15 너희가 재물의 권세를 부리며 재물로
써 이 세상 모두를 다 만들 수 있으며
구원할 수 있다고 생각하는 자, 그러
하기에 그 재물이 구원이요, 네 생명
보다도 더 소중하며 네 이웃의 어렵고
가난함이요, 그들의 궁핍함을 돌아다
보지 아니하며 사랑을 베풀지 못하고
사는 것이니라.
16 가진 자는 너희 주변에 가난하고 어
려운 자가 있는 것이 축복받은 자요,
영광 받은 자이니라.
17 너희가 불쌍하고 가련하고 궁핍한 그
형제들을 보살피고 도울 기회가 항상
손만 뻗으면 있기 때문이니, 그것이
너희가 얼마나 행복이요, 영광인 줄
아느냐?
18 형제들의 가난함을 보고 핍박하며, 어
찌하여 너만큼 살지 못하며 네 주변에
는 가난한 자요, 불쌍한 자들만 있느
냐고 하는 자는, 사랑의 결정체가 구
원의 답이라는 것을 모르는 어리석은
백성이니라.
19 가진 자는 주변에 궁핍한 자, 가난하
고 어려운 자가 있는 것이 축복받은
자요, 영광된 자이니라.
20 손을 뻗어 전할 수 있으며 그저 집어
나누어 같이 행하면 될 수 있는 네 주
변에 어렵고 가난한 자가 많이 있음을
축복이라 생각하고 가야 할 것이 나
의 아들을 따르는 제자들이요, 나의
법전을 읽고 깨우친 백성 너희가 가
야 할 길이며 마음 자세임을 알라.
21 이웃의 궁핍함을 보살피는 그 행함이
사랑이니라.
22 그러니 너희가 그와 같이 행함을 가지
고 나에게 오를 수 있는 그 길을 가야
하거늘,
23 가장 많은 집단이요, 가장 많은 믿음
의 세상이요, 그리고 많은 물질이 있
고 풍요로움을 가진 지금의 종교 집
단 지도자 그들은 사랑으로 베풂이
아니라 말로써 행함이요,
24 그저 저희가 적은 것을 행했을 때 그
를 더 크게 높이 제 이름 석 자요, 저
희 종파의 이름을 세상에 알리기에
급급한 자들이니,
25 그들이 정녕 사랑을 알며 행함을 아는
자들이더냐?
26 그들에게 깨우쳐 주라.
27 이제 진실한 행함의 사랑을 살며, 행
하고 살도록 그리 가르치라.
28 사랑하는 나의 아들딸들아, 그들을 깨
우치고 가르쳐야 함을 잊지 말라.
29 그리고 나의 아들을 따르는 제자 너희
는 재물이요, 물질이요, 권세를 가지
고 오만하고 자만하는 생각을 하지 말
라.
30 모든 어려운 자가 네 주변에 있는 것,
낮은 자가 네 주변에 있는 것이 영광
이요, 축복이요, 은혜 받은 자며, 그
속에 존재하는 자가 너희라는 것을
잊지 말라.
31 그리하여 사랑하는 자, 네 이웃에 가
난하고 어려운 자 속에 너를 놓았음이
니, 나의 사랑하는 의미를 알라.

7,556 번째 하나님 말씀

2003년 9월 18일 11시 52분

1 사랑하는 나의 아들아!
2 "네, 아버님! 말씀하옵소서."
3 너희가 사랑의 노래를 부르지 않느냐?
4 그 모두는 사랑이 으뜸이라 하였음이
니라.
5 그러니 그 사랑을 모두 행하는 그 백
성만이 나에게 구원을 받는 절대적이
라는 것을 내가 수없이 강조하였음이
니, 이제 나의 아들을 따르는 제자 너
희는 가슴속에 사랑이라는 두 글자로
네 마음을 다 바르라.
6 너희 방에 글을 써 놓은 것처럼 네 가
슴에 모두 사랑이라는 그 글자를 도배
하여 그와 같이 써 붙이고, 그곳에 그
외에는 아무것도 존재하지 못하도록
그와 같은 굳은 마음으로써 너희가
살아가야 함을 잊지 말라.
7 나 여호와가 너희와 같이함이 무엇인
줄 알겠느냐?
8 사랑하는 마음을 가지는 것이니라.
9 너희가 나 여호와와 같이함이요, 내가
너희와 같이함이라는 그 위대함의 역
사는 무엇인 줄 알겠느냐?
10 너희가 사랑을 실천하는 그것만이 너
와 내가 같이함을 잊지 말라.
11 나 여호와는 너희를 모두 사랑함이니
라.
12 내가 너희를 사랑하는 것처럼, 나의
아들을 따르는 제자들이요, 나의 법전
을 읽은 백성 너희는 큰 사랑으로써
모두를 사랑함이 변함이 있어서는 아
니 됨을 잊지 말라.
13 아무도 이룰 수 없는 그 하나의 크나
큰 사랑의 길 그 길을 가는 것은 오로
지 너희뿐이며, 내가 너희만 바라보고
있다는 것을 절대 잊지 말라.
14 그러니 너희가 그 사랑을 베풀고 행하
고 가는 것은 오직 나와 같이 더불어
있는 것이며, 또한 내가 너희와 같이
임하고 있으며 너희의 일거수일투족
을 내가 바라보고 있다는 것을 절대
잊지 말라.
15 사랑을 행하며 진실되게 사는 자는 나
여호와가 같이하고 있음을, 잠시도 내
가 너희 곁을 떠나지 아니한다는 것을
절대 잊지 말라.
16 다만, 너희가 나를 보지 못하며 내 말
을 듣지 못하며 나의 형체를 보지 못
하는 것뿐이니라.
17 내가 너희와 같이하고 있으니 사랑을
행하는 백성이니라.
18 사랑이 없이 이끌어 가는 종교 집단
이요, 지도자 그리고 그 신도들, 그 자
신들이 얼마나 구역질 나는 그와 같은
삶을 살며, 저희가 그 구역질 나는 행
위를 하고 있는지, 나 여호와는 감히
그들을 바라보기도 싫음이니라.
19 수천 년 동안 흘러오면서 그 많은 물
질이요, 재물이요, 집단의 능력을 가
진 자들이 '사랑, 사랑'을 부르짖으면
서 그들이 하는 그와 같은 행위를 내
가 바라볼 때,
20 정녕 구역질이 나 내가 바라볼 수 없
으며, 내 속이 뒤집히는 그와 같은 자
들만 이 세상에 들끓고 있음이니, 그
속에 너희가 존재함이니라.
21 내가 다시 말함이니, 구더기 속에 진

주가 있는 것보다도 더 오늘이 그 구
역질 나는 현실이라면 너희는 과연
믿겠느냐?
22 너희가 삶을 살고 있는지, 제대로 어
떠한 역사를 하는 것인지, 그리고 너
희가 지옥을 가고자 사는 것인지, 나
에게 오르고자 삶을 사는 것인지, 나
여호와는 알 수가 없는 것이 오늘의
종교 집단이요, 지도자들이 가는 것이
니라.
23 수천 년 동안 흘러온 지금의 믿음의
길을 가는 그 백성이 그 교회요, 그 종
파요, 그 모두를 위하여 일하는 것이
하늘에 오르는 길이요, 구원을 받는
길이라 온갖 것을 다 바쳐 자신이 해
온 그 모습이 얼마나 추하고 부끄러움
이요, 욕심이 그득 찬 행위이며 모습
인 줄 알겠는가?
24 이제 나의 법전을 접하는 백성 너희는
지난날의 믿음을 뒤돌아보며, 나의 아
들 예수의 보혈로써 구원을 받았다며
울고불고하는 광란의 그 짓이 얼마나
구역질 나는 짓이며 추한 행위며 부끄
러운 행위인지를 너희가 알려면 뒤돌
아보라.
25 그를 깨우치는 길은 바로 무엇이더냐?
26 너희가 거울에 비추어 보았을 때 너희
의 모든 모습을 볼 수 있으며 장단점
을 알 수 있으며, 너희가 아름다운 것,
미운 것, 고쳐야 할 것을 알 수 있듯이,
27 나의 법전이요, 하늘에 오르는 길이
요, '하나님! 말씀하옵소서'라는 이 법
전이 너희 마음을 다 비추어 주는 거
울이니라.
28 나의 법전을 읽고 또 읽어 깨우쳤을
때, 너희 마음이 거울에 비추어져 네
모습을 봄이니, 구역질 남이요, 추하
고 더러운 그 모습을 너희가 볼 수 있
음이니,
29 그 추하고 더러운 것을 네 몸에 남겨
둘 자 누가 있더냐?
30 너희는 수술할 것이며 다시 태어날 것
이며 거듭날 것이며, 축복받는 하늘에
오르는 그 길을 보게 되는 대수술의
역사를 하는 것은 너희가 거울을 보
고 그 상처를 알아야 하며 썩은 것을
알아야 함이니,
31 그를 비춰 주고 볼 수 있는 것은 나의
법전밖에 없다는 것을 명심하고 또 명
심하여, 나의 법전을 가슴에 안고 정
독하고 또 다스리라.
32 이 말이 정녕 믿어지지 아니하거든,
나의 아들을 따르는 제자들이요, 나의
법전을 읽고 깨우치고자 몸부림치는
그들을 보라.
33 그들은 나의 법전을 읽고 깨우쳐 저
자신의 마음속을 거울에 비춰보며,
그를 완벽하게 보고 있기 때문에 그를
씻어 내고 도려 내고 그 상처를 치료
하기 위해서 몸부림치는 그들을 본다
면,
34 나의 법전이 거울이라 함을 너희가
알게 될 것이니라, 어리석고 불쌍한
나의 백성들아!

7,557 번째 하나님 말씀

2003년 9월 18일 11시 57분

1 사랑하는 나의 아들아!
2 "네, 아버님! 말씀하옵소서."

3 내가 내려다보는 세상이 얼마나 암흑
이면 내가 통탄하며, 내 마음이 아픈
줄 알겠느냐?
4 수천 년 동안 흘러온 그 믿음의 길을
간 백성이 저희가 10년, 50년, 평생을
바친 자들이 유치원의 기초적인 과정
을 거치지 못하고 그저 죽어 와 심판
을 받는다면,
5 지금의 모든 종교 집단과 지도자들이
평생을 울고불고 바치며 진정한 믿음
의 길이라 달려온 것이요, 역사했던
모든 것이 유치원의 과정을 벗어나지
못한 믿음이라 말한다면, 너희는 과연
어찌하겠느냐?
6 그리하여 너희는 그 믿음 속에서 나
에게 달라, 구원해 달라, 그리고 소원
을 이루어 달라, '두드리면 열릴 것이
요, 구하면 얻을 것이라' 하여 그저 몸
부림치고 있음이니라.
7 너희는 유치원생이 되어 나에게 무엇
을 달라 몸부림치고 울고불고함이니,
그 유치원생에게 내릴 것은 무엇이냐?
8 그저 어미의 젖이요, 밥 한술 떠 주는
것이니라.
9 그러나 나 여호와는 유치원생에게 줄
것을 하나도 가지고 있지 아니하며 소
유하지 아니한 나 여호와라는 것을
너희가 알아야 할 것이니라.
10 나 여호와가 정녕 유치원생과 같은 그
믿음 속에서 헤어나지 못하는 백성,
너희만을 바라다보며 너희에게 은혜
를 내려 주려 해도, 유치원의 믿음으
로써 너희가 나에게 몸부림치고 원하
며 요구해도, 내가 유치원생에게 줄
수 있는 것은 아무것도 소유한 것이
없어 내려 줄 것이 없음이니라.
11 그러니 너희가 지금까지, 그리고 미래
까지 기도하고 나에게 역사해 달라
울고불고 광란의 짓을 했던 그 모두는
다 무엇이더냐?
12 다 헛된 것이라 내가 말함을 알겠느냐?
13 강아지 울음소리요, 개구리 울음소리
요, 파도소리만큼도 내가 들리지 아니
한다 하였음이니,
14 지금까지 모든 종교 집단이요, 지도자
요, 그리고 신도라 하여 울고불고 광
란을 하며 나에게 기도하며 매달리며
이루어 달라 소원하고 말했던 것은 나
여호와는 하나도 소유하지 아니하는
것들이며 나와는 관계도 없으며,
15 내가 줄 것이 없는 것을 가지고 너희
가 나에게 매달리고 애원하고 울고불
고하는 삶을 산 것이 너희라는 것을
나의 법전에 기록하여 전함이니 이를
믿으라.
16 나는 이제 사회인이요, 성장된 자들에
게 내려 주고 가르칠 것은 가지고 있
으나, 2천 년의 역사가 흘러온 그 유
치원생들을 위해 내가 지금도 모두를
보유하고 있으며 그들을 달래기 위해
내가 우유요, 사탕이요, 빵이라 너희
가 말하는 그와 같은 음료를 가진 것
이 아니요,
17 아무리 울고불고해도 내가 그들에게
젖을 먹일 수가 없음이니 그리 알라.
18 내가 소유하지 아니한 것은 절대 내려
줄 수 없으니, 소유하지 아니한 것을
달라는 어리석은 삶에서 벗어나라.
19 축복과 은혜와 영광을 달라 하며, 그
걸 얻어내고 받아내려고 시간을 낭비

한 것밖에는 너희가 애써 한 것이 없
다는 것을 알라.
20 이것이 오늘의 너희 믿음이요, 나는
유치원생을 이미 벗어난 나의 아들딸
들의 가르침을 가고 있음이니라.
21 너희가 사악한 욕심에서 달라는 것을
다 버리지 아니하면 이룰 수 없음이니
라.
22 너희가 그 모두를 버렸을 때 너희는
성령으로써 성장함이니 너희가 성장
했을 때 나에게 원한다면 내가 소유한
너희에게 줄 수 있는 모든 것을 다 내
려 줄 것이니라.
23 지금의 믿음의 길을 가는 지도자요,
집단이요, 광란적으로 가는 그 신도
들, 맹종하는 자, 유치원이요, 초보적
인 그 한계를 벗어나지 못한 자에게
는 줄 수 있는 우유가 없으며 빵이 없
으며 그들에게 줄 수 있는 사탕이 없
음이니,
24 내가 소유하지 아니한 것을 달라 울고
불고 헛시간을 낭비하지 말도록 그리
가르치라, 사랑하는 나의 아들딸들아!

7,558 번째 하나님 말씀

2003년 9월 18일 12시 03분

1 사랑하는 나의 아들아!
2 "네, 아버님! 말씀하옵소서."
3 창조주 나 여호와가 소유하지 아니한
것을 애써 달라 몸부림치며 그리고 콧
물 눈물 흘리며 광란의 짓을 하지 말
라 그리 말하라.
4 이제 너희는 사랑을 실천하며 사랑을
행하며 나눔을 베풀면서 너희가 없는
것을 달라 몸부림치지 말며, 내가 너
희에게 줄 수 있는 것을 모두 놓치는
그와 같은 어리석은 삶을 살지 말라
그리 전하라.
5 너희가 사랑을 행하지 아니하며 지금
의 믿음에서 벗어나지 못하며, 내가
나의 아들을 통하여 160권의 법전을
세상에 내려보낸 기본인 이 책을 너희
가 읽고 깨우치지 아니하면, 너희는
내가 내릴 수 있는 모든 은혜와 상도
다 놓치고 말아 버림이니,
6 이제는 너희가 내가 소유하지 아니한
것을 달라 몸부림치지 말고, 내가 너
희에게 베풀고 내려 줄 수 있는 은혜
를 받을 수 있도록 그리 노력해야 함
이라 그리 전하라.
7 그것은 바로 나의 법전을 읽고 깨우쳤
을 때 너희가 영의 눈이 열리며 영의
마음이 열림이니, 이는 곧 성령이 임
함이니, 내가 너희에게 줄 수 있는 것
을 놓치지 말라 그리 전하라.
8 잡을 수 없는 것을 잡으려 하며, 내가
갖지 아니한 것을 달라 몸부림치며 애
써 고통스러운 그 길을 가지 말라 전
하라.
9 사랑의 실천으로써 나 여호와가 내려
줄 수 있는 것, 소유한 것을 놓치지 말
고 너희가 얻어, 그 은혜의 축복을 받
는 현명한 길로 돌아서라 그리 전하도
록 하라.
10 너희는 나로부터 받은 은혜에 보답하
려는 생각을 먼저 단 한 번이라도 생
각하고 사는 백성이던가?
11 너희가 인간 세상의 향락과 부귀영화
요, 눈에 보이는 것을 위하여 사는 삶

의 그 마음에, 나로부터 은혜를 받아
서 세상에 나간 그 모든 것에 대해 너
희가 그 보답을 먼저 해야 하겠다는
생각을 단 한 번이라도 먼저 행하고
실천하는 시간이 얼마나 있었던가?
12 너희 자신을 돌아다보라, 그리 전하라.
13 그러면서 내가 소유하지 아니하고 줄
수 없는 것만 달라는 어리석은 시간을
낭비하지 말라 그리하라.
14 나 여호와로부터 생명을 받아서 태어
난 너희가 나에게 순순히 바치려고
단 한 번이라도 먼저 생각해 보았으
며, 그를 나로부터 받은 것이니 그를
너희가 던지는 데 주저함이 없는 그와
같은 마음을 가졌는가?
15 아브라함이 이삭을 백 살에 얻어 그를
나에게 제물로 바칠 수 있었던 것은,
그 아들도 나로부터 얻은 것이요, 나
로부터 모두를 역사한 것이기 때문에
그 주인에게 돌려주는 그 마음의 깨달
음이 있었기 때문에 그가 그리 행했다
했듯이,
16 너희가 생명을 받아서 이 세상에 존
재하는 것은 나로부터 받아 가는 것이
요, 나로부터 은혜를 받은 것이라 하
며 내 것이라 말한다면, 나에게 순순
히 바치고자 하는 그와 같은 마음을
가지고 살아야 할 것이거늘,
17 너희가 정녕 단 한 번이라도 그와 같
이 위급할 때 거부하지 아니하며 그리
행하여 너희가 나에게 역사하고자 하
는 생각을 해 본 자들이 있느냐?
18 너희는 말할 것이니라.
19 지금 내가 이와 같이 말하는 것을 너
희는 수없는 시간을 가져 왔으며 그와
같은 생각을 했다고 말할 것이니라.
20 그러나 그와 같은 생각을 하는 자가
없느니라.
21 너희가 다른 신을 가슴에 두지 아니하
고 살며 오로지 나를 경배하며 나를
믿고 살았다는 자, 너희는 욕심이라는
것을 가슴에 안고 있으니,
22 근본적으로 다른 신으로서 그득히 채
워 놓고 나에게 경배하는 것은 그저
흘러가는 말로써 지껄이는 것이라 내
가 너희에게 말했던 그 의미를 아는가?
23 그러니 너희는 나로부터 받아 나가고
태어난 그 은혜에 단 한 번이라도 모
두를 갚겠다는 생각을 먼저 해 본 적
이 없는 자들이 지금의 믿음이요, 그
길을 가는 자들이요,
24 너희가 그 소중한 생명을 나로부터 받
아 간 것이요, 나로부터 빌려 쓴 것이
요, 그 주인은 나 여호와라 하여 순수
한 마음으로써 위급할 때 모두를 다
던져 역사할 수 있는 그와 같은 각오
를 했으며 실제로 행한 행동이 과연
있는가?
25 그러니 내가 여기에 전하는 그 뜻을
깊이 깨우쳐 너희 자신을 돌아다보도
록 그리하라.

7,559 번째 하나님 말씀

2003년 9월 18일 12시 08분

1 사랑하는 나의 아들아!
2 "네, 아버님! 말씀하옵소서."
3 이제 만백성 그들에게 깊이 전해야 할
것이니라.
4 너희가 이 세상을 평가하며 믿음과 이

세상에 대한 생각을 어찌 생각하며 어
찌 가야 하며,
5 과연 진정한 믿음이요, 아니요, 그리
고 이 세상에 역사하는 그 모두를 너
희가 평가하는 것이 중요한 것이 아니
라는 것을 알라.
6 나 여호와가 너희를 어찌 평가하며
내가 어떻게 보느냐 하는 것을 먼저
알아야 하며 그 이치를 먼저 깨닫고자
노력해야 한다는 것을 알라.
7 너희가 이 세상을 어찌 보며 너 자신
을 어찌 평가하며 너 자신의 점수를
매기는 것, 그리고 네가 가는 믿음의
상태를 분석하는 것, 평가하는 것, 그
모든 것이 중요한 것이 아니라,
8 다만 중요한 것은 나 여호와가 이 세
상을 어찌 보고 있으며 어찌 이루려
하며 너희 믿음의 집단을 어찌 보며
너희 개개인을 어찌 보느냐 하는 그것
이 더 중요한 것이라는 것을 알라.
9 그러니 너희가 나 여호와의 뜻을 알
려고 노력해야 할 것이며 내가 역사
하는 것을 알아야 할 것이니라.
10 그러니 그것이 너희에게 소중함이니
라.
11 다만, 너희가 나를 볼 수 없으며 내 음
성을 들을 수 없음이니, 너희가 무엇
으로써 나 여호와가 역사하는 것이
무엇이며 내가 세상을 어찌 보며 너희
개개인을 어찌 평가하며 종교 집단을
어찌 보고 있는지 너희가 알 수 없음
이니,
12 그 모든 것을 알려면 나의 아들을 통
하여 내리는 160권의 법전 거기에 다
있음을 알아야 하느니라.
13 그 속에 빠진 것이 없으며, 모두 다 기
록되어 있음이니라.
14 그리고 정독해야 함을 알라.
15 정독하지 아니하면 너희가 그를 알
수 없음이니라.
16 너희가 지금 천국이라 달려가는 그 길
이 지옥이라는 것을 알 것이며, 너희
가 지옥이라는 것부터 알아야 하며,
17 지옥이 얼마나 두렵고 무서운 곳이며,
어찌해야 너희가 하늘에 오르는 길이
요, 지옥에 가는 길인가를 먼저 구분
하는 현명함을 얻어야 할 것이니, 그
또한 법전 속에 다 있음을 알라.
18 이제 나의 아들을 따르는 제자들이요,
그리고 지도자 반을 수료한 선택된 백
성, 너희가 가장 수장이요, 가장 먼저
갈 자들이니, 너희 자세 또한 바로 가
야 함을 오늘 잊어서는 아니 될 것이
니라.
19 지도자 반을 수료한 나의 아들을 따
르는 사랑하는 제자 너희는 나 여호
와가 이 세상을 보는 것처럼 똑같은
마음으로 봐야 할 것이며, 똑같은 영
안으로 봐야 하는 것을 잊지 말라.
20 너희가 이 세상에 있는 모든 백성이
잘못 가고 썩어져 있는 것을 내가 보
듯이 너희는 내가 보는 그 마음으로
써 세상을 똑같이 봐야 할 것이며,
21 내가 그들을 구원하고 구제하고자 역
사하는 것같이 너희도 똑같은 마음으
로써 그와 같은 역사함을 하지 아니
하면 아니 됨이니라.
22 지도자 반을 수료한 자요, 그 지도자
반의 가장 우두머리요, 수장은 과연
누군가?

23 스스로 제가 지도자 반에 가서 으뜸
되는 제자라 생각하거든 그것부터 나
의 뜻을 먼저 보아야 할 것이며,
24 나와 똑같은 생각이요, 나와 똑같은
마음 자세로써 그가 먼저 변했을 때,
그 모든 동료가 따라서 변한다는 것을
잊어서는 아니 될 것이며, 명심하도록
그리하라.
25 나와 똑같이 봐야 할 것이며 똑같이
사랑으로써 임해야 함이니라.
26 너희는 나의 사랑을 그대로 행하고 실
천해야 함이니라.
27 나의 사랑을 그대로 행하고 그대로 역
사하고 그대로 보여 주는 것이 너희이
니라.
28 이 세상이 지금 피로 물들어 있으며,
사탄의 치하에 있으며, 그 모든 나의
백성이 악마의 수중에 들어 있는 것
을 나는 보고 있음이니,
29 나의 법전을 읽고 깨우치며 지도자 반
을 먼저 수료한 자, 그리고 강론을 듣
는 선택된 백성, 너희는 지금 악마의
수중에 들어 있는 것을 내가 보는 것
처럼,
30 너희도 이 세상이 사탄의 치하요, 악
마가 모두를 관장하는 것을 똑같이
보는 마음의 눈이 열려야 함을 잊지
말고 명심하라.
31 법전을 정독하고 나의 아들이 내린 강
론의 의미를 깊이 새겨 행하고자 하는
마음을 굳게 다져 갈 때 영안이 열릴
것이니라.

7,560 번째 하나님 말씀

2003년 9월 18일 12시 15분

1 사랑하는 나의 아들아!
2 "네, 아버님! 말씀하옵소서."
3 모든 종파요, 그 지도자요, 그 집단의
우두머리요, 그리고 믿음으로 구원을
받았다 하는 그 백성에게 이제 너희는
전해 주라.
4 그들에게 무대에서 더 이상 연출하지
말며, 쇼를 중단하라고 전하라, 그리
고 연극을 하지 말라 전하라.
5 무대에서 연극이 끝난 배우는 내려오
는 것이 당연하며 물러나야 하거늘,
연극이 끝났으면서도 물러나지 않고
그와 같은 역할을 하고자 하는 것이
지금의 종교 집단이요, 지도자 너희이
니라.
6 자신의 역할이 끝났을 때, 그는 스스
로 배우로서 돌아와야 하며 물러나야
하거늘,
7 무대에서 내려오지 않으려 안간힘을
쓰는 그와 같은 형태로써 지금의 모든
종교 집단 너희가 가고 있음이니라.
8 잘못되었으며 사탄의 자식이요, 악마
의 후예로서 모두 역사했으면, 이제는
너희 스스로 너희 자신을 돌아다보며
너희의 연극이요, 연출이요, 쇼가 모
두 다 끝난 것을 알아야 할 것이거늘,
9 아직도 정신을 차리지 못하는 자들이
이 세상을 지배하고 있음이니, 그들을
나 스스로 단죄하고자 함이니라.
10 이제는 너희가 내려올 때가 되었음을
명백히 알아야 할 것이니라.
11 너희가 자행하는 그 모든 범죄 행위가

끝나고 있음을 알 것이며, 나 여호와
가 더 이상 묵과하지 아니한다는 것
을, 그리하여 내가 심판의 시대라 했
다는 그 두려움을 알라.
12 나의 법전이 이제 세상에 내려짐이요,
160권으로 엮어 하늘에 오르는 길이
요, 진리가 무엇인지 너희가 참진리의
깨달음을 알 수 있는 모두를 내가 내
려보냄이니라.
13 거짓된 각본에 의한 연출은 이제 다
막을 내려야 할 것이며, 너희의 거짓
된 각본에 의한 그 연출의 쇼를 나의
피조물 만백성은 더 이상 관람하지
아니하며, 손뼉을 치고 환호하지 아니
하며, 그 대가를 너희에게 지불하지
아니할 것이니 그리 알라.
14 너희가 구원을 받고자 한다면 지금의
종교 집단 지도자 너희는 정녕 이제
그 모든 연출을 끝내고 연극의 막을
내려야 할 것이며,
15 이제라도 창조주 나 여호와의 뜻에 맡
기고 순종하는 백성으로서 거듭나는
그와 같은 삶을 살아야만 될 것임을
알라.
16 지금까지는 인간의 각본으로 무대 위
에서 너희가 각자 맡은 배우로서 각
종 쇼요, 연극으로써 나의 피조물 만
백성에게 관람료를 받아들였으며 박
수를 받았으며 갈채를 받았으나,
17 그 각본이 잘못된 것이요, 거짓된 연
출이라는 것을 이제 나의 피조물 만백
성들이 알게 됨이니, 그때는 너희에게
돌을 던지며 단죄함이 있음이니라.
18 그때 단죄함이 얼마나 처참하고 비참
한 것인가를 너희가 아직 생각지 못
함이니,
19 그를 깨닫는 현명한 백성이라면 이제
라도 창조주 나 여호와의 뜻에 따라
나의 법전을 가슴에 안고 정독하고 깨
우쳐 순종하는 백성으로 거듭나라.
20 그리고 그와 같이 거듭나는 백성이 되
지 아니하였을 때 너희는 절대 나에
게 구원을 받을 수 없음이니라.
21 내가 나의 법전에 명하여 내리는 그
구절 하나하나를 내가 직접 너희에게
명하는 것이라 깊이 깨우쳐 너희 것으
로 만들어 변화하는 삶을 역사했을 때,
22 너희가 지금까지 잘못된 그 연극의 막
을 내리면서도 내가 너희를 버리지
아니하고 구원할 기회를 내리고자 하
는 마지막 나의 뜻임을 알라.

7,561 번째 하나님 말씀

2003년 9월 18일 12시 24분

1 사랑하는 나의 아들아!
2 "네, 아버님! 말씀하옵소서."
3 나 여호와가 피눈물을 흘린다 함을 너
는 알고 있느냐?
4 "네, 아버님! 알고 있사옵나이다.
5 모든 백성이 성령의 빛을 보며 성령
의 빛을 찾고자 그걸 위하여 지금까지
수천 년 동안 모든 종교 집단 지도자
가 흘러왔으며,
6 그리고 구원을 받았다 몸부림치던 그
백성이 지옥에 가서 아우성치는 것을
저는 보고 있으며,
7 그들의 그 고통은 차마 입에 담을 수
없으며 생각할 수 없어 고개를 돌리는
그와 같은 형국을 저는 보고 있사옵나

이다."
8 그러면 내가 피눈물을 흘림을 너는 아
는 것이더냐?
9 "네, 알고 있사옵나이다.
10 진정한 성령의 빛을 찾고자 하는 것이
아니며,
11 성령의 빛을 보고자 그들이 모두를 다
바쳤으며 모든 인생을 다 바쳐 저희가
그와 같은 삶을 살았으나,
12 그들은 잘못 가르치는 종교 집단이요,
지도자들에 의하여 진정한 성령의 빛
을 찾기 위한 것이 아니요, 그 빛을 외
면하는 삶을 살았으며,
13 전지전능하신 아버님의 품속에서 아
버님의 그 가슴 안에서 그리고 아버님
의 그 성전 앞에서 아버님이 역사하
시는 그 사랑 속에서 하늘의 성령의
빛을 찾으려 하는 것이 아니었으며,
그를 버린 자들이라는 것을 알고 있사
옵나이다."
14 그들은 그곳에서 찾으려 하는 것이 아
니요, 인간 세상의 삶 속에서 모두 즐
기고 행하면서 성령의 빛을 찾을 수
있다고 그리 아우성치고 가르친 자들
이요, 그리하여 그것이 옳다 따른 자
요, 쉬운 길을 선택하여 간 자들이니,
15 가르친 자나 따른 자나 다 지옥에서
지금 허덕이고 있음이니 그 대표적인
예가 무엇인 줄 알겠느냐?
16 "네, 아버님! 알고 있사옵나이다.
17 아버님께서 직접 친필로 내려쓰신 그
십계명을 지킬 수 없다 하는 것, 그것
은 바로 그들이 노래하고 춤추며 그저
간음하고 시기하고 질투하며 도둑질
하고 사는 세상의 향락 속에서, 그 생
활 속에서 성령이 임할 수 있으며 역
사할 것이라는 그와 같은 역설로써 가
르치는 그 행위가,
18 아버님께서 직접 써 내린 십계명대로
살 수 없다고 말하는 그 의미가 거기
있으며 그와 같이 거부하는 자들이라
는 것을 알고 있으며,
19 그를 믿고 따른 자들이 지금 지옥 불
에서 허덕이는 것을 저는 보고 있사옵
나이다."
20 사랑하는 나의 아들아!
21 "네, 아버님! 말씀하옵소서."
22 너의 제자들에게 반드시 깨우쳐 주어
야 할 것이니라.
23 인간 세속에서 성령의 빛을 찾으려 하
면 찾을 수 없는 것을, 종교 지도자요,
모든 종교 집단들은 더불어 어찌 가는
가?
24 그 속에서 모두 역사할 수 있다고 가
르치는 자들이니라.
25 그러나 나 여호와에게 오르는 길이 아
니요, 깨우치며 진정한 아름다운 마음
의 삶이 아니라,
26 그저 세상 속에서 더불어 사는 것이
하늘에 오르는 길이라 하며, 인간의
생활 속에서 즐겁게 사는 것, 향락을
즐기고 사는 것이, 절대적으로 그와
같은 삶에서만 너희가 하늘에 오르는
진리를 따르며 나 여호와의 뜻이라 그
리 말하는 것과 같음이니라.
27 친필로 쓴 십계명을 지킬 수 없다고
말하는 그들이 다 그와 같이 가르치는
것임을 그들은 알아야 할 것이니라.
28 너희는 나에게 오르는 길이 고통과 힘
든 길을 가는 것이 아니요, 그 길을 피

해 가고자 하는 것이며 그 길을 돌아
가고자 하는 설교로써만 나의 피조물
만백성들을 그리 유혹하여 끌고 가고
있음이니라.
29 너희 인간들이 즐거워하는 너희 마음
을 이끄는 것이요, 너희 마음을 유혹
하는 것이요, 그저 너희가 항상 같이
즐기고 싶은 것, 그와 같이 너희 마음
의 동요를 다스리지 못하는 그 즐거움
이요, 유혹의 자리요, 항상 너희 눈과
마음을 끄는 그 장소에는 나 여호와가
절대 같이하고 있지 아니한다는 것을,
30 너희를 유혹하여 눈길을 끄는 그 장소
에는 정녕 나 여호와가 같이하고 있
지 않다는 것을 그들에게 가르쳐 주
어야 할 것이니라.
31 육의 생명보다 더 소중한 것이 성령의
빛이거늘, 이를 위하여 너희가 얼마나
육의 세상에서 너희 자신을 다스려 가
고 있는가 그를 들여다보도록 그리하
라.
32 나 여호와는 놀라고 또 놀라고 있음이
니라.
33 너희가 살아가는 그 형태가 그와 같이
용기 있는 자들이요, 그와 같이 두려
움을 모르는 자들인가?
34 사탄이요, 악마의 지시를 받으면서도
그것이 사악한 악마의 짓이라는 것을
모르고 사는 어리석은 백성, 너희에게
내가 사탄과 똑같은 지혜를 주었거늘,
어찌하여 너희가 그리 무능한 자로
전락 되었는가?
35 이는 모든 종교 지도자들이 지혜를 덮
어 두고 너희를 세뇌시킨 것이니, 그
와 같이 세뇌되어 끌려가는 나의 백성
을 보는 나 여호와는 놀라고 또 놀람
을 알라.
36 너희는 여기서 알아야 할 것이니라.
37 모든 종교 집단 지도자요, 그들을 만
나고 역사하는 것을 내가 하지 말라
함이 아니니라.
38 너희가 화목한 인간관계요, 화목한 인
간 교류를 이루는 것이 너희 집단의
득이요, 또한 만남이 이루어질 수 있
으나, 너희는 그 모두마저도 제대로
이루지 못하고 있음이니라.
39 이제 나의 아들을 따르는 제자들이요,
나의 법전을 읽고 깨우친 백성, 너희
는 인간 세상에 종교 집단들의 교회에
서 만나는 그와 같은 인간관계가 아니
라 성숙한 인간관계는 다름을 알라.
40 너희가 만나고 헤어지며 그 소중한
인간 세상에서 이루어지는 교제가 아
니라는 것을 명심하도록 그리하라.
41 나의 성전이요, 나의 법전을 들고 만
나고 인간관계에 이루어지는 것, 형성
되는 것, 그 모두는 다 인간 세상에서
이루어지는 만나고 헤어짐이 소중함
이 아니라, 그 모두는 다 하늘의 뜻에
따라 이루어지는 교제라는 것을 절대
잊지 말라.
42 차원 높은 인간관계요, 하늘의 뜻에
의한 인간 교제의 장소가 나의 성전이
되어야 함이니,
43 너희가 정녕 이를 어찌 다스리며 어
찌 이끌고 가야 할 것인가, 이곳에서
너희가 인간 세상의 이해관계에 얽힌
속 보이는 그와 같은 삶을 살아야 하
는가?
44 너희는 나의 성전에서 나의 법전을 가

지고 만나는 인간관계는 차원 높은 세
상 하늘나라의 인간관계로 교류함을
잊지 말라.
45 이 세상의 모든 이해관계 속에 섞어져
있는 교회의 인간관계의 만남이 아니
라, 너희는 그리 승화시키고 그리 가
도록 노력해야 할 것이니,
46 종교 집단의 얽히고설킨 이해관계에
서 이루어지는 인간 교류의 장이 아니
라는 것을 명심해서 너희 가슴에 새
기도록 그리하라.
47 내가 너희를 사랑함이니라.

7,562 번째 하나님 말씀

2003년 9월 19일 06시 42분

1 사랑하는 나의 아들아!
2 "네, 아버님! 말씀하옵소서."
3 지금 나의 뜻에 따라 만백성을 구하
기 위해 마지막 심판의 기본인 나의
성령을 '하늘에 오르는 길'이요, '하나
님! 말씀하옵소서'라는 160권의 대장
정의 책으로 세상에 만들어 내는 너
자신도 때로는 무너지며, 때로는 너
자신을 다스리지 못하는 그와 같은 역
사 속에서 살아가는 것이 인간이니라.
4 그러나 너와 너의 제자들은 나의 뜻에
따라서 어찌 가는 것이 하늘에 오르
는 길이며, 그리고 믿음의 길을 가는
백성이요, 나로부터 은혜를 받은 백성
은 어찌 살아가야 하는가를 근본을
알며 기본은 알고 있음이니라.
5 그러기에 너희는 바로 서고 바로 갈
수 있는 것이니라.
6 그러나 지금의 많은 종교 집단 지도자
들 그들이 가는 길이 과연 무엇인 줄
알겠는가?
7 그들은 저희가 나의 뜻에 따라 모두
역사한다 하나, 저희가 기도하고 경배
하는 그 모두가 다 과연 나 여호와의
뜻이요, 하늘에 오르는 백성의 길을
위하여 가고 있는가?
8 그들은 그렇지 아니함이니라.
9 모두 다 저희 자신의 육의 삶이요, 부
귀영화를 위한 것에 모든 초점을 두고
있음이니라.
10 저희는 그렇지 아니하다 하나, 그들은
그와 같은 믿음으로 가고 있음이니라.
11 저희가 나의 백성 앞에서 강론하며
설교할 때도 그들은 머릿수를 세고
있으며, 그 머릿수에 따라서 들어오는
금화와 은화를 계산하는 그러한 마음
의 형태로써 그들이 사람을 기다리며
신도를 기다리며 복음의 사업을 하고
있음이니라.
12 그것이 그들의 오늘의 믿음의 길이니
라.
13 그들은 그것을 다 버리지 아니하고 다
시 시작하지 아니한다면 정녕 나의 뜻
이요, 참진리의 길로써 만백성을 구하
는 그 길을 가는 것이 아니라, 인간의
욕심이요, 인간의 육이요, 저희 이름
으로 공명을 얻으려고 그리 가고 있음
이니, 이를 알아야 할 것이니라.
14 정녕 나 여호와의 뜻에 따라 만백성을
진정한 의인으로 구하려고 가르치는
지도자라면 그 머릿수가 필요 없으며,
15 참석하는 그들의 수요, 그들이 바치는
재물이요, 그들에게 거둬들일 수 있는
금화와 은화의 양을 가지고 계산하고

생각해서는 아니 되는 것이 목자요,
지도자가 가야 할 길이니라.
16 그러니 너희 말에 '불공에는 관심이
없고 잿밥에만 관심이 있다.' 하듯이
지금의 모든 종교 집단이요, 지도자들
이 그리 가고 있음이니라.
17 어찌하면 더 큰 교회를 지을 수 있는
것이며 어찌하면 더 호화로운 교회를
역사할 수 있는 것인지 그들은 그와
같은 것만을 생각함이니라.
18 그러면서 그들은 그 모두가 나를 위하
는 것이요, 나 여호와를 위해 역사하
는 길이라 그리 생각함이니라.
19 그러나 이는 나의 뜻과 전혀 관계없이
가는 길이라는 것을 알아야 할 것이
니라.
20 너희가 나의 뜻에 따라 진정한 믿음
의 길을 간다면 오늘의 나의 아들이
가는 그 모습을 봐야 할 것이니라.
21 사람들이 모여드는 것에 관심 두지
아니하며, 재물을 거둬들일 수 있는
양을 계산하지 아니하며,
22 오로지 나 여호와의 뜻으로 한 사람
이라도 더 깨우치고자 하는 그 마음으
로 가는 것, 이것이 바로 종교 지도자
요, 나로부터 선택된 자라는 것을 너
희는 알아야 할 것이니라.
23 몇천 년 동안 흘러오면서 나의 피조물
만백성들을 하늘로 인도하며 깨달음
을 역사한다는 종교 지도자 너희가
정녕 설교하면서 머릿수를 세고 있으
며,
24 그 머릿수를 채우려고 많은 백성을
끌어들이려고 온갖 방법과 수단을 가
리지 아니하는 그와 같은 행위를 하는
것, 이것이 바로 무엇이더냐?
25 그게 잘못되었다 함이니라.
26 너희가 머릿수를 채우려고 끌어들이
고 재물을 거둬들이려고 사람의 숫자
를 늘리고 또 더 호화로운 교회를 짓
고 하는 그 모두가 다 부질없는 짓이
요, 어리석은 짓이요,
27 나 여호와와는 아무런 관계도 없는 행
위를 하고 있다는 것을 알아야 할 것
이니라.
28 이것부터 바로잡지 아니하면 너희는
나에게 올 수 있는 백성이 아니요,
29 너희 밑에서 '옳소, 맞습니다.' 손뼉을
치고 소리 지르는 그 신도들, 그리고
감히 구원을 받았다 말하는 그들이 모
두 다 지옥행이요, 구원과는 관계없음
을 알라.
30 오늘 아침 나의 아들을 통하여 너희에
게 내리니, 지금의 모든 종교 집단이
요, 지도자는 기도와 경배하며 나의
참진리를 가르치는 데는 관계없이,
31 어찌하면 많은 사람을 끌어들여 재물
을 거둬들일 수 있는지 그 방법만을
머릿속에 연구하고 있음이니, 다 부질
없는 짓들을 하고 있음이니라.
32 많은 신도를 끌어들이려고 너희는 수
단과 방법을 가리지 아니하는 자들이
니, 이것이 무엇이더냐?
33 이게 너희가 근본적으로 잘못된 믿음
이요, 잘못 가고 있다는 것을 알아야
할 것이니, 그 모두를 다 버려야 할 것
이니라.
34 그리고 나의 법전을 읽고 깨우쳐, 너
희가 정녕 하늘에 오르는 그 길이 무
엇인가 나의 법전을 읽고 깨우치면 성

서에 기록되어 있는, 너희가 모르고
넘어가는 비유의 뜻도 다 알 수 있을
것이니 그리 알라.

7,563 번째 하나님 말씀

2003년 9월 19일 08시 44분

1 사랑하는 나의 아들아!
2 "네, 아버님! 말씀하옵소서."
3 정녕 네 가슴속에 있는 마음을 한번
네가 말해 보도록 그리하라.
4 "네, 아버님! 그렇사옵나이다.
5 저는 제가 재물을 얻는 것보다도, 정
녕 저보다도 나은 깨달음을 가지고 사
는 사람, 그리고 아버님의 뜻대로 사
는 사람이 단 한 사람이라도 세상에
있다 하면, 저는 어떠한 고통이라도
그를 다 견디고 이기고 갈 수 있는 그
와 같은 마음의 자세가 되어 있사옵나
이다.
6 성전에 사람이 많이 나오고 적게 나오
는 것이 문제가 아니요, 그리고 재물
이 들어오고 안 들어오는 것이 문제가
아니요,
7 다만 아버님께서 내리신 그 십계명대
로 그리고 하늘을 향하여 한 점의 부
끄럼이 없이 살 수 있는 사람을 단 한
사람이라도 육성할 수 있다면,
8 그것이 세상을 다 얻은 것보다도 더
큰 기쁨이요, 영광이라는 것을 알았사
옵나이다."
9 그러니라, 아들아!
10 마음을 모두 다 버리고, 오로지 나의
뜻에 살아갈 수 있는 네 제자요, 또한
나의 백성 한 사람을 구할 수 있다면
천 명 만 명 앞에서 강론하며 네가 설
법을 할 필요가 없으며,
11 그와 같은 것에 연연하지 아니하며,
재물에 연연하지 않는 그 마음이 얼마
나 좋고 아름다운 마음인 줄 알겠느냐?
12 그것이 나의 뜻을 따라 이루는 나의
아들이요, 목자가 가야 할 길이며 역
사하는 길이니라.
13 그러나 지금의 모든 종교 집단이요,
지도자들이 강론하고 설교하는 것이
재물을 거둬들이는 즐거움을 먼저 생
각하며, 금화와 은화를 거둬들이는 것
을 먼저 생각하며,
14 한 사람의 의인을 육성하는 데 저보다
나은 사람이 나오는 것, 그리고 저보
다 높은 깨달음이 있는 사람이 한 사
람이라도 나오는 것이 더 크고 위대한
영광이라 생각한다면,
15 부귀와 영화요, 사람을 모으려 할 필
요가 없으며 거기에 연연할 필요가 없
지 않겠느냐?
16 그러나 그들은 많은 사람을 모아 놓고
강론하고 설교하며 그리고 많은 재물
을 거둬들이며,
17 저희가 설교하고 나의 뜻을 가르치기
전에 재물을 거둬들이는 것, 재물이
요, 금화와 은화를 거둬들이는 그 즐
거움이요, 그것을 먼저 더 행복이라
생각하고 단상에 서서 강론하고 설교
하며,
18 그리고 저희가 제왕적인 대우를 받는
것이 기쁨이요, 행복이라 하여 그를
역사하고 있는 것이 오늘의 종교 집단
이요, 지도자들이 가는 길이니라.
19 그들이 정녕 한 사람의 의인을 세상에

만들어 내 그 빛이 세상에 퍼질 수 있
도록 그와 같은 역사를 너와 같은 마
음을 가지고 한다면,
20 과연 그들이 그리 모든 기계를 동원하
여 사람을 모으며 선전을 해서 사람을
모으며 그리고 인간을 긁어모으는 그
와 같은 행위를 하겠는가?
21 그들은 제 이름 석 자의 공명이요, 제
위치를 높이고자 하며 그리고 나의 피
조물 만백성들에게 재물과 금화와 은
화를 거둬들이며 그들의 노동력을 갈
취하여 노예처럼 부리는 거기에 모든
초점을 맞추고 있기 때문에,
22 머릿수를 따지며 금화와 은화와 각종
헌금을 생각함이니라.
23 그러나 너는 그와 같은 것을 다 저버
려 두었음이니라.
24 오로지 단 한 사람이라도 의인이 나
오며, 너보다도 높은 깨달음이 있는
사람이 오는 것, 그것이 너에게 가장
큰 행복이요, 즐거움이라 그리 마음먹
고 가고 있음이니,
25 그것이 수천 년 동안 흘러온 모든 종
교 집단이요, 지도자들이 가진 생각과
네 생각의 차이점이 거기에 있음이니,
26 그 마음이 무너져서는 아니 될 것이니
그리 알라, 사랑하는 나의 아들아!
27 한 사람의 의인이 세상에 나오면 그
빛이 세상을 다 덮게 되어 있음이니라.
28 그러니 한 사람의 의인이 나오는 것을
모든 것과 바꿀 수 없는 그와 같은 마
음 자세로 네가 가야 함이니라.
29 그러니 네가 의인이 될 수 있는 그 길
에 들어섰음이니, 너 자신이 한 점의
부끄럼이 없이 변하는 그와 같은 지금
의 그 삶에서 주저하지 말며 포기하지
말며 물러서지 말라, 사랑하는 나의
아들아!

7,564 번째 하나님 말씀

2003년 9월 19일 08시 48분

1 사랑하는 나의 아들아!
2 "네, 아버님! 말씀하옵소서."
3 모든 종파의 지도자들이요, 그 신도들
이 이루어 달라, 열어 달라, 그리고 더
달라, 더 높이 해 달라고 모두 몸부림
치는 것으로써 세상을 다 전함이니,
4 너는 나의 법전에 이 뜻을 기록하여
전해야 할 것이니라.
5 모든 백성 너희는 구원해 달라, 열어
달라, 더 달라, 그리고 이루어 달라,
그리고 더 높게 해 달라는 그와 같은
기도를 하지 말라 그리 전하라.
6 나 여호와는 그와 같은 것을 소유하고
있지 아니하며, 너희가 아무리 몸부림
쳐도 그를 내가 소유하지 아니하고 있
기 때문에 내가 너희에게 내릴 수 없
음을 알라.
7 그러니 너희는 헛된 시간 낭비를 하지
말며 귀한 시간을 함부로 쓰지 말라
그리하라.
8 그러니 오로지 모든 것을 얻고자 취하
고자 하는 그와 같은 생각을 다 버리
라 그리 전하라.
9 너희는 달라 그리고 더 얻게 해 달라,
문을 열어 달라, 천국에 갈 수 있도록
해 달라는 그와 같은 몸부림치는 행위
를 하지 말라 그리 전하라.
10 모든 대답이요, 모두 다 나 여호와가

알고 있음이니, 너희는 나의 계명대로
살아가는 삶을 살면서 묵묵히 기다리
는 자세로써 변화되는 그와 같은 백성
이 되지 아니하면 절대 너희는 참진
리를 볼 수 없다는 것을 알라.
11 너희가 모든 마음을 비우며 조용히 기
다리는 그 마음은 욕심이라는 다른 신
을 너희 마음에 두지 아니한 자이니라.
12 열어 달라, 구원해 달라, 그리고 더 달
라, 더 높게 해 달라, 더 무엇인가를
소유하고자 나에게 그와 같은 시간을
낭비하며 기도하는 것은 욕심이 그득
찬 자이니,
13 나는 너희 기도를 듣지도 아니할 뿐
아니라, 너희가 그리 원하고 요구하는
것을 소유하고 있지 않다는 것을 그들
에게 알려 주도록 그리하라.
14 다만, 너희가 십계명이요, 나의 법전
대로 살아가는 생활 속에서 조용히 기
다리는 마음 자세로 그와 같은 마음으
로써 나 여호와가 너희에게 내려 줄
때까지 묵묵히 아름답게 살아가는 삶
을 위하여 변화되는 그 생활 속에서
너희 자신을 다스려가는 그러한 삶을
살아야 하는 것,
15 그것이 바로 너희가 나로부터 내가
소유한 모든 것을 얻을 수 있는 것이
며, 내가 너희에게 내려 줄 수 있는 그
와 같은 역사가 이루어진다는 것을 나
의 피조물 만백성들에게 전하도록 하
라.

7,565 번째 하나님 말씀

2003년 9월 19일 08시 58분

1 사랑하는 나의 아들아!
2 "네, 아버님! 말씀하옵소서."
3 나의 아들을 따르는 그 제자들이요,
나의 법전을 읽고 깨우친 백성, 그리
고 이는 나 여호와의 성령이요, 나 여
호와의 뜻이라 믿고 따르는 선택된 나
의 사랑하는 백성, 너희는 누가 뭐라
해도 너희 자신의 삶을 다시 돌이켜
보는 그와 같은 현명함을 갖지 아니하
면 아니 될 것이니라.
4 지금까지 믿어 온 종파들이요, 모든
종교 집단이 어떠한 형태로 살아가든,
그들이 어떠한 형국으로써 그 믿음을
가든 너희는 관여치 말며, 다만 너희
가 살아온 삶을 뒤돌아 봐야 할 것이
니라.
5 그리하여 지금까지 살아왔던 그 삶에
서 너희가 죄요, 잘못된 것이 있다면,
그 허물을 하나하나 벗겨 버리고 벗어
버리는 그와 같은 자세로 들여다보지
아니하면 아니 됨이니라.
6 너희는 지금까지 살아오며 너희가 알
고 지은 죄, 모르고 지은 죄, 그리고
하늘을 향하여 부끄럽게 산 생활, 그
모든 허물을 하나하나 너희 스스로 벗
겨 버려,
7 완전히 너희 자신이 알몸인 상태로써
너희 자신을 모두 다 벗어 버린 그와
같은 형태를 거울에 비추어 보듯이 모
든 것을 다 벗어 버리고 벗겨 버리지
아니하면 아니 됨이니라.
8 그러니 그 모두를 다 지우고 벗는다

하여 너희가 나에게 울고불고 기도한
다 해서 그것이 벗겨지는 것이 아니라
하였음이니라.
9 너희가 지금까지 살아온 너희 자신이
모두 다 벗은 모습을 볼 때, 너희가 지
금까지 잘못되어 온 것, 그 흠집이 있
는 것은 하나하나 수술하고 제거하면
될 것이며,
10 앞으로의 삶을 선한 삶이요, 아름다운
삶으로써 그 많은 역사를 이룸으로 그
모두를 지울 수 있으며 그것이 벗겨질
수 있다는 것을 명심하고, 너희는 그
와 같은 삶을 살아야 할 것이니라.
11 완전히 벗어 버린 너희 자신을 보아
야 하느니라.
12 너희 자신을 벗은 모습으로써 보지 아
니할 때, 너희 몸에 상처 나고 썩은 것
을 알 수 없음이니,
13 너희의 마음을 보려거든 모두 다 벗은
자세이니라.
14 그러니 그와 같이 너희 마음을 벗은
자세요, 마음의 사악한 악습을 버려
버린 것을 볼 수 있는 그것은 바로 무
엇이더냐?
15 거울이니라.
16 너희의 육신이 병들고 썩은 것은 벗음
으로써 알 수 있으나, 마음이 병들고
썩은 것은 볼 수 없으니, 그것을 볼 수
있는 거울은 무엇인 줄 알겠느냐?
17 너희가 지난날의 모든 작은 그 죄를
하나하나 벗어 던지는 그와 같은 마음
자세로 바로 섰을 때, 나의 십계명을
바라볼 때, 너희는 그 마음의 상처가
치유됨을 다 알 수 있는 것이니, 그를
너희는 잊어서는 아니 될 것이니라.
18 그러니 누가 뭐라 하든 너희는 그와
같은 삶을 살아가야 함을 잊지 말라.
19 너희는 두 번 다시 잘못한 것을 반복
하는 그와 같은 삶을 살아서는 아니
됨이니라.
20 너희가 목숨을 던지는 한이 있더라도
두 번 다시 악습을 반복해서는 절대
아니 됨을 명심해야 할 것이니라.
21 그리고 너희가 어떠한 인간의 삶을 살
았는가 그것을 항상 돌이켜 봐야 할
것이며,
22 그리고 오늘의 너희가 살아가는 모습
은 과연 어떠하던가, 하늘을 향하여
한 점의 부끄럼이 없는 그와 같은 삶
을 살아가는 것인가를 너희 자신을
바라봐야 할 것이며,
23 너희가 죽어 나에게 와 돌아갈 수도
없으며 용서를 빌 수도 없으며 회개를
할 수도 없는 그 마지막 심판대에 섰
을 때, 거기에서 심판을 받는 것처럼
그보다도 더 냉정한 방법으로써 너희
자신을 심판해 보지 아니하면 아니 됨
이니라.
24 항상 너희 자신을 심판해 보는 그와
같은 삶을 살라.
25 누가 뭐라 말하든 너희는 외형에 치
우치지 말며 너희 자신을 심판하여,
너희 자신의 잘못된 것을 하나하나 여
기서 벗어던져 그를 만회할 수 있는
그와 같은 삶으로 살지 아니하면 절대
아니 됨을 알라.
26 특히 지금의 종교 지도자요, 종교 집
단들이 어렵고 불쌍한 자를 얼마나 생
각하며 그들과 같이 생활하며 살아가
는 모습을 보느냐?

27 내가 너희에게 성서에 기록하여 나의
아들 예수도 가난한 자요, 병든 자, 잘
못된 자들과 살아가는 것이 삶이라 하
였거늘,
28 그들은 지금 부귀영화요, 공명이요,
저희의 믿음을 위하여, 그리고 저희
생활을 위하여 모두 살아가는 자들이
니,
29 그들은 바로 저 자신의 허물을 하나
하나 벗어 던지지 못하며, 저 자신을
벗은 상태에서 보지 못하는 자들이기
때문에 그와 같은 행위를 하느니라.
30 성서에 기록된 것을 그리고 나의 아들
예수의 이름으로써 은혜를 받으며 그
보혈로써 구원을 받았으니 그는 구세
주요, 영광의 예수라 그리 말하면서,
그가 말한 것을 지키지 아니하는 자들
은 저 자신의 허물을 벗길 줄 모르는
자들이니라.
31 그러니 허물을 벗기지 못한다면 그 허
물은 계속 더 생길 것이며, 그 허물은
더 단단해지며 두꺼워질 것이니라.
32 그러니 그걸 벗는 것은 더 힘들며 도
저히 그 허물을 벗길 수가 없음이니,
저 자신이 벗은 자세로써 저를 돌아다
볼 수 없는 그와 같은 형국이 되어 있
는 것이 오늘의 종교 집단이요, 지도
자요, 그리고 구원을 받았다는 그 신
도들임을 알아야 할 것이니라.
33 그들은 절대 저 자신의 허물을 벗지
못함이니라.
34 그러나 너희는 누가 뭐라 해도 지금
서부터 너희의 모든 허물을 하나하나
벗겨, 너희 자신이 완전히 벗은 상태
로써 모든 썩고 병든 것을 볼 수 있는
그와 같은 행위로써 너희 자신의 모든
것을 다스리지 아니하면 아니 됨이니
라.
35 지금의 종교 지도자들이 어렵고 불쌍
한 자들과 더불어 살며, 친구 없는 자
에게 친구가 되며, 가난한 자를 위하
여 살며, 그들에게 나누고 베풀고 사
는 것이 가는 길이요, 역사하는 길이
라 성서에 기록해 놓았으며,
36 나의 아들이 직접 그들에게 전한 역사
가 있으며, 나의 법전에도 그와 같은
내용을 수없이 기록하여 전했음이니
라.
37 그러나 그들은 그리 행하지 아니함이
니, 그것이 무엇인 줄 알겠느냐?
38 저 자신의 허물을 벗기지 못하는 어리
석은 백성이기 때문이니, 그 불쌍한
자들을 구원하는 데 너희가 최선을
다해야 할 것이니라.
39 너희는 인간으로서 사람으로만 보고
사는 것이니라.
40 너희는 사람을 사람으로만 보기 때문
에 그가 가진 인생이요, 내면을 모두
보지 못하는 자들이니라.
41 그리하여 너희는 인간으로 인간의 생
각으로써만 보고 인간의 생각으로써
살기에, 재물을 거둬들이려고 겉모양
의 사는 삶을 위하여 지금 모두 이끌
어 가는 것이 종교 집단이요, 지도자
그들이니라.
42 그러니 인간을 인간으로만 보며 그 속
마음이요, 그가 가진 아름다움을 볼
수 있는 눈이 뜨이지 아니하였음이니,
그들은 또한 사람을 보고 배우고 깨닫
는 것까지도 없음이니라.

43 그러니 그들은 정녕 제가 지금 누덕누
덕 지은 죄의 허물을 떼어 낼 줄 모르
며 벗어날 줄 모르는 가장 어리석은
백성이니라.
44 이제 너희는 사람을 사람으로만 보지
말며 그 사람의 속마음을 들여다볼 수
있도록 노력해야 할 것이니라.
45 그가 가진 그 속마음이 얼마나 위대
하고 아름다운지 그것을 겉치레와 비
교해서 보는 어리석은 너희가 되어서
는 절대 아니 될 것이니라.
46 그리하여 사람의 속마음을 볼 수 있고
깨달아 네 것으로 만들었을 때, 너희
자신의 허물을 하나하나 벗어 던질
수 있는 그와 같은 스승이 옆에 있음
을 알게 될 것이니, 그를 들여다보는
눈을 뜨도록 그리하라.
47 지금의 종교 집단의 지도자 그들은 지
금의 형국으로써는 인간을 인간으로
서 보며 인간의 생각으로써 재물을 거
둬들이며 재물을 거둬들이는 도구로
쓰고 그들의 머릿수를 셀 수 있으나,
그들이 가진 아름다운 속마음을 절대
볼 수 없음이니,
48 그들이 변할 수 있는 그 거울마저도
보지 못하는 것이 오늘의 어리석은 종
교 집단이요, 지도자들이 가는 형태임
을 알아야 할 것이니라.

7,566 번째 하나님 말씀

2003년 9월 19일 09시 04분

1 사랑하는 나의 아들아!
2 **"네, 아버님! 말씀하옵소서."**
3 교회라는 곳이요, 성전이라 하는 곳에
서 나의 뜻을 역사하는 지도자들이 과
연 얼마나 있는가?
4 지금 내가 그리하여 너희가 그와 같
은 죄의 온상이기 때문에 내가 나의
아들 예수를 통하여 너희에게 교회요,
성전을 손으로 건축하는 건축물로 짓
지 말며, 모든 교회요, 성전은 너희 마
음에 지으라고 말하였거늘,
5 오늘의 종교 지도자들이 나의 뜻을 역
사하는 것이 아니요, 육적인 수단으로
써 믿음의 길을 가고 있으며 나의 피
조물 만백성들을 이끌어 가는 것이
그들의 형태이니라.
6 겉만 알고 속을 모르는 그와 같은 종
교 집단의 지도자들이 오늘의 그와 같
은 생활을 하는 것이니라.
7 교회에 나오는 신도들의 머릿수를 신
경 쓰며 그 머릿수에 따라 금화와 은
화를 거둬들이는 그와 같은 형국이니,
8 너희가 성전이요, 교회라는 곳에 신도
들이 얼마나 모여드는가, 그 머릿수에
만 신경을 쓰며, 그리고 거둬들일 수
있는 헌금의 그 명칭이요, 헌금의 액
수에만 신경을 쓰는 것이니라.
9 그런가 하면 너희는 나의 피조물 만
백성들로부터 재물을 받아 더 큰 교회
를 짓는 것에 신경을 쓰며, 그리하여
그 모든 것을 위하여 기도하고 경배하
는 것이 오늘의 종교 집단이요, 지도
자이니, 그것이 나의 뜻이 아니니라.
10 너희는 육의 생각이요, 인간의 생각을
성취하고자 기도하고 경배하고 강론
하는 것이 오늘의 믿음의 길을 가는
길이라 함이니라.
11 성경으로 역사하는 곳이 아니요, 지금

은 육적으로 인간적인 방법으로써 모
두를 이끄는 것이 오늘의 교회요, 성
전이라는 것을 나는 알고 있음이니라.
12 그러니 너희가 인간의 방법으로써 육
적인 생각으로써 모두를 역사함이니,
13 성령으로 잉태하여 성령으로써 거듭
나는 백성의 그 축복을 받는 것이 아
니요, 인간적인 것으로 인간적인 생각
을 하고 사는 자들만 잉태하는 것이
지금의 종교 집단이요, 지도자들이니
라.
14 인간적인 생각만 잉태시키는 것이 오
늘의 교회요, 그러니 지옥의 전당이
요, 죄의 온상이라 함을 알아야 할 것
이니라.
15 모두 인간적인 생각에서 이루어지기
때문이니, 그리하여 그와 같은 것이
있어서는 아니 되는 것이라 하여 교
회를 철폐한다 함이니라.
16 성령이 임하여 영적으로서 깨우치는
역사함을 살아야 할 것이며 그를 위
하여 너희 모두를 다 바쳐야 하는 그
와 같은 삶을 살아도 너희가 바로 설
까 서지 못할까 하는 그와 같은 마음
자세이니라.
17 나의 아들을 통하여 수많은 강론을 들
으며 나의 법전을 읽고 깨우치는 그
백성도 통탄하며 잘못된 것을 후회하
고 깨달아도 하루에도 수십 번씩 나
의 뜻을 거역하고 사는 그 삶 때문에
그들이 얼마나 몸부림을 치고 있는가?
18 성령으로써 거듭나려고 몸부림을 쳐
도 바로 서지 못하는 것이거늘, 너희
가 육적인 생각이요, 육적인 방법으
로써 육적인 인간만을 잉태하는 이와
같은 과정으로 진행되고 있는 것이 오
늘의 종교 집단이요, 지도자이니,
19 그 속에서 단 한 명도 구원을 받을 자
가 없다 함이 여기에 있음이니라.
20 육적인 동기로 모두 행해지고 있으니
육적인 결과를 거둬들이는 데 너희는
모두를 다 소모하는 것이니라.
21 그리하여 육적인 결과요, 육적으로써
눈에 보이는 그 역사함이 위대한 것
이라 생각함이니, 그걸 이루려고 너희
는 나와 관계없는 그 모든 시간과 재
물을 낭비하며 소모하는 것이 지금의
믿음의 길을 가는 백성이라는 것을
알아야 할 것이니라.
22 내가 나의 아들 예수를 통하여 성서에
일찍이 미리 기록하여 두었음이니라.
23 성경에 기록하여 너희를 깨우치기를,
'육으로 난 것은 육이요, 성령으로 난
것은 영'이라는 그 구절을 다시 한 번
정독해보며, 그 의미요, 뜻이 무엇인
가를 알아야 할 것이니라.
24 그러니 지금 모든 백성이요, 종교 지
도자 너희가 성령으로써 역사하여 영
으로써 구원의 길을 보며 변화되는 삶
을 사는 것이 아니요,
25 육으로써 모든 것을 역사하니, 육으로
써 잉태하여 그 육의 후손만 이 세상
에 존재토록 하는 것이 오늘의 종교
집단이요, 지도자요, 너희의 논리라는
것을 알아야 할 것이니라.
26 너희처럼 우매하고 불쌍한 백성이 없
음이니라.
27 오로지 제 고집이요, 제 아집만으로써
저희 교회요, 제 것만 구원을 받는다
는 것, 그리고 저희 품 안에 들어오지

아니하면 절대 구원을 받을 수 없으며
구원의 길을 볼 수 없다며 고집하는
그 불쌍한 자들에게 나의 법전을 전하
는 데 너희가 어떠한 길을 가야 하는
가를 각자가 선택해서 노력하도록 그
리하라.
28 내가 너희를 사랑함이니라.

7,567 번째 하나님 말씀

2003년 9월 19일 09시 09분

1 사랑하는 나의 아들아!
2 "네, 아버님! 말씀하옵소서."
3 나 여호와가 너희에게 손으로 짓는
건축물인 교회요, 성전을 세우지 말라
일찍이 깨우쳤으며, 성서에 기록하여
너희에게 전하였음이니라.
4 나 여호와가 세우지 말라는 그 교회
요, 성전을 세우는 것은 너희가 어떠
한 것이더냐?
5 영적인 믿음을 거역하는 자요, 나의
뜻에 순응치 아니하며 하늘의 뜻을 거
역하는 것이라는 사실을 너희는 어찌
모르는가?
6 그러면서 너희가 그 모두를 거역하며
교회를 세우는 것이 나의 뜻이 아니라
는 것은 바로 너희가 영적인 믿음을
거역하는 것이요, 나의 뜻에 순응하지
아니하는 것이요, 나의 뜻을 능멸하는
그와 같은 행위를 하는 자들이니라.
7 그러니 나의 뜻을 거역하며 나를 능멸
하는 그와 같은 역사를 하면서도 그
교회요, 성전을 더 크게 더 호화롭게
짓는 것은 무엇이더냐?
8 육의 부귀영화요, 육의 삶을 위하여
육의 생각으로써 모든 것을 이루는 것
이니,
9 참진리요, 영의 세계를 위한 지도자가
아니라는 것을 알아야 할 것이니라.
10 그러니 물건을 팔고 사서 이익을 취하
기에 급급한 그와 같은 시장의 장사
하는 사람들과 무엇이 다른가?
11 그들은 상도덕이 있음이니라.
12 그러나 종교 집단이요, 지도자 너희는
도덕도 없으며 거래의 규칙도 없는 자
들이니라.
13 그와 같은 사악한 자들 밑에 가서 울
고불고 아무리 몸부림친다 해도 너희
는 나를 볼 수 없다는 것을 알아야 할
것이니라.
14 육체의 모든 부분이 나의 뜻을 거역하
는 데 쓰이고 있으니,
15 너희 손이요, 발이요, 눈이요, 귀요,
코요, 내가 가장 아름답게 만든 육체
의 모든 부분이 나 여호와의 뜻을 거
역하여 성전을 지으며 교회를 지으며,
16 그리고 너희는 재물을 거둬들이려고
그 입을 사용하며, 먹이를 따라 움직
이는 귀와 눈, 내가 만들어 준 너희의
소중한 육체의 그 모든 부분 부분 하
나하나를 나의 뜻에 따라서 역사하는
것을 위하여 쓰는 것이 아니요,
17 내 뜻을 거역하며 나를 능멸하는 데
너희 육체의 부분 하나하나를 사용하
고 있다는 그 무서운 사실을 알아야
할 것이니라.
18 너희가 육의 생각과 육의 행동이 나
여호와가 너희에게 세우지 말라 한
그 교회를 세우는 것은 어떠한 행위인
줄 알겠느냐?

19 나의 성령이요, 나의 뜻으로써 모두를 깨우치는 그 백성은 너희 마음속에 성전이요, 교회를 지으며 그와 같이 마음속에 모두를 역사하라는 것을 방해하는 자들이요, 그를 훼방하는 자들이요,
20 나의 사랑하는 백성이 내 뜻에 따라 마음의 교회를 지으며 마음의 성전을 짓는 것을 하지 못하도록 훼방하는 자들이요, 그들을 무너트리는 그 죄를 짓는 그 사악한 자들이 오늘의 종교 집단이요, 지도자들이니라.
21 저 자신이 나에게 와 감당치 못하는 그 지옥의 죄의 대가를 받는 것이 억울하고 분해서 저희 형제요, 나의 아들딸까지 희생시키는 그 무서운 사악한 짓을 하고 있으니,
22 그들은 정녕 저희의 방법으로써는 내가 기억하지 아니하며 나로부터 구원을 받을 수 없다는 것을 아느니라.
23 저희가 얼마나 추하고 더러운 모습으로써 세상을 살아가는가?
24 저 자신을 씻으려 하지 아니하며 저 자신을 벗으려 하지 아니하며, 제 모두를 벗어부친 자세로 거울에 비추어 보듯이 제 마음의 양심이요, 제가 행하는 그 모두를 비춰 볼 줄 모르는 자들이니라.
25 이미 육의 향락이요, 제왕적인 대우요, 제가 제왕과 같은 그 착각 속에서 그리고 나를 능멸하는 그와 같은 위대한 존재라는 것,
26 그리하여 그들은 그대로 살다 지옥 불에 간다 해도 억울할 것이 없으며 손해 갈 것이 없다는, 극에서 극으로 마지막으로 가는 사악한 자들이 오늘의 종교 집단이요, 지도자라 하여 단상에 서 있으며 강론하는 자들임을 알아야 할 것이니라.

7,568 번째 하나님 말씀

2003년 9월 19일 09시 35분

1 사랑하는 나의 아들아!
2 "네, 아버님! 말씀하옵소서."
3 너희가 이제는 어떠한 행위를 하는가?
4 오로지 우리 부자의 이름을 팔아 이 세상에 교회를 지으며 궁궐보다도 더 호화롭고 방대한 것을 역사하는 데 모든 것을 다 바쳤음이니라.
5 그러나 나의 아들 예수를 통하여 성전은 마음의 성전이요, 교회는 마음에 있다 하였음이니라.
6 그러나 너희가 나의 뜻을 거역하며 교회를 세우는 것이요, 성전을 짓는 것은 예수의 몸체를 이 세상에 세우는 그와 같은 역사를 하는 것이라 하여 나의 뜻을 거역하고 그 역사를 하고 있음이니,
7 나 여호와의 뜻에 따라 마음에 교회를 세우는 것을 세우지 못하도록 그 모두를 가로막는 사악한 자들이라는 것을 너희는 알겠는가?
8 나의 뜻에 따라 마음에 교회를 지으며 성전을 짓고 깨달음의 참진리를 연구하며 살아가는 그 백성마저도 그들의 길을 막고 있으며 그들을 무너뜨려 지옥으로 이끌고 가는 것이 오늘의 종교 집단이요, 지도자 너희의 형태라는 것을 과연 너희는 아는가, 모르는가?

9 육으로 짓는 건축물인 교회를 지으려
고 나의 백성에게 모든 얕은 꾀와 술
책을 다 동원하여, 진정한 믿음을 가
려 하는 그 백성의 앞을 가로막으며
보지 못하게 하며 듣지 못하도록 그리
만들어,
10 오로지 육의 향락을 위하여 육의 교회
를 만들어 놓는 데만 너희가 모두를
다 바치며 모든 사역을 하며,
11 오늘에 너희가 가는 길이라는 것은
나와 관계없는 것이며, 나의 아들 예
수와 우리 부자와는 관계도 없는 그와
같은 행위를 하는 것을 너희는 알고
있어야 할 것이니라.
12 더욱이 너희 손으로 짓는 건축물을
지으려고 재물을 갖다 거기에 투자하
고, 또 각종 헌금이라 하여 바치는 자,
그리고 나에게 축복이요, 은혜를 받을
것이라 기대하는 자,
13 너희는 모두 사탄의 자식이요, 사탄의
후손들, 악마의 후손들을 위하여, 그
들이 힘을 얻어 더욱더 나의 피조물
만백성들을 지옥으로 이끌어 가는 그
와 같은 역사를 하도록 한 그 죄가 더
가중된다는 것을 알아야 할 것이니라.
14 이를 모르는 백성은 나에게 와 심판을
받을 때 얼마나 잘못 살았는가, 내가
짓지 말라 하는 너희 손으로 짓는 교
회라는 것을 지으려고 너희가 바치는
그 재물이요, 그 모두는 죄가 된다는
것을 알라.
15 내 뜻을 거역하면서도 나에게 오르고
자 하는 어리석은 그 백성의 삶에서
빠른 시간 안에 변화되고 새로운 역
사 앞에 나의 법전을 접하여 깨닫지
아니하면 아니 될 것이니라.
16 얄팍한 술책을 모두 다 동원하여 나의
피조물 만백성들을 우롱하며 지옥으
로 이끌어 가는 그들에게 현혹되어,
더 이상 너희 자신이 거듭나는 영광을
버리는 그와 같은 백성으로서 살지
말라.

7,569 번째 하나님 말씀

2003년 9월 19일 09시 41분

1 사랑하는 나의 아들아!
2 "네, 아버님! 말씀하옵소서."
3 나 여호와가 손으로 짓는 그 교회를
짓지 말며 교회를 세우지 말라 하였거
늘,
4 너희는 짓지 말라는 교회를 세우고자
너희 종교 지도자들이 나를 대신하여
그 교회를 세울 수 있도록, 그리고 호
화롭고 방대하게 건축할 수 있도록 나
에게 명을 받은 자들이라는 착각 속에
서,
5 나의 피조물 만백성들에게 거짓 하여
그들을 교회를 짓는 사역에 동원하는
것이요, 그들로부터 재물을 거둬들이
며 금화와 은화를 거둬들이는 데 혈안
이 된 너희들이니,
6 그리고 그 교회를 운영하고 유지하기
위하여 얼마나 사악한 방법으로 사는
가?
7 너희는 살아가려고 시장에서 물건을
팔고 사는 나의 백성보다도, 주는 것
없이 거둬들이는 사악한 자들이니라.
8 그들보다도 더 악랄한 방법으로써 사
악한 방법으로써 재물을 긁어모으는

것이 종교 지도자들의 방법이요,
9 장사꾼은 주는 물건이라도 있으나 너
희는 주는 물건도 없이 그저 재물을
거둬들이는 데 혈안이 되어 있는 자들
이니, 그 재물은 무엇 때문에 거둬들
이느냐?
10 내가 짓지 말라는 그 교회를 더 방대
하고 화려하게 지으려고 혈안이 되었
음이니, 그게 무슨 나의 아들딸이며
나와 관계있단 말이더냐?
11 그리하여 내가 그들과 나는 관계없다
함을 너희는 알아야 할 것이니라.
12 재물을 거둬들이기 위해 온갖 수단과
방법을 다 동원하고 있으며, 선전선동
을 하며 심지어 광고를 하며,
13 그 광고에 대해 또 나의 피조물 만백
성들로부터 받아들이고 갈취한 그 고
혈을 가지고 얼마나 너희 자신을 광고
하기 위하여 그 광고비에 투자하는가?
14 그러니 바로 무엇이더냐?
15 나의 피조물 만백성들의 재산으로 너
희 자신을 선전하고 너희가 육으로
지은 건축물인 교회를 선전하기 위하
여 광고비에 투자하는 그 경비가 과연
무엇이더냐?
16 그러니 육의 세상에 물건을 사고팔아
역사하는 장사꾼보다도 너희가 얼마
나 더 재물을 거둬들이는 데 혈안이
된 자들이냐?
17 얼마나 나의 백성의 재물을 긁어모아
광고에 투자하며 선전하는 데 투자하
는가?
18 이는 감히 있을 수도 없으며, 그 모두
는 나 여호와가 역겨워 바라볼 수 없
는 추한 행위니라.
19 그것이 나 여호와의 뜻이라 생각하는
종교 지도자를 이제 내가 그들을 단죄
하고자 함이니라.
20 나를 능멸하며 나를 욕되게 하는 그들
을 이제 내가 단죄하기 시작함이니 그
리 알라.
21 그렇지 않으면 이 지상은 하늘에서 이
루어진 것같이 아름다운 낙원이 건설
될 수 없으며,
22 나의 백성을 재물로써 계산하여 교회
에 끌어들이려는 그와 같은 사악한
너희의 마음 자세를 내가 다 단죄하고
자 함이니라.
23 너희 자신을 선전하며 너희에게 나의
피조물 만백성들을 끌어들여 재물을
거둬들이려고 광고비요, 선전비에 얼
마나 많이 투자하며 나의 백성의 재물
을 함부로 낭비하는가?
24 이것이 너희가 오늘의 죄의 온상임을
알아야 할 것이니라.
25 너희의 그 육적인 노력은 나와 아무
런 관계가 없음을 알라.
26 너희가 나에게 심판을 받을 때 그때야
어리석음을 알 것이며, 통곡하고 몸부
림치며 지옥 불에 가지 아니하려고 손
가락 마디가 끊어질 때까지 버티는 그
와 같은 형국의 처참한 몸부림을 할
날이 머지않았음을 알라.
27 지금의 종교 집단이 교회를 운영하는
방법, 그리고 그걸 운영하기 위하여
재물을 갈취하는 방법, 그리고 각종
설교를 하여 나의 피조물 만백성들로
부터 금화와 은화를 거둬들이는 방법,
설교하는 방법,
28 그리고 교회가 성장해 왔던 오늘날까

지 계속된 폐습의 방법, 그리고 그 간
교한 수단과 간교한 방법, 그리고 간
악한 방법을 모두 다 던져 버리고 다
시 태어나지 아니하면 아니 됨을 알라.
29 너희가 지금 가르치는 성경 공부요,
성서의 설교요, 강론 그 자체도 너희
가 구원을 받고자 한다면 그 모두를
다 버리고 재검토하며 새로 역사하는
그와 같은 변화가 없이는 이루어질 수
없음을 알라.
30 너희가 구원을 볼 수 있으며 알려거든
정녕 지금 교회의 운영하는 모든 방법
이요, 설교하는 방법이요, 재물을 거
둬들이는 방법이요, 교회를 운영하는
그 사악한 방법을 모두 다 버려야만
함이니라.
31 버리고 다시 태어나는 그와 같은 역사
요, 재검토의 믿음을 가도록 그리하라.
32 그렇지 않으면 너희는 구원의 길을
볼 수 없음이니라.

7,570 번째 하나님 말씀

2003년 9월 19일 11시 44분

1 사랑하는 나의 아들아!
2 "네, 아버님! 말씀하옵소서."
3 만백성에게 전해야 할 것이니라.
4 나의 아들 예수가 세상에 나가 너희에
게 전하기를, 나의 뜻을 역사하는 자
요, 목자로서 선택된 백성은 영적인
깨달음이요, 성령의 행함은 높이 하나,
5 육의 세상의 삶은 가장 낮은 자로서
어려운 자와 더불어 살아가는 것이 지
도자가 가는 길이며 깨우친 자가 가는
길이라 너희에게 일찍이 깨우쳐 주었
음이니라.
6 그러니 너희는 들여다보라.
7 모든 종교 지도자요, 집단이요, 그 지
도자라 하여 단상에 서서 설교하는 자
들이 과연 목이 얼마나 빳빳이 서 있
는가?
8 그들의 목이 굳어져 있음이니, 목이
곧게 서 있는 것을 과연 너희는 부인
하겠는가?
9 내가 보는 나의 피조물 만백성들을 이
끈다는 종교 지도자들은 가장 낮은 자
요, 어려운 자가 아니요, 친구 없는 자
에게 친구가 되는 그와 같은 삶을 사
는 자들이 아니요,
10 그 목이 누구보다도 빳빳하게 서 있는
자들이며 굳은 자들이라는 것을 너희
는 알 것이니라.
11 그러니 그것이 잘못되었으며 그와 같
은 속에서 가르치는 지도자는 진정한
지도자가 아니라 함을 너희는 어찌하
여 그리도 모르는가?
12 대표적인 예로 내가 교회를 짓지 말며
너희 마음속에 교회를 지으며 너희
마음속에 성전을 지으라 했던 그 애절
한 나의 가르침이요, 나의 아들이 죽
어 가면서 부르짖었던 그것을 너희는
어찌하여 그리 흘려보내는가?
13 가난한 자와 더불어 사는 것이 종교
집단이요, 지도자요, 깨달음을 얻은
자요, 하늘에 오르는 그 길을 보는 백
성이 가야 할 길이라는 것을 너희는
어찌 모르는가?
14 그러나 모든 종교 지도자들의 목이 굳
어져 있음이니라.
15 이를 보는 나 여호와의 마음이 어떠하

겠는가?
16 나는 그를 보거늘, 어찌하여 너희는
그와 같은 것을 정녕 보지 못한단 말
이더냐?
17 그것 하나로써 그들은 단상에 설 자
격이 없으며 그들은 나로부터 선택된
목자가 아님을 알아야 할 것이니라.
18 그러니 그들이 부르짖는 것은 무엇이
더냐?
19 그저 저희가 나의 뜻에 따라 하늘의
뜻에 역사하는 것처럼 오로지 저희
교회요, 저희 성전이요, 성당에 오는
것만 구원을 받는 것이라 그리 말하며,
20 그리하여 다른 것은 쳐다보지도 아니
하며 생각지도 아니하는 자들이니라.
21 너희는 알아야 할 것이니라.
22 나 여호와의 사랑이 무엇인 줄 알겠
느냐?
23 부는 바람이요, 공기를 마시지 아니하
면 너희가 살 수 없듯이, 나의 사랑이
이 세상에 공기와 같이 흐르고 세상을
덮고 있음이니,
24 나의 사랑이 이 세상의 너희를 지탱
하지 아니하면 이 세상은 사탄의 세상
으로 완벽히 넘어졌을 것이며 하늘에
서 이루어진 것같이 이 땅에서 이루
어질 수 없음이니라.
25 모든 종교 지도자요, 집단이요, 그리
고 나의 아들을 따르는 제자 너희는
알아야 할 것이니라.
26 이 세상에 성전에 와 공부하는 자, 교
회에 와서 공부하는 너희보다도 밖에
있는 사랑하는 나의 백성이 깨달음이
높으며 행함이 높은 자들이 수없이 있
다는 것을 알라.
27 그리하여 그들은 나로부터 축복을 받
으며 나로부터 은혜를 받으며 나 여호
와의 뜻을 아는 백성이 수없이 있음
을 너희는 알아야 할 것이니,
28 감히 죄의 온상인 그 교회요, 성전이
요, 성막에 오는 것만 구원을 받는다
고 그리 부르짖지 말라.
29 그것이 너희가 어리석은 자요, 잘못된
오늘의 그 믿음이니, 그 모두를 깨고
그곳에서 벗어나지 아니한다면 너희
는 참진리를 볼 수 없음을 알라.
30 나의 성령은 이 세상을 다 덮고 있음
이니라.
31 너희의 성당이요, 교회요, 법당이요,
그리고 나의 아들이 지금 나의 피조물
만백성들을 가르치는 나의 성전이요,
그 모두가 다 똑같이 나의 은혜가 바
람과 공기처럼 이 세상에 흐르고 있음
이니,
32 잠시라도 내 사랑이 중단된다면 사탄
들이 이 세상을 다 뒤집을 것이니라.
33 그러니 밖의 세상에서 사는 자들이 나
의 뜻에 살며 하늘의 뜻에 사는 백성
이 수없이 있으며 깨달음이 너희보다
높은 자가 있음이니라.
34 그들이 있기 때문에 사탄들이 이 세상
을 다 지배하지 못하거늘, 어찌 너희
는 바깥 세상에서 나의 피조물 만백
성들이 깨우쳐 나의 진리대로 살아가
는 수많은 백성이 있음을 못 보며 그
걸 들여다보지 못하고,
35 오로지 너희 손으로 지은 곳에 와 기
도하고 경배하는 것이 은혜요, 축복이
요,
36 그리고 밖에 있는 모든 백성은 오염

된 자라 하여 거래하지 말며 상대하지
말며 교제하지 말라 그리 가르치니,
그것이 얼마나 욕심의 한계요, 잘못된
자들이냐?
37 밖의 위대한 자, 진리를 아는 자를 만
나서 그들이 떠날 것이 두려우며 저
자신의 추함이 보이는 것이 두려워 그
와 같이 모든 방법과 수단을 동원하여
묶어 놓는 어리석은 백성이니, 그들
이 불쌍하도다.
38 그들을 먼저 깨우치라, 사랑하는 나의
아들딸들아!

7,571 번째 하나님 말씀

2003년 9월 19일 11시 49분

1 사랑하는 나의 아들아!
2 "네, 아버님! 말씀하옵소서."
3 지금의 종교 집단의 그 형태요, 그리
고 지금의 믿음의 길을 가는 그 백성
이, 내가 나의 아들을 통하여 160권의
나의 성령이요, 내 가슴의 모두를 태
워 내려보내는 나의 법전을 보고, 이
게 구원의 길이 아니요, 사탄이요, 이
단이라 말하며,
4 나의 아들이 또한 이단이요, 사탄이라
그리 말하고 나의 아들을 밀고하며 세
상에 존재치 못하도록 하는 것이 너희
이니라.
5 그리고 지금의 나의 법전대로 믿으면
너희가 구원을 받을 수 없으며 나에게
오를 수 없다고 그리 선전하며 그걸
존재하지 못하도록 하는 것이 너희이
니, 과연 너희가 이 답을 언제쯤 알 수
있던가?
6 너희가 죽어 나에게 와 심판을 받기
전에 나의 법전의 뚜껑을 열고 이를
읽어 보고 정독해 본다면 그 속에 답
이 있을 것이거늘,
7 너희가 나의 법전의 뚜껑을 열어 보지
도 아니하며 찢어 버리고 태워 버리는
그와 같은 형국을 하고 있음이니, 그
를 보는 나 여호와의 마음이 과연 어
떠하겠는가?
8 진정한 목자요, 나로부터 선택된 제사
장이요, 그리고 지난 예언자요, 또 선
지자요, 그리고 나의 아들 예수가 세
상에 나갔을 때 그 예수까지도 모두
이단이라 몰아붙인 것이 바로 육의 믿
음이요, 육의 신앙을 가진 그들이니라.
9 나로부터 명을 받은 선지자요, 지도자
요, 목자요, 그들을 다 이단이라 몰아
붙였으며 나의 아들 예수까지도 이단
이라 밀어붙였음이니,
10 그중에 제가 이단이 아니요, 그들이
정녕 이단이라는 것을 해명하고 반박
한 그 제자요, 선지자들이 또한 성서
에 기록된 내용이 거기에 있음이니,
너희는 그를 읽고 깨우쳐 봐야 할 것
이니라.
11 너희가 이단이라 몰아붙였던 선지자
요, 예언자요, 나의 아들 예수 또한 이
단이 무엇이며, 이단이 아닌 것을 설
명하고 해명하여 기록된 그 내용을
너희가 한번 들여다본다면 깨달음이
있을 것이니라.
12 하늘나라를 너희가 어찌 해명하며 하
늘의 뜻을 너희가 어찌 알겠는가?
13 지금 나의 뜻으로 나의 법전을 만드
는 나의 아들이요, 또 나의 법전을 이

단이요, 사탄이라 너희가 그리 몰아붙
이느니라.
14 그러나 나의 아들이 너희에게 대답하
기 전에 모든 대답을 내가 법전에 기
록하여 다 전함이니, 너희는 상세히
내가 기록한 내용을 읽어 보고 그 답
을 얻도록 하라.
15 너희가 지난날 내가 보낸 선지자요,
예언자요, 대제사장이요, 나의 아들
예수까지도 이단이라 밀어붙였음이
니, 그들이 말없이 그저 너희에게 짓
밟힌 자가 있는가 하면,
16 조목조목 너희에게 누가 이단이며 누
가 사탄인가 기록하여 전한 내용의
해명서가 거기 있을 것이니 그 해명서
를 너희가 읽어 보라.
17 그 해명서는 곧 나의 법전이니라.
18 나의 법전에 모두 기록하였음이니, 그
것이 너희가 나의 아들이 이단이요,
나의 법전이 사탄의 글이라 하는 그
해명서가 옛날의 제사장이요, 나의 아
들 예수가 해명했듯이 그 해명서임을
너희는 알라.
19 그러니 해명서를 들어 보고 읽지 아니
하면 너희가 그 답을 알 수 없음이니,
20 이제 나의 사랑하는 백성 너희는 그
해명서인 나의 법전을 한번 들여다보
라.
21 나의 아들이 이단이요, 사탄이요, 그
제자들이 잘못된 자들이요, 법전이 잘
못되었다 하는 자는 그 모든 해명의
답이 거기에 있음이니,
22 그 답을 읽어 보고 스스로 결정하는
현명함을 얻도록 그리하라.

7,572 번째 하나님 말씀

2003년 9월 19일 11시 55분

1 사랑하는 나의 아들아!
2 "네, 아버님! 말씀하옵소서."
3 나 여호와도 힘들고 어려움이니라.
4 너를 따르는 제자들이요, 나의 법전을
읽은 선택된 백성 너희는 이제 의인
이 되어 한 점의 부끄럼이 없이 살도
록 변해야 할 것을 잊지 말라.
5 지금의 모든 종교 집단 지도자들이 설
교하며 강론하며 나의 피조물 만백성
들을 이끌어 간다는 그 설교요, 기도
요, 예배요, 모든 형태를 다 바꾸지 아
니하면 절대 그들은 구원을 받을 수
없으며,
6 그를 따르는 신도들까지도 절대 하늘
에 오를 수 없는 것이며, 나의 뜻을 거
역하는 것이요, 인간의 생각으로써 모
두를 이끌어 가는 그 부끄러움을 알도
록 그들에게 전하라.
7 예배 의식이 무엇이더냐?
8 예배라는 것은 나의 성경의 뜻을 전하
며 내 뜻을 조용히 만백성에게 전하고
각자 깨우치도록 그 가슴에 심어 주며
서로 모르는 것을 대화하며 아는 것을
깨우쳐 주는 그와 같은 조용한 공부가
곧 예배이니라.
9 그러나 지금의 종교 집단이요, 지도자
들의 그 예배의 형국이요, 형식은 과
연 어떠하던가?
10 저희가 찬송하고 강론하는 것도 부족
하여, 노래를 부르는 것도 부족하여,
이제 각종 악기라는 것을 다 동원하여
요란을 떨고 있으며,

11 그 악기를 가지고 찬양을 하며 찬양대를 노래 부르도록 하며 기쁨조까지 만들어 나의 백성을 자극함이니라.

12 나의 백성이 자극되기 좋아하며 흥분하기 좋아하며, 감정이 예민하고 날카로운 나의 백성, 그리고 눈물이 있는 백성, 그리고 광란하기 좋아하는 나의 백성의 성격을 너희가 잘 파악하고 있기 때문에,

13 그 얄팍한 수법으로써 오늘의 모든 종교 지도자들이 나의 백성을 흥분시키고 자극하며 감정을 유발하는 그와 같은 것으로써 각종 악기요, 찬양대요, 기쁨조를 동원하여 노래로 악을 쓰는 것이 믿음의 길이요, 나에게 찬양하는 길이요, 진정한 종교요, 진리를 가르친다고 그리하고 있음이니라.

14 흥분된 마음으로 그들을 고조시켜 너희가 하는 것이 무엇이더냐?

15 자극을 하고 자극을 해 예배를 드린다며 그들로 하여금 자신도 모르는 사이에 재물과 금화와 은화를 바치도록 그리 광분되게 이끌어 감이니라.

16 어찌하여 나의 진리요, 나의 뜻을 가르치면 되며 조용히 예배를 드리고 경배하며 서로 가르치고 깨우치는 것이 나의 뜻을 전하는 것이거늘,

17 말로써 하다 찬양대요, 기쁨조로써 하다 하다 되지 않으니,

18 이제는 각종 형용할 수 없는 악기를 동원하여 두들겨 노래를 부르고 소리 지르면서 나의 피조물 만백성들의 감정을 흥분시키고 자극해 그들이 이성을 잃도록 하여,

19 은혜를 받았다는 그와 같은 것으로써 지금 예배를 드리며 경배하는 짓을 하는 것이니라.

20 조용히 기도하고 성경이요, 참진리를 가르쳐야 하거늘,

21 참진리요, 하늘의 뜻을 그 종교 집단의 지도자들이 알지 못하며 그 방법을 모르니, 저희가 나의 피조물 만백성들에게 재물을 거둬들일 방법이 없어 저희의 취약점이요, 잘못됨을 감추려고 각종 악기까지 동원하여 두드리고 불고 광란의 짓을 하는 것이 지금의 형국이니라.

22 과연 각종 악기를 사용하여 소리 지르며 기쁨조까지 동원해 예배 보는 것이 과연 진정한 나의 뜻을 전하는 것이더냐?

23 흥분된 자신들을 도화선으로 만들어 나의 피조물 만백성들의 흥분을 고조시켜 육의 향락에서 즐거움을 얻도록 만들며, 그것으로써 영적인 은혜를 받은 것처럼 그리 생각하느니라.

24 그러니 정녕 영적인 은혜를 입는 것이 무엇인지 알아야 할 것이니라.

25 너희는 육의 행동이요, 육의 생각으로써 나의 사랑하는 백성을 흥분시키며 감정을 고조시키고 자극해, 그들이 그저 영적인 은혜를 받은 것처럼 착각시켜 그들에게 모든 재물과 금화와 은화를 거둬들이는 역사를 하고 있음이니라.

26 너희는 알아야 할 것이니라.

27 나의 아들이 나의 피조물 만백성들에게 강론하며 설교하며 그들을 가르치는 그 현장에 와 들여다보라.

28 과연 울고불고 찬송하며 악기를 동원

하여 소리를 지르며 기쁨조를 동원하
며 나의 뜻을 가르치는가?
29 그저 그들은 나의 뜻을 그대로 전하며,
30 제 뜻을 전하는 것이 아니요, 그 제자
들이 의문 나는 것을 대답하며 서로
토론하며 조용히 그 예배 시간이요,
공부 시간이요, 성서를 공부하는 시간
을 마치는 것에 견주어 보도록 하라.
31 가장 성스럽고 조용하며 경건하고 정
숙해야 하는 것이 나에게 경배 드리는
시간이거늘,
32 너희는 어찌하여 각종 악기를 갖다 불
고 두드려 대고 소리 질러 나의 백성
을 흥분시킨 상태에서 그저 끌고 가는
그와 같은 것을 예배요, 경배요, 찬양
이라 그리하는가?
33 그것 하나를 봐도 오늘의 믿음을 다
손을 놓아야 하며 다 뒤집어야 하며
다 버려야 하며 다시 출발해야 한다
는 나의 뜻을 알 것이거늘, 어찌하여
너희는 그리 변하는 자가 없단 말이던
가?

7,573 번째 하나님 말씀

2003년 9월 19일 12시

1 사랑하는 나의 아들아!
2 "네, 아버님! 말씀하옵소서."
3 수천 년 동안 믿음의 집단이 흘러오며
나에게 경배하고 예배하는 것이 무엇
이라 하였느냐?
4 감수성이 예민하고 눈물이 있고 감정
이 있는 나의 사랑하는 백성의 마음
을 자극하여 흥분의 분위기로 이끌어
은혜와 축복을 받은 것처럼 둔갑시키
는 그와 같은 방법으로써 지금까지 이
끌어 온 것이 종교 집단이 행한 길이
라 하였음이니라.
5 설교하고 성경을 가르치는 것을 오늘
날의 교회가 공통으로 역사를 이루어
야 하거늘, 악기를 두드려 대며 기쁨
조를 동원하여 지금 모든 것을 그와
같이 광란의 형태로 이끌어 가는 것이
모든 교회요, 종교 집단의 공통적인
병폐요,
6 그로 인하여 모두 썩은 증상이 자리
를 잡고 있음을 너희는 알아야 할 것
이니라.
7 지금 너희의 공통적인 병폐가 무엇인
줄 알겠느냐?
8 악기를 동원하며 기쁨조를 동원하며
노래하고 광란의 짓을 하며 그저 재물
을 많이 바치는 자가 구원을 받는다고
가르치며,
9 그것이 나 여호와의 뜻이며 나의 아들
예수를 경배하며 찬양하는 것이요, 너
희가 구원을 받는 것이라 그리 깨우치
고 몰고 감이니라.
10 너희는 제정신을 차리지 못하고 끌려
가는 백성의 가슴에 나의 법전을 전
하여 그들을 깨우치도록 그리해야만
할 것이니라.
11 광란의 짓을 하는 것이 최상의 예배가
아님이니라.
12 너희가 악기를 두드리며 기쁨조가 노
래를 부르고 소리 지르는 그것으로써
최상의 예배요, 나에게 경배드리는 것
이 절대 아니라는 것을 알라.
13 그와 반대 현상으로써 조용히 묵상의
기도를 드리는 마음으로 서로 의논하

며 토론하며 공부하는 그것이 예배요,
나의 뜻이요, 나의 성령을 공부하는
자들의 자세라는 것을 알라.
14 지금 너희가 하는 짓은 무엇이더냐?
15 나 여호와를 능멸하는 자들이니라.
16 나 여호와를 능멸하고 나를 욕되게 하
는 자들은 무엇이더냐?
17 나에게 선택된 백성이더냐, 천사들이
그와 같은 자들이냐?
18 사탄의 자식들이 하는 행동이며 사악
한 마귀의 자식들이 그리하는 것임이
니, 그들이 바로 나로부터 멀어진 사
탄의 백성이 되어 있는 것임을 알라.
19 조용히 용서를 빌며 자신의 죄를 용서
해 주기를 나에게 마음속으로 기도하
며, 너희의 악습을 하나하나 떼어 버
리며, 그 허물을 벗어 던지며,
20 잘못 산 지난날의 모든 것을 옷을 벗
는 것처럼, 거울에 비치는 네 모습처
럼 다 털어 버리고, 앞으로는 절대 내
뜻을 거역하는 짓을 하지 않는 그 삶
이 회개라 하였음이니라.
21 그러니 진정한 회개와 뉘우침으로써
살아가는 그것이 바로 나에게 오르는
길이니라.
22 오늘의 모든 교회가 어떠한 중병에 걸
려 있으며 어떻게 그들이 썩어 갔는지
잘 알고 있지 않으냐?
23 그들이 모든 악기요, 음악이요, 기쁨
조까지 동원하여 두드리고 불고 소리
지르고 악을 쓰는 그것이 공통적인 예
배의 형식으로 흘렀음이니,
24 그것이 노래 자랑하는 경연대회지, 성
경을 가르치며 조용히 나의 참진리를
가르치는 것인가?
25 이 세상에 나의 진리요, 나의 성령보
다 조용하고 위대한 것이 없음이니,
세상에서 가장 중요하고 위대하고 귀
중한 것을 듣고 받는 그 장소에서 그
와 같이 광란의 짓을 하며 육의 행동
으로써 은혜를 받았다고 둔갑시키는
그와 같은 짓을 해야만 되겠으며, 할
수 있다고 생각하느냐?
26 그것 하나만 봐도 너희가 어떠한 백
성이요, 어떠한 길을 가고 있는지 알
것이니라.
27 너희만 알 것이 아니니라.
28 나의 아들을 따르는 제자 너희는 이
대목을 듣고 읽었다면 만백성을 구하
는 데 너희가 최선을 다해야 할 것임
을 잊지 말라.
29 너희가 마음의 문이요, 가슴을 열어
모두를 사랑으로 감싸 모든 백성을
구하는 전사로서 일선에 나서기를 나
여호와는 바라고 기대하고 있음이니
라.
30 이제 내가 너희에게 바라는 뜻을 하
나 더 전함이니라.
31 너희는 할 수 있으며, 역사할 수 있는
패기가 있으며, 용기가 있으며, 자신
이 있으며, 깨달음이 있으며, 하늘의
이치요, 나 여호와의 뜻을 아는 백성
이니라.

7,574 번째 하나님 말씀

2003년 9월 19일 12시 08분

1 사랑하는 나의 아들아!
2 "네, 아버님! 말씀하옵소서."
3 모든 종교 집단이요, 지도자들에게 너

희는 전하라.
4 더 이상 오만한 자세로써 나의 피조물
만백성을 이끌어 가는 그와 같은 행위
를 하지 말라 전하라.
5 이 세상의 나 여호와의 진리요, 이 세
상의 오묘한 이름이요, 그 돌아가는
형태도 제대로 하나 아는 것도 없이
살아가는 것이 나의 백성 너희이니,
6 내가 너희에게 명하며 내가 너희에게
이르는 것을 따르며 조용히 순종하며
내 뜻에 의해 살아가는 그와 같은 삶
이요, 기다리는 삶이요, 그리고 참고
인내하는 삶이요,
7 나로부터 은혜를 받을 수 있도록 조용
히 기다리는 그와 같은 아름다운 미덕
의 마음을 가지고 살아가는 것이 너
희가 행해야 할 도리이니라.
8 모든 종교 집단 지도자 또한 그러하니
라.
9 그러니 나 여호와가 너희에게 명할
때까지 내가 너희에게 임무를 줄 때
까지, 그리고 내가 너희에게 역사할
때까지 조용히 기다리고 참고 인내하
며,
10 내가 내린 나의 성령이요, 나의 십계
명대로 살아가고자 조용히 그 삶을 지
켜 가는 그와 같은 삶으로 살아가는
것이 도리이거늘,
11 지금의 모든 종교 집단이요, 지도자들
이 얼마나 오만방자한지 아는가?
12 몇천 년 동안 흘러오는 그 종교 집단
이 주관하는 것은 나 여호와의 뜻에
따라 인내하고 참고 내 뜻을 따르는
것이 아니라, 인간의 생각으로 너희가
주관하고 모두를 주도하여 믿음의 길
을 가는 것이며,
13 그 믿음의 길이 하늘에 오르는 길이라
지금 모두 역사하고 있는 것이니라.
14 너희 주관으로써 너희 뜻대로 나 여
호와까지 끌고 가며 너희에게 따라오
기를 바라는 것이 지금 너희의 그 방
자함이니라.
15 종교 집단과 지도자들과 광분하는 신
도들, 교회라는 곳이 새롭게 변화되고
다시 태어나지 아니한다면 너희는 절
대 나를 볼 수 없으며 내가 너희를 모
른다 할 것이니,
16 구원의 길은 절대 없으며 너희는 구원
은 생각도 해서는 아니 된다는 것을
알라.
17 너희는 절대 구원이 없다는 것을 알
며, 또한 지금의 이 형태요, 지금의 이
믿음의 길로써는 구원을 받을 수 없으
며 하늘에 오를 수 없으며,
18 일반 백성만도 못한 짓을 하고 있다는
것을 아는 종교 지도자들이 수없이 있
음이니라.
19 그러나 그들이 오늘의 생활 때문에 그
곳을 뛰쳐나오지 못하며, 그걸 바로잡
고자 저희가 일어선다면 이단이요, 사
탄이요, 사악한 자라 하여 교단이요,
교회에서 방출당하는 것이 두려워,
20 감히 오늘의 믿음으로써는 하늘에 오
르는 길이 없으며 나 여호와의 뜻이
아니요, 예수가 죽어 간 보혈로써 그
사랑을 실천함이 아니라 부르짖고자
하며, 그리고 잘못된 것을 하는 종교
지도자들이 수없이 있으나, 그들은 말
하지 못함이니라.
21 모든 것이 박탈되는 것이 두려워서 말

을 못 함이니라.
22 이제 그들이 일어서도록 그들을 너희
는 깨우쳐 주어야 할 것이니라.
23 너희는 우리 부자의 이름을 팔아 교회
를 대형화하기 위하여 나의 백성에게
어찌하는가?
24 너희는 우리 부자의 이름을 내세워
나의 피조물 만백성들에게 대형 교회
요, 궁궐보다도 더 아름다운 교회를
짓기 위해 나의 백성에게 고압적으로
보이지 않는 압력을 넣고 있으며,
25 간교한 방법으로써 나의 피조물 만백
성들에게 군림하여 그들에게 고통을
주는 것이 지금의 종교 집단이요, 지
도자 너희가 하는 짓이니라.
26 주변에 어떠한 교회든 법당이든 성당
이든 너희가 다니는 그 교회보다 더
커서는 안 되며 그보다 더 큰 것이 있
어서는 아니 됨이니,
27 그리하여 더 크고 호화로운 교회를 짓
기 위해서 나의 사랑하는 피조물 만백
성들에게 사랑을 가르치며 나눔을 같
이해야 하는 그들의 마음속에 경쟁심
의 불을 지르도록 하여 욕심이라는 다
른 신을 심어 주는 행위를 하는 것이
종교 집단이요, 지도자 너희가 하는
짓이니라.
28 네 주변에 있는 어떠한 교회도 너희보
다는 커서 안 되며 법당도 커서는 안
되며 성당도 커서는 안 되며 회막도
커서는 안 되며 마을 회관도 커서는
안 되는 것이 종교 집단이요, 지도자
이기 때문에,
29 저희가 가장 큰 것이요, 가장 호화로
운 것이요, 가장 많은 백성의 머릿수
를 쥐고 있어야 하는 것이라 하여 나
의 사랑하는 백성의 경쟁심에 불을
지피고 있으며,
30 경쟁심의 도구가 되어 저희가 사탄의
전사가 되어 전쟁터에 나가는 것도 모
르는 불쌍한 나의 백성으로 전락하여
있음을 알라.
31 이제 너희가 그 간교하고 사악한 방
법으로써 나의 피조물 만백성들을 유
혹하고 이끌어 감이니,
32 거기에 성령이요, 영혼을 구원하는 것
은 뒷전으로 짓밟혀 멀리 되어 있으
며, 사탄으로 둔갑한 나의 백성을 앞
에 내세워, 순박하고 가련한 나의 피
조물 만백성까지 우롱하여 지옥으로
이끌어 가는 그와 같은 행위를 하는
것이 너희이니라.
33 너희는 같은 종파요, 같은 교회끼리도
만나서 한 형제라 말하면서 서로 머릿
속에 경쟁을 벌이며,
34 설교를 하든 강론을 하든 어떠한 순간
에도 네 머릿속에는 더 큰 교회를 지
어야 하며 그리고 더 많은 머릿수를
네 앞에 두어야 한다는 그것만을 생
각하는 것이니,
35 그와 같은 종교 지도자가 어디 사랑이
있으며 나눔이 있으며 베풂이 있느냐?
36 그리하여 신도들에게 창조주 나 여호
와 하나님의 큰 사랑을 전하는 것이
아니요,
37 그들에게 욕심의 다른 신을 심어 주고
또 심어 주어, 그들이 정녕 헤어나지
못하도록 쇠사슬로 묶는 행위만을 하
는 것이 오늘의 종교 집단이요, 지도
자요, 모든 교회가 역사하고 있는 행

위라는 것을 너희는 바로 보고 깨우
쳐야 할 것이니라.
38 내가 나의 아들을 통하여 이루어지는
것을 하늘에서 그림을 그리는 것보다
도 상세하고 더 정확하게 그려서 너희
에게 내려보냄이니, 이를 보고도 깨우
치지 못하는 백성, 변화되지 못하는
백성은 아니 될 것이니라.
39 나의 아들을 따르는 모든 제자요, 나
의 법전을 읽는 깨우친 백성 너희는
지금의 사악한 종교 집단이요, 지도자
들처럼 나 여호와를 이리저리 끌려
하지 말고 내가 내리는 사랑 속에 묵
묵히 참고 인내하는 그 믿음의 길을
가라.
40 이 세상에 창조주 나 여호와보다 더
위대한 자가 어디 있으며 내 진리보다
더 위대한 것이 무엇이 있겠는가?
41 그동안 나를 끌고 다니며 저희 취향
에 맞춰 여기에 붙이고 저기에 붙여
쓰는 사악한 자들이 머지않아 내 앞에
와 심판을 받고 그 대가를 치를 때, 감
히 너희를 바라보지도 못할 자들일
것이니 그리 알라.

7,575 번째 하나님 말씀

2003년 9월 19일 12시 15분

1 사랑하는 나의 아들아!
2 "네, 아버님! 말씀하옵소서."
3 영적인 구원이요, 진정한 영적인 변화
는 너희의 마음속에 있는 그 성전이
요, 교회요, 거기에 변화가 이루어지
지 아니하면 아니 됨이니라.
4 영적인 구원은 영적인 변화 속에서만
이루어진다는 것을 너희는 가슴 깊이
새겨 두어야 할 것을 잊지 말라.
5 지금의 모든 종교 집단이요, 지도자들
이 어찌 가고 있는가?
6 영적인 구원은 영적인 변화를 이루는
곳에서만 이루어진다는 그것을 그들
은 기억하지도 아니하며 생각하기도
싫어하는 자들이니라.
7 그저 인간의 욕구를 채우려고 2천 년
의 악순환의 역사를 반복하는 것이
오늘의 종교 집단 지도자들이 가는 것
이니라.
8 끝이 보이지 않는 그 악순환을 2천 년
동안 무한히 반복하고 또 반복하는 그
와 같은 생활 속에 젖어 있음이니,
9 그들이 끝이 보이지 않는 무한대한 악
순환을 계속하는 한 거기에 속해 있는
백성은 끝없이 지옥 불로 떨어져 간다
는 것을 알라.
10 재물을 갈취하려고 갖은 얕은 방법으
로써 나의 사랑하는 백성에게 재물을
긁어모음이니라.
11 그러니 너희는 그 재물을 긁어모으려
고 갖은 수단과 방법을 다 동원하는
사악한 자들이요, 또한 거기에 더 죄
를 짓는 것이 어떠한 자들인 줄 알겠
느냐?
12 너희가 모든 방법을 다 동원하여 나의
백성으로부터 재물을 갈취한 그 재물
을 사용함에 너희가 만천하에 드러낼
수 있는 정당한 방법으로 쓰지 못하기
에,
13 갈취한 재물을 어떠한 수단과 방법을
가리지 아니하고 정당한 방법인 것처
럼 많은 백성에게 비치고자 얄팍한

수단을 강구하는 자들이 바로 종교
집단이요, 지도자들이니라.
14 그러니 그들에게 물으라.
15 나의 사랑하는 백성 너희는 그들이
갈취한 재물을 과연 어떠한 방법으로
써 정당화시키는가?
16 거기에 광신도 그들과 더불어 같이하
는 자, 그리고 거기에 맹신하는 자들
에게 너희는 물어보라.
17 너희 백성이요, 사랑하는 나의 아들딸
들이요, 그리고 신도라 하여 구원을
받으려고 하늘에 재물을 쌓아 놓으면
구원을 받는다 하여 각종 헌금의 명칭
에 따라서 너희가 바친 그 재물을,
18 그들이 어떠한 방법으로써 어떻게 정
당화시켜 저희의 사욕을 채우는 것이
며 저희 임의로 쓰고 있는가 그것을
모두 나 여호와는 알고 있음이니라.
19 너희 신도들은 모르며 너희 성도들은
모르며 그 백성은 모를 것이나, 나는
다 보고 있음이니라.
20 그러니 수단과 방법을 가리지 아니하
고 나의 백성으로부터 재물을 거둬들
이는 그 무한대한 악순환을 계속하며
그 악순환 속에서 그 재물을 정당화시
켜서 다 쓰고 낭비하는 그와 같은 악
순환이 계속 되고 있으며,
21 그 얄팍하고 간교한 방법이 지금의 교
회 안에서 이루어지며 성당 안에서 이
루어지며 모든 회당 안에서 이루어지
며 법당 안에서 이루어지는 것이 이
세상이니, 그 모두가 다 똑같은 자들
이 아니냐?
22 나의 아들딸이 아니면 똑같으며 사탄
의 자식으로 전락한 것은 그나 저나
다 같음을 너희는 알아야 할 것이니
라.
23 정녕 그들에게 물어보라.
24 갈취한 그 재물을 과연 정당하게 쓰는
가?
25 너희가 편법으로 잘못 쓰고 사악한 방
법으로 쓰고 정당화하려고 또한 간교
한 방법을 연구하고 노력하지 아니하
는가?
26 죄를 짓는 것을 두려워하며 실수하는
것도 통곡하는 것이 나의 아들을 따르
는 그 제자들이요, 너희는 죄를 지으
려고 연구하는 자들이요, 죄를 편법으
로 정당화하려고 하며 갈취한 재물을
잘못 쓰면서도 부끄럽고 두려움을 모
르고 정당한 방법으로 비치게 하는 것
이니라.
27 그러나 나의 아들을 따르는 제자들이
요, 그 백성은 잘못 쓰는 것도 통곡하
며 후회할 것이며, 그리고 그 잘못 쓴
것을 정당화하며 변명하는 그와 같은
나의 아들딸들은 아님이니라.
28 수천 년 동안 흘러온 믿음의 길을 가
는 그 백성도 똑같은 나의 아들딸이
거늘 너희가 한쪽에서는 죄를 지으며
그 죄를 정당화하기 위하여 갖은 수단
과 방법을 가리지 않는 집단이 있는가
하면,
29 쓰고도 잘못 쓴 것을 후회하고 반성하
며 뼈아프게 생각하며 그걸 회개하는
그와 같은 마음으로 살아가는 자요,
정당화하고 변명하지 아니하며 그 부
끄러움을 알며 남을 속인 것만으로도
부끄러워 제가 밤에 잠들지 못하는 몇
명 안 되는 나의 아들을 따르는 그 백

성과,
30 수천 년 동안 흘러오면서 사악한 짓을
하면서 그것을 모두 정당한 방법으로
써 세상에 드러내려고 모든 간교한
방법을 다 동원하여 나의 백성을 속
이고 우롱하는 그와 같은 자들이 정녕
나의 뜻에 따라 역사하는 백성인가
그를 보라.
31 너희는 영적인 구원을 위해서는 영혼
이 변화되지 아니하면 절대로 구원할
수 없다는 것을 알라.
32 지금과 같이 악순환이 반복되며 무한
히 그 악순환을 반복하고 반복하는 그
속에서 너희는 인간의 사악한 뿌리만
을 세상에 잉태하는 자들이라는 것을
알라.
33 그러니 악한 자를 잉태하는 그와 같은
사악한 집단이요, 모체가 되어 있는
것이 너희가 손으로 지은 오늘의 그
교회요, 성막이요, 성당이요, 회당이
라는 것을 잊지 말라, 사랑하는 나의
아들딸들아!

7,576 번째 하나님 말씀

2003년 9월 19일 12시 19분

1 사랑하는 나의 아들아!
2 "네, 아버님! 말씀하옵소서."
3 오늘의 종교 집단이 얼마나 잘못 가고
있느냐?
4 그들은 말로써 믿음을 부르짖음으로
써 모두 구원을 받으며 모든 것이 만
사형통으로 이루어지는 것처럼 나의
피조물 만백성들을 우롱하느니라.
5 그리고 그들은 어떠한 짓을 하느냐?
6 이는 너희가 너무나 잘 알고 있을 것
이니라.
7 하늘나라에 재물을 많이 쌓아 놓는
것, 많이 바치는 것이 구원의 은혜요,
죽어 와 나에게 상을 받는다고 말하
니, 하늘나라에 재물을 어찌 쌓아 놓
는단 말이더냐?
8 그들의 가르침을 과연 어찌 받아들여
야 하겠느냐?
9 재물과 금화와 은화로써 구원을 받을
수 있으며 그걸 많이 바치는 자가 구
원을 받는다 하면, 그 재물이 그리 소
중하다면, 너희는 재물을 위하여 살아
가는 자들이 아니더냐?
10 그러니 너희가 어떠한 백성인 줄 알
겠느냐?
11 영적인 깨달음이요, 진정한 참진리의
길을 가 구원을 받는 것이 아니요, 재
물을 많이 바치는 자, 금화와 은화를
갖다 많이 바치는 자, 죄의 온상인 교
회에다 많이 갖다 쌓아 놓는 자가 구
원을 받는다 말하면 너희는 바로 어
떠한 자들인 줄 알겠느냐?
12 나 여호와가 지금 모든 교회에 속해
있는 종교 지도자 그들을 바라보는 것
은, 너희는 살려고 그저 음식을 먹어
대는 자요, 그저 먹으려고 사는 자들
과 똑같은 오늘의 삶이 너희이니라.
13 그러니 나의 사랑하는 백성 너희가
살기 위해 먹는 것에만 연연하며, 그
리고 또 먹어야만 살기에 살려고 먹는
그와 같은 오늘의 삶은 무엇이더냐?
14 그와 같은 형국으로 이루어진 것이 오
늘의 너희가 가진 그 교회이니, 그 교
회는 괴물들을 육성하는 양성소요, 괴

물들을 육성하는 교육 장소요, 괴물들
을 길러 내는 사악한 집단이라는 것을
너희는 알아야 할 것이니라.
15 너희가 재물로써 모두 구원한다 하여
재물을 바치고 구원을 받고자 하는 자
는 먹기 위해 사는 자요, 살려고 먹는
그와 같은 자들이니라.
16 그러니 바로 오늘의 그 교회가 그와
같은 괴물을 양성하고 육성하며 가르
쳐 내고 만들어 내는 죄의 온상이니라.
17 내가 그리하여 교회를 뭐라 말하였느
냐?
18 그 교회라는 것이 사람이 죽으면 그저
묻히는 공동묘지와 같은 것이라 그리
하였으며, 그 공동묘지와 같이 십자가
를 세워 놓은 그 속에서 누가 우글거
린다 하였느냐?
19 나의 사랑하는 백성이 우글거린다 했
더냐?
20 나는 나의 아들에게 그 그림을 보여
주었으니, 나의 아들이 너희에게 강론
하고 가르친 그 내용을 그 제자들은
알 것이니라.
21 그곳에 괴물들이 들끓으며 괴물들이
우글거리는 그 형상을 나의 아들에게
보여 주어 너희에게 깨우쳐 주었음이
니,
22 이제 내가 그 교회라는 것이 공동묘지
요, 그 십자가 밑에 있는 그 공동묘지
에 인간이 죽어 누워 있는 것이 아니
라 괴물들이 우글거리는 그와 같은 형
국이라는 그 뜻을 알 것이니,
23 바로 살려고 먹고 먹으려고 사는 그
와 같은 형국으로 사는 그 괴물을 육
성하는 곳이 오늘의 종교 집단이요,
교회라는 뜻임을 너희는 알아야 할
것이니라.
24 먹으려고 살고 살려고 먹는 괴물을
육성하는 그것이 교회이니, 내가 그
형상을 보여 주었음을 알라.
25 사랑하는 나의 아들딸들아!
26 이제 나의 아들을 따르는 제자들이요,
나의 법전을 깨우친 백성 너희는 괴
물로서 존재해서는 아니 됨을 알라.
27 그저 말로써 재물로써 구원을 받으며
재물로써 모두를 이룰 수 있다는 그와
같은 자들을 깨우쳐 바른길을 가도록
그리 인도하라.
28 사랑하는 나의 아들딸들아!
29 나 여호와가 너희를 사랑함이니라.

7,577 번째 하나님 말씀

2003년 9월 19일 12시 24분

1 사랑하는 나의 아들아!
2 "네, 아버님! 말씀하옵소서."
3 나의 피조물 만백성들이 잘못 가고
잘못 가르치는 것을 너희는 이제 알
지 않겠느냐?
4 그러니 그들을 바로 일깨워 주는 것이
너희가 해야 할 일이며 이 세상에 그
역사를 하는 것은 너희밖에 없음이니
라.
5 나의 법전을 보고 깨우치는 백성이
없으며 나의 강론을 듣고 깨우치는 백
성이 없음이니, 그리하여 그를 이단이
요, 사탄이라 말하는 종교 집단과 지
도자 때문에 오늘날 너희에게 어떠한
고통과 환란이 닥쳐올 것인지 그 모두
는 너희가 알지 못할 것이니라.

6 그때마다 당당히 싸워 이길 수 있는
것은 너희가 천사와 같이 변하는 그
와 같은 삶이라는 것을 내가 다시 한
번 전함이니라.
7 이 아름다운 세상이요, 하늘에서 이루
어진 것같이 이루어져야 하는 이 지
상의 낙원이 잘못 가르친 종교 지도자
들 때문에 사탄이 지배하고 있으며,
사탄의 지배를 받는 곳에 나의 사랑하
는 백성이 수없이 거기에 가 전락하
였으며 타락했느니라.
8 그들이 그곳에 가 무엇을 하고 있는지
알겠느냐?
9 스스로 저희가 잘못 가고 타락한 것
이 아니요, 우리 부자를 능멸하며 나
여호와를 매도하는 그와 같은 행위를
하는 것이며 그걸 두려운 줄을 모르고
그들이 하느니라.
10 그러나 그들이 불쌍하고 가련하여 내
가 나의 성령을 태워 마지막으로 인간
너희를 모두 구원하기 위하여 나의 아
들을 통하여 법전을 세상에 내려보내
거늘,
11 이를 바라보고 깨우쳐 저희가 구원의
길을 오지 아니하며 이를 태워 버리고
찢어 버리는 그와 같은 행위를 하며
나의 아들에게 사탄이라 하며 그를 존
재치 못하도록 그와 같은 생각을 하는
그자들이 어떠한 자들인지 알겠느냐?
12 저희의 생명을 내려보냈으며 저희가
구원의 길에 역사할 수 있도록 나 여
호와가 저희에게 내린 모든 은혜를
버리고 나 여호와의 가슴을 조각조각
그들이 예리한 칼로써 찢어 내는 그와
같은 행위를 하는 자들이 그들이니라.
13 그러니 그들을 보는 나 여호와의 마음
이 그와 같이 가슴이 아파 오느니라.
나의 법전을 찢어 버리는 자, 그는 나
의 예리한 칼로써 나의 심장을 조각조
각 찢어 내는 그와 같은 행위를 하는
자라는 것을 알아야 할 것이니라.
14 그들이 얼마나 사악한 자들이면 나 여
호와가 이와 같은 말을 나의 법전에
기록하여 너희에게 전하겠느냐?
15 그와 같은 죄를 범하면서도 죄인 줄을
모르는 자, 그리고 감히 구원을 받았
다고 말하는 자,
16 구원의 열쇠요, 그 천국의 문을 열고
닫는 것은 나 여호와이거늘 저희가
내 가슴을 예리한 칼로 조각조각 도려
내고 찢어 내는 그와 같은 행위를 한
자들이 그 문을 들어설 수 있으며 들
어올 수 있다고 말하는 것이
17 오늘의 광란의 믿음에 젖어 있는 자들
이요, 광신도들이요, 그들이 하고 가
는 길이요, 그들의 믿음인 것이 현실
임을 알아야 할 것이니 그리 알라, 사
랑하는 나의 아들딸들아!

7,578 번째 하나님 말씀

2003년 9월 19일 12시 30분

1 사랑하는 나의 아들아!
2 "네, 아버님! 말씀하옵소서."
3 지금의 모든 종교 지도자 너희가 역
사한 것은 나 여호와의 뜻에 따라 나
의 성령에 의하여 행한 것이며 나의
명에 의하여 역사한 것이라 그리 말
하며 그리 자부하느니라.
4 그리하여 너희는 우리 부자의 이름을

팔아 모두 역사했다고 말하느니라.
5 그러나 너희는 여기서 들어야 할 것
이니라.
6 2천 년 동안 흘러오는 그 종교 집단이
나 여호와의 뜻에 따라 역사했다면
오늘날 내가 나의 아들을 통하여 이
어렵고 힘든 160권의 법전을 세상에
내려보내는 이와 같은 대장정의 새로
운 역사는 열지 아니하였을 것이니라.
7 너희가 성령이 임해 달라 그리고 너
희가 기도할 때 즐겨 뭐라 말하느냐?
8 '주여! 저에게 기름을 부어 주옵소서.'
그와 같은 기도 그리고 너희가 무엇
인가를 취하고자 하는 그와 같은 기도
부터 너희가 이제는 다 뿌리치고 떨
어야 함을 알라.
9 너희가 그와 같은 기도를 하고 그것이
구원의 길이라 몸부림치며 아우성치
고 왔기에 나의 160권의 법전이 세상
에 나오는 이 어려운 역사가 이루어짐
을 알라.
10 지금 너희가 나의 뜻에 따라 역사하
도록 변화되지 아니한다면 절대 구원
을 받을 수 없음을 알라.
11 달라, 이루어 달라, 더 큰 것을 달라,
그것 외에는 너희가 한 것이 무엇이
있느냐?
12 너희는 나에게 수천 년 동안 믿으며
너희 개인이 죽을 때까지 몇십 년 동
안 믿음을 온 자들, 너희는 더 달라,
더 많이 달라, 이루어 달라는 것밖에
는 나에게 한 것이 아무것도 없으며
그것을 부르짖도록 가르친 것밖에는
종교 지도자가 한 것이 없음이니라.
13 그러면서 너희는 나의 백성으로부터
무엇을 했느냐?
14 재물을 갈취하는 것밖에 한 것이 없는
것이 또한 종교 집단이니라.
15 그러면서 너희가 감히 어찌하여 나의
역사를 위하여 내 뜻에 따라 행했다고
말할 수 있단 말이더냐?
16 지금까지 너희가 나의 뜻이라 해 온
큰 교회를 짓고자 기도한 것, 악기를
이용해 나의 백성의 마음을 흥분시켜
그들을 우롱하며 장난한 것, 그리고
성가대를 동원하여 기쁨조 역할을 하
며 눈물 짜고 콧물을 흘리며 마음에
감동을 하였다 하며 은혜를 받았다 하
는 그와 같은 행위 외에 너희가 한 것
이 무엇이 있단 말이더냐?
17 너희의 설교요, 복음은 전부 그 모두
가 나의 뜻을 역사한 것이 아니요, 나
의 뜻을 거역하는 행위를 했다는 것을
알아야 할 것이니라.
18 너희는 나를 위한 것이 아니요, 너희
생각이요, 모두 나의 뜻을 거역하는
행위였으며 육의 향락을 위하여 너희
가 한 짓이라는 것을 알라.
19 너희 생각과 육의 한계를 벗어나지 못
한 것에 연연하며 머물러 있었기에 그
와 같은 행위를 자행할 수 있었으며
그것이 하늘에 오르는 길이라 믿고 가
는 자들이니라.
20 너희가 지금까지 한 일들은 무엇을 했
느냐?
21 나의 사랑하는 백성이 영적으로 거듭
나는 것을 방해하는 자들이요, 구원을
받고자 하는 그 백성까지도 지옥으로
이끌어 가며 구원의 길을 보지 못하도
록 그들의 귀를 막고 눈을 막은 자들

이 너희이니라.
22 그렇지 아니하면 너희가 어찌하여 새
로운 성경이요, 나의 법전이요, '하늘
에 오르는 길'이요, 감히 '하나님! 말
씀하옵소서'라는 이 책자를 들고 이는
사탄이요, 이단이라 그리 말할 수 있
으며, 그를 보지 못하도록 하며 그를
보는 백성을 이단시할 수 있는가?
23 이와 같은 사악한 행위를 오늘날까지
역사한 것이 바로 종교 집단이요, 그
광신도들이 한 일이며 그것 외에는 아
무것도 한 것이 없음이니라.
24 그러니 너희가 죽어 나에게 심판을
받으러 왔을 때 너희가 무엇을 얻고
자 기도한 것이요, 거래한 것이요, 그
리고 재물을 바쳐 천국의 표를 사려고
했던 것이 지옥으로 가는 죄의 사슬을
하나씩 더 얹은 것임을 심판대에 와서
알 것이니라.
25 너희는 그 무게를 달 수가 없어 심판
대에 설 수 없는 것이 너희라 함이니
라.
26 나의 법전을 읽고 너희가 죄지은 것
을 하나하나 그 껍질을 벗겨 놓았을
때 심판대에 설 수 있으나,
27 너희가 그대로 왔을 때는 하나하나 지
고 네 목에 건 그 쇠사슬이 무거워 하
늘의 저울로써 그 무게를 달 수 없음
이니, 심판을 못 받고 그저 너희는 지
옥으로 흘러간다는 것을 절대 잊지
말라.

7,579 번째 하나님 말씀

2003년 9월 19일 12시 34분

1 사랑하는 나의 아들아!
2 "네, 아버님! 말씀하옵소서."
3 너희가 역사함은 나와 관계없이 멀리
떨어진 일만을 해 왔으며 나를 능멸만
해 온 것이 오늘날 종교 집단이 온 길
이며 그리고 앞으로도 그 길을 위하여
가고자 하는 것이 너희이니,
4 이를 내가 더 이상 바라볼 수 없기에
내가 160권을 세상에 내려보내 나의
백성으로 하여금 그 모두를 단죄하고
자 함이니라.
5 너희는 너희 교회의 집단과 지도자에
게만 성령이 임하는 것이며, 다른 지
도자요, 다른 백성에게는 나 여호와의
성령이요, 하늘의 진리를 내가 내리지
않는 것처럼 그리 생각하며, 오로지
저희만 그 모두를 받는다 생각하느니
라.
6 그러나 나의 성령은 바람처럼 이 세상
을 다 덮고 있음이니라.
7 그러니 너희가 나의 뜻대로 나의 계명
대로 살아가는 자는 나로부터 성령이
임하는 것이니라.
8 그리고 너희가 지은 교회요, 성당이
요, 회당에서만 성령이 임하는 것처럼
가르치니, 그리하여 이웃은 모두 이단
이라 하며 그를 보고 경멸하며 그들과
대화하지 못하도록 하며 교류하지 못
하도록 하는 것이니라.
9 나의 백성이 너희 교회 밖에서 너희
보다 얼마나 위대한 변화의 삶을 사
는 것인지 알고 있느냐?

10 그들은 많은 역사를 이루었으며 많은
변화를 이루고 있으며, 내 뜻에 따라
살아가는 백성이 있음을 알라.
11 그를 모르는 가장 어리석은 것이 지금
의 종교 집단이요, 지금의 신앙 속에
젖어 있는 백성 너희이니라.
12 다른 사람들은 모두 오염되어 있다 가
르치며, 오염된 자를 만나지 말며 그
백성과 교제하지 말라, 그리고 다른
교회요, 다른 성령이요, 다른 책이요,
다른 집단을 보지 말라 그리 가르치고
있음이니, 바로 너희가 어떠한 형국을
하고 있느냐?
13 너희가 나의 아들이요, 나의 백성이라
며 모든 백성을 하늘에 오르는 길로
이끈다는 그 종교 지도자들이 나 여호
와를 창조주요, 아버지라 부르는 나를
냄새 나는 돼지우리에 묶어 놓는 그
어리석은 행위를 하는 것이요, 그 착
각 속에 헤매는 것이 오늘의 너희의
믿음임을 알라.
14 나 여호와의 사랑이요, 그 모두는 이
세상에 바람처럼 온 세상을 덮고 있건
만, 너희만 위하여 존재하며 너희의
교회에만 임한다는 그 사악한 생각은
썩은 내 나는 돼지우리에 나 여호와
를 꽉꽉 묶어 놓는 사악한 행위를 하
는 것과 똑같은 어리석은 자들임을 알
라.
15 나를 감히 묶어 놓으며 너희 마음대
로 나를 우롱하며 쓸 수 있다고 생각
하는 어리석은 자들의 그 죄를 내가
어찌 다 법전에 기록하여 나열할 수
있는가?
16 너희는 알라, 나의 성령이요, 나의 사
랑은 온 세상을 다 덮고 있으니, 나의
백성이 밖에서도 변화되고 있으며 나
의 길을 오고 있으며 나에게 오고자
하는 백성이 그 한계가 헤아릴 수 없
다는 것을 알라.
17 다만, 그들이 나의 법전을 채택해 바
른길을 올 수 있는 그 역사를 얻게 됨
이니, 그 길을 위하여 내가 160권을
통하여 나의 백성으로 하여금, 선택된
나의 아들딸로 하여금 이 세상을 덮는
역사를 이루고자 함이니 그리 알라.

7,580 번째 하나님 말씀

2003년 9월 20일 09시 15분

1 사랑하는 나의 아들아!
2 "네, 아버님! 말씀하옵소서."
3 아무리 하늘에 떠 있는 그 구름이 아
름다운 모습이요, 색색의 모든 형태를
만들어 그린다 해도, 바람이 움직여
주지 아니하면 이동하지 못하며 움직
이지 못하느니라.
4 아무리 가벼운 구름이라 해도 바람이
라는 것이 인도하지 아니하며 힘을 주
지 아니할 때 제자리에서 움직이지
못하는 것이 가벼운 구름의 형태이니
라.
5 그러니라, 세상의 그 모든 것은 얽히
고설키고 살아가도록 그리되어 있음
을 알아야 할 것이니라.
6 너를 따르는 그 제자들 또한 다 그러
하니라.
7 그들의 운명이요, 그들이 가야 할 길
이요, 그들에게 정해진 길이기에 그들
이 너를 따르게 되어 있으며 나의 법

전을 만들어 세상에 내는 대역사에
참여하는 자들이니, 그들이야말로 이
세상에서 얼마나 선택된 자들이며 소
중한 백성인 줄 알겠는가?
8 사람은 자기가 가야 할 길이 있으며
자기가 역사할 길을 저버리고 무엇을
한다 해도 그는 결코 아무것도 이룰
수 없는 것이니, 그 길을 먼저 선택해
서 가는 것이 당연함을 알라.
9 내가 너에게 뭐라 말하였느냐?
10 모든 종교 집단이요, 지도자들이 큰
교회요, 성전이요, 그 모두를 짓는 것
은 나 여호와를 위해서 역사하는 것
이 아니요, 그들은 저희를 위해서 그
와 같은 모든 역사를 하고 있기 때문
에 나와 관계없다 하였음이니라.
11 그것은 바로 무엇이더냐?
12 인간의 생각이요, 인간적인 모든 것에
집착하여 계산하고 바쳐 역사하기 때
문에 전혀 나와 관계없는 짓을 하고
있다 함을 내가 너에게 일찍이 깨우쳐
주지 아니하였던가?
13 모든 인간 또한 그러니라.
14 인간적인 생각으로써 무엇을 먼저 계
획하며 무엇을 생각한다면 나를 믿지
못하며 나의 성령의 소중함을 너희가
모르기 때문이니라.
15 너의 제자가 와서 너에게 갑론을박할
때 내가 약속하지 아니하였던가?
16 1년이라는 세월 동안 네가 여기에 와
서 법전을 가지고 공부하고 깨우쳤을
때 너는 기적을 볼 것이라 한 것은, 그
는 그와 같은 기적을 봐야만 하는 자
이기에 내가 그와 같이 그에게 명했으
며,
17 너의 제자들이 인간의 사는 삶이요,
방향을 바꿔 갈 수 있는 자라면 그는
반드시 바꿔가게 되어 있으며 바꾼 인
생을 살아가게 되어 있음이니,
18 모든 것은 인간의 생각으로써 다스리
고자 해서는 아니 됨을 너희는 알아야
할 것이니라.
19 지금 너를 따르는 제자들이 과연 누구
던가?
20 나의 법전 160권이 세상에 나가 만백
성을 구하는 그 역사를 이루는 그들이
어떠한 백성이더냐?
21 백성 중에서 선택된 자 중에서 선택
된 자요, 선택된 중에서 또 선택된 자
들이라는 것을 너희는 알아야 할 것
이니라.
22 백 번 천 번을 선택된다 해도 이와 같
은 영광이요, 그 책무를 받을 수 없으
니,
23 그 책무요, 그 책임을 진 자는 어떠한
일이 있다 해도 그것이 우선이며 그
역사함이 먼저라는 것을 알아야 할
것이니라.
24 아무리 큰 교회를 짓고 성전을 짓고
해도 그들이 인간의 욕심에 의하여 지
으면 아무런 가치가 없으며 성령에 의
한 그 가르침이 아니요, 성령에 의하
여 그 교회를 짓고 성전을 짓는 것이
아니라면 그는 다 나와 관계없는 무가
치한 것이라 내가 말했듯이,
25 너희는 정해진 운명이요, 정해진 길을
가는 것이 먼저임을 알아야 할 것이
니, 너희 제자들은 스스로 그 길을 선
택하여 가도록 그리해야 할 것이니라.
26 너희가 아무리 이 세상에서 무엇보다

소중한 것을 얻은 자라 해도 너희보
다 더 아름다운 부귀영화요, 너희보다
더 위대한 것을 역사한 것은 없음을
알아야 할 것이니라.
27 이제 너는 너의 제자들에게 모두 가르
쳐 주어야 할 것이니라.
28 인간이 세상에 살아가면서 누릴 수 없
는 권좌를 누리는 자가 있으며 부귀영
화를 누리는 자가 있으니, 사업이나
기업을 잘 운영한 자는 제 머리로 육
의 생각으로써 제가 잘 운영하여 그걸
이루었듯이,
29 오늘의 교회요, 성당이요, 저희가 큰
조직을 이루어 지금 그들이 가는 것
은 성령의 사업으로 이루어지는 것이
아니라,
30 육의 사업이요, 육의 기업을 하는 자
가 성공한 것처럼 그들이 기업으로써
우리 부자의 이름을 팔아 성공한 장사
꾼이요, 사업가이지 성령으로써 나의
피조물 만백성을 구하는 진리의 길을
가지고 가르치고 역사하는 것이 아니
니라.
31 진리를 가르치고 역사한다면 성공은
그리하는 것이 아니니라.
32 많은 신도를 머릿속에 계산을 두며 큰
교회를 계산을 두며 성서로 말하며 호
화로운 교회를 마음에 두며 그와 같은
것에 모든 초점을 맞추어 가는 것이
아니니라.
33 그저 단 한 명의 제자를 가르친다 해
도 바로 가르치며 그가 의인이 될 수
있도록 모두를 다 쏟아 가르치는 것,
그것이 지도자가 가야 할 길이니라.
34 그러니 그들은 인간이 대기업을 육성
하여 기적을 이룬 사람들처럼 그들이
사업적으로 기적을 이룬 것이요, 나의
성령이요, 나의 뜻과는 아무런 관계없
는 자들임을 알라.
35 이제 내가 너를 통하여 나의 법전을
세상에 내려보냄이니, 이를 보고 깨우
치고 이를 보고 그 길로 역사하는 것,
그들이야말로 인간 사업의 성공자가
아니요, 나의 성령으로써 세상을 다루
는 성공자라는 것을 알아야 할 것이
니라.
36 그들은 지금 모든 육의 삶에 연연하고
있으며 인간의 기업이요, 인간의 사업
에 연연하는 자들이니, 그리하여 그들
과 내가 관계없다 하였음이니라.
37 너희 제자가 소중하며 너희가 그 누
구도 갈 수 없는 길에 선택된 것이 무
엇인 줄 알겠느냐?
38 너희는 육의 사업을 하는 것이 아니
요, 성령의 사업이요, 나 여호와의 뜻
에 따라 너희가 사업하는 자들이니,
39 내 사업을 하는 자요, 창조주의 사업
을 하는 것이기 때문에 너희가 소중
하고 귀한 자들이라 함이니 그리 알라.
40 그러니 너희는 나의 법전을 만드는 것
이 우선이요, 나의 법전을 전하는 것
이 가장 우선임을 알라.
41 내가 너에게 말했듯이 구름이 아무리
아름다운 모형이요, 아름답고 예쁜 모
습을 그리고 만든다 해도 바람이 불지
아니하면 그 구름이 이동하며 움직이
지 못하듯이,
42 나의 법전이요, 나의 성령이 아무리
아름답게 만백성을 구한다 해도 너를
따르는 제자들이 그걸 만들어서 만백

성에게 전하지 아니하면 그 자리에서
썩어져 가며 그 자리에서 움직이지 못
하는 구름과 같은 형국이니라.
43 너희가 나의 법전을 만드는 것은 나
여호와의 성령의 뜻이요, 이를 가지고
만백성에게 전하는 것은 바람이 구름
에 힘을 실어 움직이도록 하는 그 바
람의 역할을 하는 것이니, 얼마나 너
희가 소중한 나의 아들딸이더냐?
44 그러니 너희가 가는 길, 너희가 역사
하는 것을 육의 생각에서 먼저 역사
하지 말며 육의 생각에서 먼저 행하도
록 하지 말라, 사랑하는 나의 아들딸
들아!
45 가슴을 열어야 할 것이며 모두를 다
너희가 보아야 할 것이니라.
46 아무리 추하고 더러운 것도 더러운 것
이 없으며, 아무리 분개하고 마음이
뒤틀린다 해도 마음이 뒤틀려서는 안
되며, 화를 내서는 아니 됨이니라.
47 오른 뺨을 때리는 것을, 예수는 왼뺨
을 내밀라 하지 아니하였더냐?
48 그와 같이 '오른 뺨을 때린 자가 왼뺨
을 때려서 화가 풀린다면 나를 때리
라' 내미는 예수의 그 역사함을 알지
못하느냐?
49 그러니 너희는 아무것도 인간적인 생
각을 두어서는 아니 되느니라.
50 인간적인 생각으로써 먼저 하는 것이
화를 자초하는 것이며, 너희가 화를
자초하기 전에 나 여호와의 아들딸임
을 포기하며 나에게 오는 그 선택된
영광을 모두 버림이니, 세상에 가장
큰 것을 놓는 것이 너희이니라.
51 너희는 죽은 자요, 본 것도 없으며 들
은 것도 없으며 만져 본 것도 없는 것
이 나의 아들을 따르는 제자 너희가
가는 길이니 그리 알라.
52 오로지 너희는 바람이 되어 구름을 이
동시켜, 만백성이 그걸 보고 즐길 수
있으며 하늘의 신비함과 하늘의 위대
함을 볼 수 있도록 하는 바람이니라.
53 바람의 역할을 다하려면 인간의 생각
을 먼저 해서는 절대 역사할 수 없음
이니, 가장 소중한 것을 잃는 것이며
가장 소중한 것을 버리는 것이니라.
54 너희가 바람이 되어 나의 법전을 세상
에 밀고 당기고 그리하여 전하지 못하
면 모든 백성을 구할 수 없으며 모든
백성이 나에게 오를 수 없음이니라.
55 구름이 아무리 아름다워도 제자리에
서 있으면 한계가 있기 때문이 아니더
냐?
56 사랑하는 나의 아들딸들을 내가 사랑
한다고 전하며 너희가 얼마나 소중한
자들인가를 알라 그리 전하라.

7,581 번째 하나님 말씀

2003년 9월 20일 09시 26분

1 사랑하는 나의 아들아!
2 **"네, 아버님! 말씀하옵소서."**
3 사랑을 베풀며 아름다움을 실천하며
나누며 살아야 한다는 종교 집단 지도
자들 그리고 세상에 제일 으뜸은 사랑
이라 말하는 지금의 모든 종교 집단과
지도자들이 얼마나 사악해져 있는지
너희는 아는가?
4 그들이 하는 것은 스스로 내가 내려
다볼 수 없는 그 짓을 하느니라.

5 너희가 죄에 대해 부끄럽고 죄스럽게 생각하는 그것도, 나 여호와요, 나의 뜻에 따라 그와 같이 아름다운 모습으로 살아가려고 변하는 것, 그리고 회개하며 다시 죄를 짓지 아니하고 살아가는 것, 그와 같은 생각을 하는 자들이 나 여호와를 거역하는 자들이며 나의 아들 예수를 욕되게 하는 자들이라 그들이 가르치느니라.

6 나의 아들 예수를 통하여 너희 죄를 다 사해 줌으로써 너희는 과거·현재·미래까지도 죄 없는 백성이거늘, 어찌하여 너희가 살면서 지은 죄를 가지고 지금도 나 여호와에게 용서를 빌며 '저의 죄를 용서하여 주옵소서.' 그와 같은 기도를 하느냐 하며, 그런 자들이 불신하는 자요, 잘못된 자라 그리 가르치고 있음이니,

7 과연 어떠한 인간으로서 그와 같은 말을 할 수 있는가, 너희는 생각해봐야 할 것이니라.

8 나의 아들을 따르는 제자 너희는 하나의 그 악습을 버리려면 얼마나 어렵고 힘들었던가?

9 그와 같이 너희가 죄를 사하며 악습을 버리기가 그리 어렵고 어려운 것이거늘, 그들에게 무엇이라 가르치느냐?

10 모두 다 나 여호와요, 나의 아들 예수가 그들의 죄를 대속해 주었음이니, 그들이 죄를 구원을 받았다 하는 것, 하늘에 올라올 수 있다는 것도 남들에게 부끄러운 말이 아니요, 잘못된 말이 아니라 그리 말하며,

11 정녕 지금 나의 아들 예수의 보혈로써 구원을 받은 자들이 죄를 지어 하늘에 오르는 것, 구원을 받았다는 것을 부끄럽게 생각하는 자들은 염치를 모르는 자들이라 그리 역으로 가르치는 것이 오늘날 종교 집단의 지도자들이 가는 행위가 아니더냐?

12 정녕 너희가 살아가면서 부끄러운 행위를 하는 것을 죄스럽게 생각하며 나 여호와에게 고개를 들지 못하는 그와 같은 마음을 가진 자들에게 너희는 되려 나 여호와를 거역하는 자들이라 그리 말함이니라.

13 그러면서 죄가 있어 스스로 부끄러워 행동하지 못하는 자는 그와 같은 염치 있는 생각은 하지도 말라, 너희는 무조건 다 구원을 받은 백성이라 그리 가르치는 것이 오늘의 종교 집단이요, 지도자들이라면 너희는 과연 어찌하겠는가?

14 감히 죄를 지은 자가 구원을 받았다는 것이 부끄럽고 염치가 없어 말을 못하는 자들을 잘못되었다 가르치는 그와 같은 오늘의 종교 집단의 지도자들이 있으며,

15 나의 아들 예수가 모두 대속했기 때문에 절대 죄가 없으며, 무조건 너희는 천국에 가게 되어 있으며 하늘에 오도록 결정되어 있다 그리 말함이니라.

16 그리하여 무엇 때문에 죄스럽게 생각하며 무엇 때문에 하나님께 부끄럽게 생각하는가?

17 그것이 바로 나 여호와를 욕되게 하는 것이라 그리 가르치느니라.

18 그러한 자는 나의 아들의 죽음을 욕되게 하는 자요, 그리고 나 여호와를 능

멸하는 자라 당당히 설교를 하고 그와
같이 단상에 서서 강론을 함이니, 이
것이 오늘의 종교 집단이요, 지도자들
이 가는 것이니라.
19 염치를 차리는 사람은 인간 세상의 도
덕을 좋아하며 인간 세상의 윤리를 좋
아하는 것이요, 세상사에 모두 얽매어
사는 자들이라 그리 말함이니라.
20 남에게 부끄러운 것을 느끼며 염치를
느끼는 사람은 인간이 만든 도덕이요,
너희가 만든 관습을 소중히 생각하는
사람들이기에 그는 나와 관계없는 백
성이라 너희는 그리 말하느니라.
21 또한, 그 사람들은 나 여호와의 백성
이 아니라 말하느니라.
22 인간의 도덕으로 세상을 사는 것을 즐
기며, 세상에 사는 것을 어려워하며,
세상에 잘못됨을 부끄럽게 생각하며
자신의 육의 행동이요, 모두를 다스리
려는 자들을 어리석은 자들이라 그리
가르치는 것이 오늘의 종교 집단이니,
그것이 무엇이던가?
23 역으로 생각하면 인간이 죄를 짓고 사
는 것이 당연한 것이라 그리 말하는
것이 아니더냐?
24 더구나 부모형제지간의 정리를 먼저
생각하는 그와 같은 사람들은 나 여호
와를 욕되게 하는 사람들이라 가르치
느니라.
25 과연 그들이 나와 어떠한 관계에 있는
종교 지도자요, 집단이라 생각하는가?
26 그들은 나 여호와와 관계없는 백성이
니라.
27 그리 가르치는 지도자들을 내가 단죄
하기 위하여 나의 법전을 세상에 내려
보내는 것을 너희는 알아야 할 것이
니라.
28 너희는 그러면서 뭐라 하느냐?
29 하늘에 오르는 것은 나 여호와가 베풀
어 주는 은혜로만 구원을 받을 수 있
는 것이요, 인간이 세상에 살아가면서
죄를 짓고 안 짓는 것은 관계없는 것
이라 그리 말함이니라.
30 죄짓고 부끄러운 생각을 하지 아니하
며, 염치불구하고 말로만 구원을 받았
다 하며, 말로만 나의 아들을 찾으며
나의 아들 예수의 보혈로써 구원을 받
았으며 나를 경배한다고 말하면, 당연
히 천국에 들어갈 수 있으며 당당히
나에게 오를 수 있는 것이 다 정해져
있거늘,
31 어찌하여 너희는 그와 같이 어리석은
짓을 하느냐 하며, 그리고 용서를 비
는 삶을 사느냐 하여 그와 같이 몰아
붙이는 것이 종교 집단이니라.
32 저희에게 재물을 바치며 저희가 지은
교회에 와서 기도하고 경배하면 모두
다 구원을 받게 되어 있거늘, 어찌하
여 그와 같은 죄를 부끄럽게 생각하며
죄를 용서를 빌고자 하는 마음을 갖고
사느냐 그리 가르침이니,
33 너희는 어떠한 죄를 짓는다 해도 다
용서가 되었다고 가르치느니라.
34 그러나 너희는 성경에 기록된 한 구절
을 내가 다시 한 번 말함이니, 행함이
없는 믿음은 죽음이라고 나 여호와는
너희에게 가르쳤음이니라.
35 그러니 그 구절은 어디로 증발되었으
며 그 내용은 어디에 갖다 감춰 놓고
짓밟아 두었는가?

36 그러나 성서에 기록되어 있는 그 내용
을 다시 한 번 읽어 보라.
37 거기에는 반드시 그 글귀가 살아 있을
것이니라.
38 행함이 없는 믿음은 죽음이라는 것을,
오늘에 그 믿음을 너희는 다 저버린
것이니,
39 하나부터 열까지 나의 뜻을 거역하며
나와는 관계없는 그 길을 가는 것이
너희라 함을 잊어서는 아니 될 것이니
라.

7,582 번째 하나님 말씀

2003년 9월 20일 09시 35분

1 사랑하는 나의 아들아!
2 "네, 아버님! 말씀하옵소서."
3 너희가 이 세상에 태어나기도 전에
너희 죄를 예수가 대속했으며 모두
다 사해 주었으며, 그것은 너희가 나
를 알지 못하며 너희 죄가 무엇인가
모르며 나 여호와를 부르기도 전에 모
든 죄를 다 대속을 받았으며 죄가 없
다는 것,
4 오늘의 나의 아들 예수가 과거·현재·
미래의 모든 너희 죄를 사함을 받았
다 말하는 것이 지금의 너희가 아니더
냐?
5 너희가 모든 죄를 사함을 받았다 하
면, 너희는 나의 백성이 세상에 태어
나기도 전에 다 사함을 받았음이니,
그들은 죄가 없는 백성이요, 깨끗한
백성이니라.
6 그리고 나 여호와를 찾을 줄도 모르며
죄가 무엇인지도 모르고 갓 태어난 그
모든 아이까지 다 죄를 사함을 받은
것이 아니더냐?
7 그러니 너희는 나로부터 세상에 태어
나기 전에 모두 다 사함을 받은 자라
그리 가르치느니라.
8 그리고 너희는 뭐라 말하느냐?
9 너희는 아무런 죄도 없는 것이라 그
리 가르치는 것과 똑같으니라.
10 세상에 태어나기 전에 너희는 이미
나의 아들 예수의 보혈로써 그 죄를
대속 받았으니, 지은 죄가 하나도 없
다 그리 말하느니라.
11 그래서 회개할 것도 없으며 용서할 것
도 없으며,
12 '저의 죄를 용서하여 주옵소서.'라고
나의 법전에 기록한 가장 소중한 그
내용을 부르짖는 것은 이단이요, 사탄
이라 지금 그걸 가지고 공격할 것이니
라.
13 그러면서 왜 교회에 나가 재물을 바치
고 나를 찾는 자만 면죄부를 받고 천
국에 간다 하느냐?
14 이것이 말이 되는 소리를 하는 것이더
냐?
15 이것이 너희가 한 입에 두 혀를 가진
사악한 자라는 것을 잊어서는 아니 될
것이니라.
16 너희가 과거·현재·미래까지 죄를 용
서받았다는 것은 아무것도 없는 자들
이니,
17 태어나기 전부터 어린아이로서 죄를
모르며, 너희가 나 여호와를 모르고
그저 살아가는 그 백성도 모두 면죄부
를 받은 자들이며, 태어날 때 이방인
들까지도 모두 다 면죄부를 받은 것이

아니더냐?
18 그렇다면 면죄부를 받은 백성은 똑같
거늘, 어찌하여 너희가 지은 그 교회
에 와서 재물을 바치고 울고불고하며
종과 같은 역사를 하는 자만 면죄부
를 받아 구원받고 천국에 간다 하느냐?
19 이미 태어나기 전에 모든 죄 사함을
받았다 하면, 모두 다 대속을 받았다
하면 그는 죄인이 아니지 않으냐?
20 그러면서 죄를 안고는 하늘나라에 갈
수 없으니, 천국으로 인도하고자 종교
집단의 지도자들이 지금 여기에 존재
한다 그리 말하며,
21 그리하여 더 큰 교회요, 더 아름다운
교회요, 더 많은 헌금과 재물을 하늘
에 쌓아야 너희가 은혜를 받으며 사
랑을 받는다고 말하니,
22 나의 아들 예수가 죽어 너희에게 무
엇인가를 주었는가?
23 그리고 너희에게 무엇을 원했는가?
24 그것부터 깊이 깨달아야 할 것이니라.
25 그를 알지 못하는 자, 그리고 무조건
'옳소, 맞습니다.' 하며 손뼉을 치는
백성 너희는 나의 법전을 읽고 다시
한 번 깨우쳐야 할 것이니라.
26 미래의 죄까지 그리고 과거의 죄까지
도 모두 다 지워졌다면 너희가 세상
에 태어나기 전부터 나의 아들 예수
가 모든 죄를 다 가지고 갔다는 논리
가 아니냐?
27 그러면서 너희는 모두를 바치며 헌신
하고 너희 뜻에 따라 역사하는 자, 그
리고 죄의 온상인 너희 교회에 와서
모든 사역을 하는 그와 같은 자만 구
원을 받는다고 말함이니,
28 너희 인간 세속에 하는 말이 있느니라.
29 '손도 대지 아니하고 코를 푸는 자가
있다'는 그와 같은 말이 있듯이, 너희
야말로 손 하나 움직이지 않고 천국에
갈 수 있는 백성이라 선전선동하는 것
이니라.
30 그러니 그 어리석고 불쌍한 백성을 위
하여 내가 깨달을 수 있도록 상세히
나의 법전을 기록하여 세상에 전하나,
이 법전을 보는 자가 없으며 깨닫는
자가 없음이니 바로 무엇이더냐?
31 바람이 없어 제자리에 서 있는 가벼운
구름과 같은 나의 법전을 너희가 만백
성을 위하여 전해야 함이니 그리 알라.
32 '아버님, 저는 예수님의 죽음으로써
모든 죄 사함을 받고 지상에서 열심히
살았사옵나이다.
33 그리고 예수님께서 저의 죄를 다 용서
해 주시고 거둬 갔기 때문에 아버님의
독생자인 예수께서 저를 대신하여 죽
음으로 과거·현재·미래의 죄를 다 가
져갔기 때문에,
34 저는 인간 세상에서 저지를 수 있는
천 가지 만 가지 모든 죄를 다 저질렀
으며, 즐겁게 살았으며, 살인하였으
며, 제가 할 수 있는 모든 악한 일을
다 하였으며,
35 부모에게 효도하지 아니하였으며, 이
웃에게 질투하고 시기하며 지을 수 있
는 죄는 다 짓고 살다가 이제야 아버
님을 뵈러 아버님 나라에 지금 왔습니
다.
36 그리고 이제야 제가 아버님께 와 문안
을 드립니다.'
37 너희가 그와 같이 말을 할 때, 과연 나

여호와가 너희에게 뭐라 말하겠느냐?
38 '그래, 네가 살면서 수고했노라.
39 그리고 나의 아들 예수가 천 가지 만
가지 네 죄를 태어나기 전부터 다 용
서해 주었음이니, 네가 악한 짓을 하
고 살다 나에게 오느라 수고했노라.
40 남에게 피해를 주고 남에게 고통을
주며 남의 것을 도둑질하며 이웃을
넘보며 살아온 것, 살인한 것, 그리고
도둑질한 것, 그 모두 정말 수고했노
라.'
41 그리 내가 너희에게 말하며 받아들일
수 있다고 말하느냐?
42 그것은 바로 사탄만 그 말을 할 수 있
으며 그 말을 받아들일 수 있을 것이
니라.
43 너희는 착각하지 말라.
44 그리하여 너희가 세상에서 인간이 지
을 수 있는 모든 악한 짓을 다 하고 그
래도 나의 아들 예수가 너희 죄를 용
서했으니 천사와 같은 자요, 죄가 없
음이니, 이제 너희는 나의 나라 천국
에서 영원한 삶을 살라 그리 내가 너
희를 받아들일 것이라 착각하지 말라.
45 너희가 얼마나 어리석고 불쌍한 자들
인 줄 아느냐?
46 내가 일찍이 나의 법전에 내 대답을
기록하여 너희에게 전했느니라.
47 '나는 너를 모르느니라.' 그 대답밖에
는 내가 너희에게 할 수가 없음이니
그리 알라.
48 너희는 이 무서움을 깨달으라.
49 너희가 지금 모든 죄를 짓고 부끄러워
하며 염치를 느끼는 백성이 나 여호와
를 욕되게 하며 나의 아들 예수의 죽
음을 욕되게 한다는 그 사악한 종교
집단 지도자들의 그 가르침에 넘어가
서는 아니 될 것이니라.
50 지금 그들이 얼마나 간악한 방법으로
써 가느냐?
51 그러기에 내가 그들을 사탄의 자식이
라 하였으며 사탄의 백성이라 한 뜻이
여기 있음이니라.
52 그리고 너희는 또 그와 같이 생각하느
니라.
53 너희가 지은 죄를 그저 말로써 용서를
빌면 모두를 다 지워 준다 함이니, 바
로 내가 너희에게 말했듯이, 수만 가
지 인간이 지을 수 있는 사악한 죄를
짓고 살다가 '제가 아버님께 와서 이
제 문안드립니다.' 할 때 내가 너희에
게 '수고했노라, 영원히 사는 천국에
살라.' 하는 대답을 기다리지 말라.
54 너희는 고개도 들지 못하며 지옥으로
갈 것이니라.

7,583 번째 하나님 말씀

2003년 9월 20일 09시 39분

1 사랑하는 나의 아들아!
2 "네, 아버님! 말씀하옵소서."
3 모든 종교 집단이요, 지도자들이 단상
에서 강론하기를, 나의 사랑하는 백성
너희가 태어날 때부터 원죄요, 죄인이
라 가르치는 것이 오늘의 종교 집단과
지도자들이 가는 길이 아니더냐?
4 그리하여 그 죄를 사함 받으려고 너희
손으로 지은 그 죄의 온상에 와 재물
을 바치고 봉사하며 맹종맹신 하며 나
여호와요, 나의 아들을 구세주라 부르

는 그것으로써 구원을 받는다고 가르
치지 않는가?
5 또한, 너희는 태어날 때부터 예수의
보혈로써 무죄방면된 자라고 가르치
는 자들이 세상에 있음이니라.
6 그와 같이 지금의 종교 집단이 나의
백성을 우롱하고 있음이니, 그 죄가
얼마나 두려운 것인가를 아는가?
7 너희는 죄가 없으며 복 받은 하나님의
자녀가 되어 하늘나라에 오르는 선택
된 백성이라 그리 말하며, 또한 너희
는 원죄가 있음이니 그 죄를 사하지
아니하면 구원을 받지 못한다고 말하
고 있음이니,
8 과연 불쌍한 나의 백성은 어디에 기
준을 두며 어느 길을 가야 한단 말이
던가?
9 오늘의 수천 년 동안 흘러온 그 믿음
이 여기니, 내가 너희에게 뭐라 말하
였느냐?
10 양다리를 걸치는 자가 가장 사악한 자
라 하였음이니, 종교 집단이요, 지도
자들이 양다리를 걸치고 사는 대표적
인 자들이라 그리하였음이니라.
11 필요에 따라서 그들은 변명하며 필요
에 따라서 거두어 쓰며 버리는 것이니
라.
12 너희가 살아가면서 천 가지 만 가지
죄를 지어도, 예수요, 나 여호와까지
너희 죄를 죄로 인정하지 않는다고 가
르치며,
13 너희가 죄를 지어도 그 죄를 나 여호
와와 나의 아들 예수가 절대 너희 죄
를 인정치 아니함이니, 너희는 하늘에
오르는 그와 같은 백성으로 정해져 있
어 살다 죽으면 그저 오면 되니, 심판
도 받지 않는다고 그리 말하는 것이
아니더냐?
14 너희 인간 세상에 전하는 말이 있음이
니라.
15 '꿩 먹고 알까지 먹는다'는 말이 있듯
이, 오늘의 종교 집단 지도자들이 그
와 같은 자들이니라.
16 세상에 한 입으로 두말하며, 나의 피
조물 만백성들의 재물을 거둬들이기
위한 그와 같은 방법으로 동원하는 데
는 그것이 말이 되는지 진리인지 비
진리인지 생각하기도 전에, 그저 알
먹고 꿩 잡아먹는 데만 눈이 어두워
그와 같은 행위를 하는 자들이라는 것
을 알라.
17 너희가 그들을 보고 구원을 받으며 나
에게 온다는 그 역사함은 너희가 지
옥에 가는 그 길을 가고 있음을 알라.
18 너희가 지금 그와 같이 잘못 가르치는
자들로 하여금 나에게 와 심판대에 서
지 못한다는 것이 무엇인 줄 알겠느
냐?
19 너희가 죄를 짓는 그 무거운 죄의 사
슬을 하나씩 하나씩 너희 몸에 걸침
이니, 서지도 못하며 움직이지도 못하
는 그와 같은 형국으로 되어 심판대까
지 걸어올 수 없는 자들이라는 것을
알라.

7,584 번째 하나님 말씀

2003년 9월 20일 09시 47분

1 사랑하는 나의 아들아!
2 **"네, 아버님! 말씀하옵소서."**

3 지금의 종교 집단과 지도자들은 나 여호와가 너희가 죄를 짓고 살아온 수천수만 가지의 모든 죄요, 너희가 행하는 불법을 나 여호와는 기억하지 아니한다고 그리 말하느니라.
4 이미 너희가 지상에 살았을 때 나 여호와가 너희를 심판하지 않았는가?
5 그리 심판했다 하여 가르치는 것이 지금 종교 집단 지도자가 가는 것이니라.
6 그러니 너희의 과거·현재·미래의 모든 죄를 사함을 받아서 깨끗하기 때문에 나 여호와가 너희를 기억하지 아니하며 너희를 생각하지 아니한다고 그리 가르치느니라.
7 오로지 너희는 깨끗해졌기 때문에 살다 그 육이 숨을 거두는 그 순간에 천국의 나라에 천사의 날개를 달아 나에게 올 것이라 그리 생각하며 그 착각 속에 사는 것이 지금 광신도들이 가는 그 길이니라.
8 그러면서 너희는 인간 세상에서 살아서 어떠한 죄 사함의 형태도 죄 사함과 용서받고자 하는 그와 같은 자는 불신앙 자며 믿음을 잘못 가는 자들이라 그리 가르치느니라.
9 예수의 보혈로써 깨끗해졌음이니 내가 깨끗한 너희를 기억하지도 아니하며 그저 너희는 천국에 오면 될 것이라 말하며,
10 그리하여 어떠한 죄 사함의 형태요, 그 용서요, 회개하는 그와 같은 행위는 잘못된 자라 그리 가르치는 종교 집단 지도자들이 있음이니라.
11 '저의 죄를 용서하여 주옵소서.' 그저 그와 같이 기도하는 자가 잘못되었으며,
12 '아버지께서 저의 죄를 모두 다 용서해 주었으니 감사하옵나이다.' 그와 같은 기도를 하라 함이니,
13 나의 아들을 통하여 내리는 '저의 죄를 용서하여 주옵소서.' 그 단어를 가지고 내가 시시비비가 일 것이며 나의 아들을 공격할 것이라 내가 일찍이 말했듯이, 너희는 이 말을 가지고 나의 아들을 공격할 것이니라.
14 나의 아들 예수가 모든 너희 죄를 대속해 주었음이니, '저의 죄를 용서해 주신 예수님과 하나님께 감사합니다.' 그리 기도하면 된다고 반박하며 공격할 것이니라.
15 그러나 너희는 알아야 할 것이니라.
16 '저의 죄를 용서하여 주옵소서.' 하고 회개하는 것을 할 필요가 없다 말하며 그리 가르치는 그와 같은 것이 이 세상에 존재할 수 있다고 생각하는가?
17 나의 피조물 만백성들이, 나의 법전을 읽고 깨우치는 백성이 너희의 그 말에 현혹되지 아니하며, 그 성서를 너희가 잘못 가르치는 부분도 그들이 단죄할 날이 머지않았다는 것을 모르는 어리석은 백성이니라.
18 너희는 회개할 필요도 없다 그러면서 어찌하느냐?' '회개하라! 그리고 깨우치라!' 하며 그것만이 구원의 길이라 울고불고 소리 지르는 자들이 있으며 그와 같이 외치는 자들이 있지 않으냐?
19 과연 이를 어찌 바라보고 내가 봐 주어야 하겠는가?
20 그리고 너희가 죽어서 나에게 왔을 때

육의 행함에 대한 심판은 받지 않는다
고 그리 가르침이니라.
21 그러니 이 세상에 사는 나의 피조물
만백성들이 죽어 와 육의 행함이 심판
의 근본이라 가르치는 나의 아들의 가
르침과 반대로 너희가 육의 삶에서
죽을 때까지 지은 죄는 심판을 받을
때 관계없다는 자들은 무엇이더냐?
22 사탄의 자식으로서 죄를 짓는 그 즐
거움을 실컷 느끼며 인생을 살라 하는
것이 아니더냐?
23 육의 세상에 사는 것은 나 여호와요,
나의 아들 예수가 보혈로써 모든 죄를
대속했으니,
24 그저 너희는 즐겁고 행복하게 죄짓고,
하고 싶은 짓 다 해도 그것이 행복하
고 웃음이 떠나지 아니한다면, 그것은
너희가 즐기고 살아야 하는 것이 나
여호와가 너희에게 내려 주는 은총이
니,
25 죄를 짓든 남을 시기하든 남을 무너트
리든 남의 재산을 갈취하든, 그저 너
희가 즐겁고 행복한 웃음을 웃고 살
수 있는 것이 나 여호와가 너희에게
내려 준 은혜요, 영광이요, 축복이라
그리 가르치는 자들이 그와 같이 말하
는 자들임을 너희는 알아야 할 것이
니라.
26 육의 행함에 대한 심판을 받지 않는다
는 자들이 그저 즐겁고 행복하게만 살
다 오라, 그리고 죄가 되든 말든 즐거
움을 만끽하고 살라, 그것이 나 여호
와가 너희에게 생명을 준 것이라 하
나,
27 이 세상을 즐거움을 느끼고 살라는 것
은 나는 너희에게 죄를 지으며 남에게
피해를 주며 사악한 짓을 하며 즐겁고
행복하게 살라 함은 아니니라.
28 나는 대자연이요, 그 모두를 너희를
위하여 내려 주었음이니, 너희가 세상
에 살면서 가장 행복하며 즐겁고 웃음
속에 사는 것을 나는 바람이니라.
29 그러나 남의 것을 도둑질하며 남의 것
을 갈취하며 네 이웃 것을 탐내는 자
는 그와 같이 느낄 자격이 없다 함을
너희는 알아야 할 것이니라.
30 나 여호와의 아픈 마음을 알겠느냐?
31 수십억 그 많은 백성이 너희가 육의
심판을 와서 받는 것이 기본이라 가르
치고, 지금 몇 명 안 되는 나의 아들을
따르는 제자 너희가 인간이 죄짓는
것으로써는 심판을 받는 것이 아니라
그리 말한다 해도 내 마음이 아프거늘,
32 어찌하여 육의 세상에 살면서 잘못하
는 것이 심판의 근본이라 하는 것은
그저 몇 명 안 되는 나의 아들을 따르
는 제자들이요, 나의 법전을 깨우친
너희만 부르짖으며,
33 수십억 수많은 그 백성은 죄를 짓는
것, 육의 세상의 것은 나에게 심판을
받지 않는다며 그리 역으로 가르침이
니,
34 이를 보는 내 가슴이 아픔을 너희는
알겠느냐?
35 그리 가르치니 그 책임을 너희는 져
야 할 것이며, 그 책임이 두렵고 무서
운 것을 너희는 알아야 할 것이니라.
36 그러한 지도자 때문에 이 세상에 지금
이 아름다운 천국이 지상에서 이루어
질 것이 이루어지지 못하였으며, 험악

할 대로 험악해졌으며,
37 종말이요, 말세요, 도둑이 들끓은 세
상이라 저희가 말하는 그와 같은 형
국이 그들로 하여금 이루어졌음이니,
그 모든 책임은 그들이 져야 할 것이
니라.
38 그 책임이 얼마나 가중하고 두렵고 무
서운 것인가를 그들이 알 날이 머지않
았음이니 그리 알라, 사랑하는 나의
아들딸들아!

7,585 번째 하나님 말씀

2003년 9월 20일 09시 54분

1 사랑하는 나의 아들아!
2 "네, 아버님! 말씀하옵소서."
3 내가 성서에 기록하여 너희에게 일찍
이 깨우쳐 준 그 아름답고 소중한 말
이 있음이니라.
4 내가 너희에게 '자기의 유익을 구하지
말며 남의 유익을 구하며 그와 같은
삶을 살라' 하였음이니, 그 말의 의미
를 너희가 가슴속에 깊이 새겨 보도
록 하라.
5 얼마나 아름답고 소중하며 귀한 나의
가르침이더냐?
6 '자기의 유익을 구하지 말고 남의 유
익을 구하는 삶을 살라.' 내가 그 아름
다운 뜻으로써 나의 성경에 기록하여
만백성에게 전하였거늘,
7 오늘의 종교 집단이요, 지도자들이요,
그 신도들이 과연 그 아름다운 말의
뜻을 얼마나 가슴에 새기며 그 소중함
을 알고 있는가?
8 그들은 정녕 모르느니라, 그리고 그들
은 그러한 자세로써 세상을 살아가는
자들이 아님이니라.
9 이 모두가 육에서 행해지며 이루어지
는 것이거늘,
10 예수가 모든 죄를 대속하여 다 안고
갔음이니, 육의 세상에 죄를 짓는다
해도 그건 죄가 되지 아니하며, 너희
가 육의 세상에서 죄를 짓는 것이 부
끄러워 나 여호와에게 나가는 데 주저
하며 나에게 오기를 부끄럽게 생각하
는 염치를 가진 백성을 어리석은 백
성이라 가르치고 핍박함이니라.
11 그러니 죄를 지으면서 나에게 나오기
를 부끄럽게 생각하며 염치가 없어 멈
칫거리는 그 백성, 그리고 그 죄를 용
서해 달라며 기도하며 회개하는 백성
이 불쌍한 자들이요, 나 여호와의 뜻
을 거역하는 자요, 예수의 죽음의 고
통을 더럽게 하는 자들이라 그리 말함
이니라.
12 너희는 나의 아들 예수의 고통스러운
죽음에 대해, 죄를 짓고 사는 것이 그
를 욕되게 하는 것이냐, 너희가 죄를
짓지 아니하고 천사와 같은 마음으로
살려고 하는 것이 그를 욕되게 하며
나를 능멸하는 자더냐?
13 과연 누가 나를 능멸하는 자며 나의
아들 예수의 죽음을 욕되게 하는가?
14 이러니 이것이 사탄의 자식이요, 악마
의 자식이라 함을 나의 아들을 따르는
제자 너희는 믿고 따라야 할 것이니
그리 알라.
15 어찌하여 죄지은 것이 부끄러워 나 여
호와에게 고개를 들지 못하며, 예수가
너희를 모두 깨우치려고 역사한 그것

이 부끄럽고 염치가 없어 고개를 들지
못하는 백성을 사악한 자들이라 그리
말하는가?
16 천사를 사악한 자요, 사탄을 천사라
말하는 자들이 바로 지금의 종교 집단
이요, 지도자들이 행하는 짓이니라.
17 제 유익만을 구하는 자들이요, 남의
유익을 구하지 못하는 자들이니라.
18 저만을 위하여 사는 자들이요, 남의
유익을 위하여 사는 삶을 절대 살 수
없는 것이 오늘의 종교 집단이요, 지
도자요, 구원을 받았다는 그 백성이니,
19 그들이 그리하여 가슴의 문을 열지 못
하고 사는 자들이니라.
20 저희 종파요, 제 것만 소중하며 그것
을 떠나지 못하는 자들이니라.
21 그러니 그들을 구원하며 그들을 사랑
하는 마음으로써 다시 봐야 함을 잊
지 말라.
22 너희가 남의 유익을 위하여 사는 것,
이를 행하고 지키는 백성이 나 여호와
의 백성임을 알아야 할 것이니라.
23 정녕 지금까지 남의 유익을 위해 살지
못하고 오로지 자기의 유익만을 위해
사는 자들을 깨우치는 것이 바로 율법
이요, 나의 십계명이니라.
24 그리고 신약의 성서요, 구약의 성서가
모두 거기에 있으며,
25 그를 보고 너희가 깨우치고 행하지
못하기에 내가 지금 제3의 시대를 열
어 나의 아들을 통하여 나의 성령을
모두 태워 누구든지 글을 아는 자는
깨우칠 수 있도록 간단한 그 진리로써
풀어서 내려보냄이니라.
26 너희가 남의 유익을 구하지 아니하고
그저 제 유익만을 위해 사는 그 집단
들이 무엇인 줄 알겠느냐?
27 구약과 신약이요, 율법이요, 계명이
요, 나의 법전이요, 이 모든 것에 도전
하는 자들이요, 이를 믿지 않는 자들
이니,
28 나를 믿지 아니하며 나의 아들 예수를
믿지 않고 거역하는 자들이니라.
29 그와 같은 사악한 행위를 하면서 너희
는 뭐라 말하느냐?
30 나에게 오르는 길이라며 나에게 오겠
다 울부짖는 것이 지금의 어리석은 백
성이니,
31 그들을 바로 깨우치도록 하라, 사랑하
는 나의 아들아!
32 내가 얼마나 너희를 사랑하며 내가
너희를 얼마나 소중히 하면, 몇천 년
동안 나를 거역하며 이와 같이 사악
한 행위를 하고 살아온 그들을 내가
구원하고자 나의 아들을 통하여 160
권의 법전을 세상에 보내는 이 역사를
이루겠느냐?
33 내가 사랑하는 것만큼 그 불쌍한 백성
을 너희가 사랑해야 함이니 그리 알
라.

7,586 번째 하나님 말씀

2003년 9월 20일 09시 59분

1 사랑하는 나의 아들아!
2 "네, 아버님! 말씀하옵소서."
3 지금의 모든 믿음의 길을 오는 자들,
그리고 구원을 받았다며 오만방자한
그들이 얼마나 사악한 종교 집단이요,
지도자인가를 너희는 알겠는가?

4 또한, 저희가 구원을 받았다 말하는 신도들, 그리고 그 다른 사람들의 재물을 가지고 다른 사람들의 금화와 은화를 무상으로 다 거둬들이고 나의 백성의 모든 노동력을 다 착취하며,

5 제 것은 하나도 투자하지 아니하고 그 모두를 제 것으로 만든 것이 오늘의 종교 집단이요, 지도자들이니라.

6 거기에 우롱당하고 이용당하는 것이 그 신도라는 자들이니라.

7 그러니 제 것은 하나도 투자하지 아니하며 제 노동력은 하나도 투자하지 아니하고 그 신도라는 사랑하는 나의 백성의 재물과 은화를 거둬들여 제 것으로 하나하나 만들어 나가는 그와 같은 행위를 하는 것이 그들이니라.

8 나의 사랑하는 백성에게 대가 없이 그저 거둬들여 제일 큰 교회를 지어 놓고 성공했다 하는 것이며,

9 그리고 큰 교회를 지어 놓고 그곳을 향기 나는 아름다움으로 궁궐보다 더 아름답게 꾸며 놓고, 나 여호와의 뜻에 역사하였으며 나 여호와에게 기쁜 선물을 바치는 것이라 그리 말하며,

10 심지어 나의 아들 예수의 몸통을 세상에 만들어 놨다 그와 같이 말하느니라.

11 저의 재물이요, 저의 금화와 은화는 하나도 들이지 아니하고 남의 것을 다 갈취해서 만들어 놓고 성공했다 그리 말하는 자들이니,

12 그와 같은 도둑과 강도가 되어 남의 것을 힘 안 들이고 훔치는 자 외에 누가 그와 같이 역사할 수 있더냐?

13 그러한 행위를 부끄러운 줄 모르고 행하는 자들이니라.

14 성령의 길이요, 아름다운 길을 가르치는 것이요, 참진리를 가르치는 것이 절대 아님을 알아야 할 것이니라.

15 그들이야말로 남의 것을 가지고 생색내는 자요, 제가 성공한 자요, 그리고 그 이름을 덧붙여 우리 부자를 기쁘게 했으며 우리 부자의 뜻에 따라 역사한 것이라 하니,

16 남의 것을 갈취하는 것을 우리 부자가 시켰단 말이더냐?

17 그들은 율법을 거역하고 교만한 자요, 그리고 그들이 얼마나 사악한 자들인가?

18 사탄의 그 본성을 그대로 나타내며 사탄의 본성을 가진 자들임을 알라.

19 사탄의 본성으로써 모든 역사를 하는 자들이니라.

20 그들이 행하는 모든 동기 자체가 불순하며 사악한 자들이니라.

21 더 큰 것을 짓고자 더 역사하는 것을 제 손발이 닳도록 노력하여 제 것으로 한다면 내가 차라리 말하지 아니할 것이니라.

22 남의 것을 가지고 성공했다고 말하는 자요, 남의 것을 갈취해서 역사했다는 자요, 나의 뜻에 따라 모두를 행했다는 자들이니, 그건 사탄의 자식만 할 수 있는 행위임을 알라.

23 저 자신의 유익을 위하여 남의 것을 갈취하여 제 배를 채우는 행위만 하는 것이 오늘의 종교 집단이요, 지도자들이요,

24 거기에서 울고불고 '믿습니다, 맞습니다.' 하며 그저 광란의 짓을 하는 것은 거기에 이용당한 자들이니, 사탄에게

힘을 실어 주는 근본의 죄인은 그 신
도들이라는 걸 잊지 말라.

7,587 번째 하나님 말씀

2003년 9월 20일 11시 45분

1 사랑하는 나의 아들아!
2 "네, 아버님! 말씀하옵소서."
3 네가 나에게 말하지 아니하여도 네가
나에게 바라는 것을 내가 알고 있었음
이니라.
4 네가 모든 사람으로부터 인간 세상에
저질러놓은 그 일을 수습하기 위하여
네가 편안한 자세요, 편안한 마음이
되었을 때 너는 기도를 할 수 있으며
기도를 할 것이라는 네 욕심의 마음을
가지고 있었음이니라.
5 그리하여 네가 말을 하지 않아도 네가
기도하는 그 마음의 뜻을 내가 알고
있었으며,
6 네가 나의 법전을 만드는 데 최선을
다할 수 있는 그 시간을 위하여 내가
모두를 다 역사해 주며 너에게 기적을
이루어 주었음이니라.
7 그러나 너는 어찌하여 그 기적의 두려
움을 모르며, 네가 나로부터 기적으로
써 역사한 다음에 네가 지키고 행해
야 할 그 대가가 얼마나 크고 무서운
것인가를 모르며,
8 너는 내가 너에게 역사해 주는 것, 네
가 기도할 수 있는 모든 것을 만들어
주는 것에는 기쁜 마음이요, 행복한
마음이라는 것을 알면서도, 그 대가를
치러야 한다는 것은 어찌 모르고 가는
어리석은 나의 아들이란 말이던가?
9 네가 나에게 말을 하지 아니하였으나
네 마음속으로 간곡히 기도하였느니
라.
10 네가 인간 세상에 저질러 놓은 그 모
든 것이 정리된다면 너는 기도만을
열심히 하며 내가 내리는 성령을 받아
쓰는 데 더 바랄 것이 없으며 소원할
것이 없다고 네 마음속에 그리 가지
고 있었음이니라.
11 내가 너의 그 뜻을 가납하여 모두를
다 내가 역사해 주고 너를 다스렸으
며, 그들로 하여금 너를 도울 수 있도
록 내가 그와 같이 너에게 역사해 주
었거늘,
12 너는 그에 대한 대가요, 그에 대해 네
가 받은 만큼 행하고 지불해야 한다는
것을 어찌 모르고 받는 것밖에 모르는
가?
13 그러니 너는 어떻게 살아가야 하며
어찌 서야 하는지를 알아야 할 것이
니라.
14 네가 가장 나에게 소원한 것이 무엇이
었더냐?
15 인간 세상에서 네가 지금 저질러 놓은
모든 인간과의 거래요, 부채요, 그와
같은 것으로 너를 찾는 자가 없을 때,
너는 기도할 수 있으며 성경을 만들어
만백성을 구하는 길을 갈 수 있을 것
이라 하여,
16 네가 말하지 않은 애절한 그 기도의
소원을 내가 들어주어 너의 모든 것을
기적과 같이 역사하여 이루어 주었거
늘,
17 어찌하여 너는 그와 같은 역사의 은혜
를 받은 그 두려움이요, 그 무서움을

모르며, 네가 나로부터 받은 것은 그
저 자연히 이루어질 수 있는 현상이라
그리 생각하는가?
18 너는 받은 만큼의 대가를 치러야 함이
니, 그건 바로 네가 한 점의 부끄럼이
없는 삶을 사는 것이요, 너 자신이 길
이 아닌 길을 가서는 아니 된다는 것
을 명심해야 할 것이니라.
19 내가 너에게 더 큰 은혜요, 영광을 무
엇을 내려 주어야 한단 말이던가?
20 네가 나에게 바라지 아니하였던가?
21 네가 조용히 기도할 수 있는 그 모두
를 이루어 준다면 너는 기도를 열심히
하여 나에게 경배하여 법전을 만드는
데 최선을 다한다 했음이니,
22 내가 너에게 잠자리를 주지 아니하였
던가, 내가 너에게 먹고살 수 있는 것
을 만들어 주지 않던가?
23 그리고 모든 백성으로부터 네가 저질
러 놓은 그 복잡하고 복잡한 일들에
대해, 그들이 와 너에게 시시비비를
하며 죽기 살기로 너의 멱살을 잡는
자가 있던가?
24 나 여호와는 상상할 수 없는 그 모든
것을 너의 기도의 뜻으로써 모두 다스
려 주었거늘,
25 어찌하여 너 자신이 오늘의 가는 길
에 대해서 그 은혜에 보답하며 그 길
에 역사하는 것이 무엇인가를 모르고
있는가?
26 네가 그러고도 나의 아들이요, 만백성
을 구할 수 있는 목자로서 자격이 있
다 생각하는가?
27 이제 너는 다시 한 번 지난날 저질러
놓은 그 모두를 돌이켜 보며, 그 모두
가 하나하나 역사한 것을 네가 기록
하여 너의 제자들에게 물어보라.
28 너의 제자들도 그와 같은 은혜를 받았
다면 너보다 열배 백배 더 바르고 곱
게 갈 수 있는 것이 그 제자들이니,
29 네가 그와 같은 은혜를 입었으면 거기
에 대해 열배 백배로 너 자신을 다스
리고 가꾸어 나가는 데 소홀히 해서는
아니 됨이니라, 사랑하는 나의 아들아!
30 내가 너에게 이와 같은 것을 말해 주
어야 네가 은혜를 알며 축복을 알며
영광을 아는가?
31 나 여호와의 은혜가 무엇인가, 네가
그와 같은 은혜를 받고 역사한 것을
어찌하여 지금도 깨닫지 못하며,
32 네가 받고 역사한 것만큼 그 배로 나
에게 무엇인가를 해야 한다는 그 무섭
고 두려운 것을 너는 어찌 모르는가?
33 이제부터 너는 한 점의 부끄럼이 없는
자세로 살아야 할 것이니 그리 알라.
34 그렇지 않으면 네가 소원하는 것은 역
사하지 아니할 것이며, 내가 두 번 다
시 네가 마음속으로 기도하는 것을 듣
지 아니할 것이니라.
35 내가 너에게 모두를 이루어 주고 역사
한 것만큼, 네가 그 대가를 나에게 지
불했을 때, 네 제자를 바라보는 그 아
픈 마음을 또 내가 들어줄 것이니,
36 너는 한 점의 부끄럼이 없는 자세로
바로 서라.
37 그리했을 때 네가 너의 제자들을 돕고
자 하는 것, 들리지 않는 자를 들리게
하는 것, 그리고 서지 못하는 자를 서
게 하는 것, 그 모든 역사가 서서히 이
루어질 수 있다는 것을 너는 어찌하여

생각하지 못하는가?
38 네가 나로부터 받은 것만큼 변하는 역
사가 있지 아니하면 아니 될 것이니,
명심하고 또 명심하도록 그리하라, 사
랑하는 나의 아들아!

7,588 번째 하나님 말씀

2003년 9월 20일 11시 56분

1 사랑하는 나의 아들아!
2 "네, 아버님! 말씀하옵소서."
3 너희 마음이 천사와 같을 때 나를 볼
수 있으며 나의 음성을 들을 수 있다
는 이 귀하고 소중한 나의 가르침이
요, 나의 메시지를 소홀히 들어서는
아니 될 것이니라.
4 너희가 천사와 같이 마음이 비워졌을
때 나의 음성을 들을 수 있으며 나를
볼 수 있다는 것은, 곧 너희가 다스려
지지 아니한 증거이니라.
5 이것이 바로 너희가 심판대에 와서
심판을 받는 결과의 모습임을 알라.
6 너희는 내가 내리는 이 메시지를 너
희 가슴속에 안고 소중히 간직하고
살아야 할 것이며, 나의 음성을 들으
며 나를 볼 수 있는 그와 같은 삶으로
변화되지 아니하면 아니 됨을 알아야
할 것이니라.
7 지금 수천 년 동안 믿음의 길이요, 나
의 피조물 만백성들을 역사한다는 종
교 집단 그들이 이루어 놓은 것이 과
연 무엇인 줄 알겠느냐?
8 지금까지 흘러온 종교 집단이요, 지도
자들이요, 그 모든 종파가 이루어 놓
은 그 역사는 천사와 같은 청결하고
아름답고 깨끗한 마음으로써 만백성
을 구하고자 하여 자기 자신을 낮추며
자기 자신을 버리고 이루어진 것이 아
니요, 역사한 것이 아니니라.
9 영적이요, 영혼을 구원하는 그와 같은
역사를 이룬 것이 아니요, 나의 성령
의 뜻에 따라 산 것이 아니요, 나의 율
법에 따라 역사한 것이 아니며, 나의
십계명대로 역사한 사실이 아니요,
10 그 모든 것을 거부하며 그것과는 관계
없이 오늘의 종교 집단이 역사한 것이
라는 것을 너희는 알아야 할 것이니
라.
11 오늘의 모든 종교 집단이요, 지도자들
은 인간적인 생각으로 인간의 육의 세
상의 사업을 이룬 것이라 내가 일찍이
너에게 깨우쳐 주었음이니라.
12 방대하고 성대하게 지은 교회요, 성당
이요, 법당이요, 모든 회당이요, 회막
이라 하여 지금 자부하는 것, 그리고
나의 많은 백성에게 군림하는 그 모
든 역사는 너희가 나의 성령에 의하
여 나의 피조물 만백성을 깨우치는 것
이 아니라,
13 인간 세상에서 노력한 만큼 너희가
거둬들이는 것, 그리고 세상의 사업이
요, 기업을 육성하고 성공한 것처럼,
14 오늘에 그와 같은 인간의 사업으로 육
성한 것이 너희가 말하는 나의 뜻에
따라서 교회요, 깨우침이요, 그리고
하늘에 오르는 영적인 사업을 했다는
것이니,
15 바로 너희는 인간의 사업을 한 것이
지, 나의 뜻에 따라 영적인 사업을 한
것이 아니라는 것을 알아야 할 것이

니라.
16 오늘의 믿음의 집단이 그렇게 섰음이
니라.
17 너희 자신의 사업이요, 대기업으로 성
장한 사람처럼, 그리고 대기업으로 기
적의 역사를 이룬 것처럼,
18 정녕 너희는 나의 뜻이요, 나의 성경
의 뜻에 의한 것이 아니라, 모든 종교
집단 그들이 바로 무엇이더냐?
19 인간의 직업으로 인간의 사업을 육성
했다는 것을 알라.
20 그들이 나로부터 직접 음성을 듣지 못
하고 명을 받은 사실이 없음이니라.
21 그러니 그와 같은 명을 받은 사실이
없는 그들이 우리 부자의 이름을 팔아
오늘까지 이룬 것은 나의 믿음으로 나
의 사랑하는 백성을 하늘로 이끄는
그 영적인 사업을 육성한 것이 아니라,
22 인간이 물건을 사고팔며 재물을 모으
려고 살아가는 그와 같은 인간의 기업
으로서 모두 우리 부자의 이름을 팔아
역사한 것이니, 나와는 관계없다 함이
거기에 있음이니라.
23 그러기에 그 마음속에는 항상 불안하
고 초조하며 두려움에서 헤어나지 못
하는 것이니라.
24 너희가 영적인 사업이요, 영혼의 사업
이요, 나의 피조물 만백성을 구원하는
사업을 한다 하여 우리 부자의 이름을
팔아 인간의 기업을 육성시켰음이니,
25 너희가 불안 초조한 그 마음이요, 두
려움은 네 마음에서 떠나지 아니하며,
그것이 공허한 마음으로 닥치는 것은
어찌할 수 없는 것이니라.
26 인간의 기업 형태요, 기업 정신으로써
이루어진 것이 오늘의 종교 집단인 것
이니라.
27 우리 부자의 이름을 내세워 세계의 만
백성에게 과시하고 군림하는 행태가
만연되어 있음이니, 이것이 바로 너희
가 인간의 기업을 육성한 병폐이니라.
28 나 여호와의 뜻과는 관계없음이니, 내
가 너희가 울부짖는 소리를 듣지 아니
한다 하며 너희는 나와 인연이 없이
멀어져 있는 백성이라 그리 말하였음
이니라.
29 그들이 영혼을 구원한다는 위장된 가
면 속에서 나의 백성을 농락하고 있
으며, 그것이 몇천 년 동안 흘러왔으
며,
30 지금 나의 법전이 세상에 나가 그들을
바로잡고 그들을 바로 다스려 주며 그
들을 단죄하지 아니하면 이 지상이 멸
망할 때까지 그와 같은 것은 계속 반
복되고 반복될 것이니라.
31 그리하여 너희가 서로 시기하며 질투
하고 너희 스스로 이룰 수 없는 그와
같은 역사를 나의 이름을 팔아서 지금
까지 역사하였음이니라.
32 그러니 너희가 지금 부르짖는 것, 회
개하고 깨우쳤다 부르짖는 것, 그리고
너희가 복음을 전한다고 소리 지르는
것, 그리고 예수를 믿으라 소리 지르
는 것, 그 모든 것은 기업의 상품을 선
전하고 파는 것처럼 우리 부자의 이름
을 팔아 너희가 사악한 집단으로서
오늘에 인간의 기업을 역사한 것이니
라.
33 악마의 집단으로서 너희는 자리를 잡
았으며,

34 인간 세상의 사업을 육성하는 데 모든
것을 다 바친 자들이요, 나의 뜻에 따
라 역사한 것이 아니니라.
35 그리하여 내가 너희를 다스리고 단죄
하고자 함이며, 그걸 더 이상 묵과할
수 없으며 더 이상 용서하지 아니함을
알라.
36 그러면서 너희는 뭐라 말하느냐?
37 하늘나라에 갈 수 있고 나에게 올 수
있다고 말하면서 보이지 않는 상품을
팔아 부귀영화를 갈취하고 있으며 인
간의 기업을 육성시킨 것이니라.
38 너희는 지금 현재까지도 죽을 때까지
돌아오지 않으며 대답 없는 메아리를
위하여 울고불고 그 믿음의 생활을 했
으며,
39 사악한 자들의 기업의 밑천을 갖다 바
친 것이 오늘의 신도들이요, 광분한
자들이요, 저 자신이 어디 있는지도
모르며 저만 구원을 받았다는 어리석
은 백성이니라.
40 너희는 교회요, 성전이 세상의 모든
것을 다 지배하고 다스리는 것같이
착각하나, 지금의 방대한 조직이요,
방대한 교회요, 성당이요, 성전이요,
법당이요, 모든 종교 집단들이 일순간
에 무너지는 시대가 올 것이며,
41 그것이 무너지는 것은 바람 앞의 등불
만도 못한 그와 같은 것이 이루어질
것이니 그리 알라.

7,589 번째 하나님 말씀

2003년 9월 20일 12시 01분

1 사랑하는 나의 아들아!
2 "네, 아버님! 말씀하옵소서."
3 지금의 모든 종교 집단들이 과연 어찌
가고 있느냐?
4 영적인 변화를 위하여 가야 하며 의인
의 길을 가야 하며 천사가 되고자 가
야 하는 것이 그들이 가야 하는 길이
니라.
5 그러나 너희가 제자를 육성하는 성공
여부를 과연 어디다 두고 있는가?
6 너희는 영적인 변화요, 천사의 길을
가는 것을 가르치는 종교 집단의 지
도자라 말하는가?
7 영적인 깨우침의 기준을 이루어 온 것
으로써 성공 여부를 이야기해야 할
것이거늘, 지금의 모든 종교 집단이
요, 그들은 어찌하는가?
8 얼마나 큰 교회가 있으며 얼마나 크
고 호화로운 교회를 지었으며 얼마나
많은 재물을 매일 거둬들일 수 있으며
얼마만큼 호화로운 생활을 누리고 사
느냐 하는 그것이 종교 지도자의 성
공 여부의 기준으로 지금 전락하고
타락된 것이 오늘이니,
9 인간 세상의 부와 권력을 누리는 것과
무엇이 다르단 말이던가?
10 그 외에 신도들의 머릿수가 얼마나
되느냐에 따라서, 가장 많은 예산을
누가 쓰느냐에 따라서, 그리고 얼마나
많은 호화로운 예산을 가지고 모든 것
을 운영하느냐에 따라서 성공 여부의
기준을 두는가 하면,
11 너희 밑에 작은 교회라는 것을 얼마나
많이 거느리고 있으며, 보급의 상태는
어찌하는 것이며, 매일 들어오는 헌금
의 액수는 또한 어떠한지 그러한 것

을 기준으로 하여 성공 여부를 따지는 것이 오늘의 종교 집단이요, 지도자들이 모여서 하는 말이니라.
12 그러니 이것이 일반 기업의 부를 축적하는 기준에서 벗어난 자들이라 말하는가?
13 인간적인 사업을 하는 것이 너희요,
14 나 여호와의 사업을 하는 것이 교회요, 성당이요, 법당이요, 회당이 아니라는 것이 여기 있음이니, 이 얼마나 두렵고 무서운 현실인 줄 알겠는가?
15 너희는 이와 같이 나의 법전에 기록하여 전할 때, 사탄이요, 사악한 자의 명이라 그리 말할 것이니라.
16 이는 나 여호와의 명임을 너희는 알아야 할 것이니라.
17 너희 스스로 그걸 인정하는 자 있을 것이며 그걸 믿는 자 있을 것이요, 그렇기에 오늘의 믿음의 종교 집단으로써는 절대 구원을 받지 못한다는 것을 아는 백성이 수없이 있음을 너희도 알 것이며, 그들의 눈이 두렵고 무서운 것을 알아야 할 것이니라.
18 나 여호와는 그러한 것으로써 너희를 기억하고 너희를 평가하지 아니하며, 그러한 것으로써 너희를 내가 영접하고 버리는 것이 아니라는 것을 알아야 할 것이니라.
19 아무리 큰 교회요, 아무리 많은 신도를 거느렸으며 아무리 재물을 많이 거둬들이며 풍부한 예산을 가지고 쓰고 해도, 그와 같은 것은 나와 관계없으며, 그것으로써 너희를 평가하지 아니한다는 것을 알라.
20 너희 스스로 마음속에 있는 그 욕심의 공장을 파괴하며 그 뿌리를 뽑아내는 그것을 내가 기억하는 것이며, 그러한 너희를 내가 기다리는 것이며, 그게 너희가 나에게 가장 큰 기쁨을 전하는 길이라는 것을 알라.
21 가장 소중한 것은 너희 마음속에 있는 욕심의 공장을 버리는 것이며 파괴하는 것이라는 것을 절대 잊지 말라, 사랑하는 나의 아들딸들아!
22 너의 제자들은 그리 가라 하라.
23 재물로써 나를 흡족게 하는 것, 나의 동상을 만들어 놓고 나의 형태요, 나의 성전을 아름답게 꾸미는 것, 그리고 풍부한 재정으로써 남부럽지 않게 호화롭게 사는 삶이 나의 뜻에 따라가는 선택된 백성이 아니라는 것을 알라.
24 너희 스스로 마음속에 있는 욕심의 공장을 과감히 파괴하는 것, 그 모두를 뽑아내는 것이 나에게 큰 은혜요, 상을 받을 수 있으며, 또한 나 여호와의 가장 큰 기쁨이라는 것을 절대 잊지 말라, 사랑하는 나의 아들딸들아!
25 너희는 그 길을 가라, 그 길을 위해서 오늘의 삶이 존재함을 알아야 할 것이니라.

7,590 번째 하나님 말씀

2003년 9월 20일 12시 07분

1 사랑하는 나의 아들아!
2 "네, 아버님! 말씀하옵소서."
3 모든 종교 집단 지도자들이 자신의 왕국을 건설하는 데 모든 것을 투자했으며, 수천 년 동안 역사해 온 것이니,
4 지금도 그걸 위하여 몸부림치는 모든

종교 지도자들은 그와 같은 행동을 당
장 중단해야 할 것이며,
5 중단하지 아니하면 너희가 얼마 안
되는 육의 삶을 살고 그 대가를 치르
는 것은 처참하다 못하여 내가 눈뜨고
보지 못할 만큼 고통의 세월을 영원히
살아가야 한다는 그 무서운 현실을 잊
어서는 아니 될 것이니라.
6 나 여호와는 이제 인간 사업의 왕국을
건설하는 모든 종교 집단 너희를 단
죄하고자 하며, 너희의 문을 닫고자
하며, 너희를 더 이상 용납하지 아니
하려는 것이 나 여호와의 뜻이니,
7 160권의 나의 성령의 법전이 세상에
나왔을 때, 너희는 존재할 수 없을 것
이니 그리 알라.
8 내가 단죄함을 너희는 두렵고 무서운
줄 알아야 할 것이니라.
9 너희는 이제는 자신의 종교 집단을 방
어하기 위한 수단과 방법을 중단하고,
마음의 문을 열어야 함을 알아야 할
것이니라.
10 지금까지 온 모든 종교 집단이 사랑
으로써 모두를 감싸며 사랑으로써 모
두를 가슴에 안으라 하는 것을 어찌
해 왔는가?
11 너희만 존재하게 하려고, 너희의 취약
점을 보이지 아니하려고 방어의 수단
과 방법을 모두 동원하여 지금까지 나
의 피조물 만백성들을 이끌어 왔음이
니라.
12 너희의 그 부족한 마음을 용기 있는
마음으로 가슴을 열어야 할 것이며,
마음의 문을 열어야 할 것이니,
13 나의 피조물 만백성들을 너희 뜻대로
그리 이끌어 가서는 아니 됨을 알아야
할 것이니라.
14 너희는 어찌하여 성서의 내용과 비유
의 뜻을 모르면서, 2천 년 전에 부르
짖었던 그 방법으로서만 계속 유지하
고자 하며, 그것으로서만 고집하며 그
것으로서만 하늘에 오르는 길이라 그
리 말하고 있음인가?
15 이것이 얼마나 잘못되었던 것이더냐?
16 너희가 위에서부터 잘못되었으면 그
걸 바로잡아야 하며 고칠 수 있는 용
기가 필요한 것이거늘,
17 2천 년 전의 그 구습이요, 폐습이요,
악습을 변할 줄 모르며, 그것만이 하
늘에 오르는 길이라 계속 부르짖고 고
집을 부리고 있음이니,
18 이제는 넓은 하늘을 보듯이 마음의 문
을 열고, 모든 백성이 울부짖는 소리
요, 모든 백성의 가르침의 소리를 들
을 줄 아는 너희가 되어야만 할 것이
니 그리 알라.
19 너희가 나의 성경의 내용을 제대로
알며 성경의 비유의 뜻을 제대로 알
며 그걸 지키려고 그 길만을 간다면
내가 이해할 수 있으나,
20 그 모든 뜻도 알지도 못하는 자, 나 여
호와가 역사하고자 하는 것을 모르는
자들이 마음을 굳건히 닫아 놓고, 닫
아 놓은 그 문을 열지 않으려고 모든
수단과 방법을 동원함이니,
21 그 모든 방법을 이제는 중단해야만 너
희가 나에게 오르는 길이라는 것을
잊지 말라.
22 2천 년 전의 그 방법을 더 이상 고집
하지 말라.

23 나의 백성을 그와 같은 방법으로써 우
롱치 말며, 그들을 지옥으로 이끌어
가는 그와 같은 험악한 짓을 이제는
중단해야 할 것이니라.
24 해묵은 과거의 그 악습에서 벗어나지
못하고 그 악습으로써 계속 그리 끌고
간다면, 너희는 새로운 역사요, 나 여
호와가 이루고자 하는 새 시대에 참
여할 수가 없으며,
25 하늘에서 이루어진 것같이 이 지상의
낙원을 이루는 것을 방해하는 자들이
며 그 뿌리를 내리지 못하게 하는 자
들이니, 너희는 이를 명심하여 깨우쳐
야 할 것이니라.
26 이제 너희는 인간의 사업으로써 왕국
을 이루는 그와 같은 것을 모두 중단
해야 할 것이며, 그리고 닫아 놓은 그
마음을 열어야 할 것이며,
27 2천 년 전의 해묵은 그 악습을 그대로
전통처럼 계속 지키는 것을 고집한다
면, 너희는 나의 피조물 만백성들을
지옥으로 끌고 감이니,
28 너희 자신만 죽어 가는 것이 아니요,
나의 사랑하는 백성이 그리 죽어 가
는 것을 내가 더 이상 볼 수 없기에,
너희를 단죄하는 그 역사이니,
29 그 단죄의 무서움과 두려움을 너희가
겪어 보지 아니하면 모를 것이니 그리
알라.

7,591 번째 하나님 말씀

2003년 9월 20일 12시 13분

1 사랑하는 나의 아들아!
2 "네, 아버님! 말씀하옵소서."
3 나 여호와의 사랑이요, 너희가 나에게
구원을 받는 그 결정적인 결정체는 사
랑이라 하였음이니라.
4 그러니 너희가 남을 유익하게 하려고
살아가는 그 삶이 바로 나 여호와의
사랑을 실천하는 것이요, 형제와 가족
과 네 주변의 이웃과 더불어 아름답게
사는 것이 나 여호와의 사랑을 실천하
는 것이니라.
5 그리고 믿음 속에서 나를 버리지 아니
하고 참진리의 믿음을 위하여 살아가
는 그것이 나 여호와를 사랑하는 것이
니라.
6 너희가 나의 계명대로 살아가는 것이
나를 사랑하는 것이요, 나의 율법대로
살아가는 것이 나를 사랑하는 것이요,
나의 법전대로 지키고 살아가는 것이
너희가 나를 사랑하는 것이니라.
7 그러니 그것이 내 사랑이니라.
8 기초요, 기본인 사랑부터 너희가 행하
고 배워야 함을 잊어서는 아니 될 것
이니라.
9 너희 자신의 모두를 헌신하는 것, 너
희 자신의 모두를 버릴 수 있는 이 모
두가 다 나의 사랑이요, 나를 사랑함
이니라.
10 가장 소중함은 나 자신의 욕심을 저버
리고 모든 면에서 그 모두를 버렸을
때, 그것이 나를 사랑하는 가장 큰 사
랑함이요, 가장 큰 사랑을 실천하는
백성이라는 것을 너희는 알아야 할
것이니라.
11 너희가 살아가면서 사랑의 원천의 싹
을 틔우지 못하는 것이 무엇인 줄 알
겠느냐?

12 항상 너희는 너희 자신을 먼저 생각
하기 때문이니라.
13 너희가 자기 자신을 먼저 생각한다는
것은 과연 무엇이더냐?
14 자기를 먼저 생각하는 그와 같은 삶을
사는 백성은 자기를 위하여 무엇이든
지 움켜잡으려 하며 잡아야만 되는 것
이 너희 마음이 아니더냐?
15 나 여호와를 사랑하며 사랑을 실천하
는 자는 자기 자신을 먼저 생각하지
않는 것이 사랑의 근본이거늘,
16 자기를 먼저 생각하는 자는 사랑을 베
풂이 아니요, 그저 닥치는 대로 무엇
인가를 움켜쥐고 제 앞에 쌓아 놓고자
하는 그것이 바로 곧 욕심이요,
17 너희가 말하는 사악한 다른 신을 너
희 가슴에 두고 섬기고 살아가는 것이
라는 것을 내가 깨우쳐 준 그 의미를
알라.
18 이제 깨닫고 행하는 자만이 크나큰 즐
거움 속에서 살아갈 수 있는 백성이
요, 오늘 가진 재물과 명예와 관계없
이 가장 행복하고 큰 행복을 얻고 살
아가는 것임을 알아야 할 것이니라.
19 자기의 욕심을 먼저 버리며 자기를 버
리라.
20 그렇지 아니하면 무엇인가 자기를 위
하여 움켜쥐고 거머쥐고 싶은 그 생각
을 버리지 못함이니, 그게 내가 원하
는 사랑을 절대 실천할 수 없는 것이
니라.
21 이제 사랑하는 나의 아들을 따르는 선
택된 제자들이요, 그리고 나의 법전을
읽고 깨우친 만백성, 너희는 알아야
할 것이니라.
22 너희가 사랑을 실천하는 것, 그리고
나의 큰 사랑을 실천하며 나의 사랑을
너희가 나에게 바치는 것, 너희의 크
나큰 사랑을 나에게 바치는 것, 그리
하여 나 여호와에게 즐거움을 역사하
는 것,
23 그 모든 것은 너희 자신이 스스로 만
들어야 할 것이며, 네 손으로써 모두
를 만들고 역사하며 네 생각으로써
모두 다스리고 통제하는 그것만이 너
희가 큰 사랑을 베풀 수 있으며, 큰 사
랑을 전할 수 있으며,
24 나 여호와의 큰 사랑을 행하고 실천하
는 나의 소중한 아들딸이라는 것을 잊
지 말고 명심하라, 사랑하는 나의 아
들딸들아!
25 나 여호와가 나의 아들을 사랑하는 것
만큼 너희를 사랑함이니라.
26 너희가 이 세상의 승자요, 내가 명해
법전에 기록된 그 모든 역사를 너희는
스스로 볼 것이니라.
27 그 영광의 뒤로 물러난 자가 되고 또
떠난 자가 되고 버림받은 자가 되어,
28 많은 너희 동료가 나로부터 은혜를
받을 때, 그늘진 곳에서 눈물 흘리며
지옥 불로 가는 두려움에 몸부림치는
낙오자가 되어서는 아니 될 것이니라.
29 너희를 사랑함이니라.

7,592 번째 하나님 말씀

2003년 9월 20일 12시 18분

1 사랑하는 나의 아들아!
2 "네, 아버님! 말씀하옵소서."
3 수천 년 동안 흘러오는 세월 속에 그

리도 과시하며 자랑하며 그 숫자를 가
지고 모든 백성에게 군림하고 과시하
는 종교 집단이요, 그 지도자들,
4 그걸로 경쟁이나 하듯이 서로 긁어모
으며 더 큰 성전이요, 더 큰 교회요,
그리고 더 큰 성막이요, 회당을 지으
려고 몸부림치는 것,
5 그 모두가 지금의 종교 지도자들이 만
든 오늘의 현실임이니라.
6 너희가 만든 그 교회요, 궁전이요, 그
리고 회당이요, 그것을 너희가 창조하
였으며, 그리하여 너희가 창조한 것에
도취되어 기쁨과 환희 속에 젖어서 사
는 것이 너희가 아니던가?
7 너희 스스로 창조하여 이루어 놓은 거
창한 그 교회요, 또 거창한 성당이요,
그걸 자랑 삼아 남에게 과시하며 남을
무시하며 남에게 군림하고자 하는 그
와 같은 행위는 과연 하고 있지 않은
가?
8 너희 자신이 그와 같이 네 손으로 창
조하여 만들어 놓은 그 교회요, 성당
이요, 회당의 그 방대함을 가지고 너
희 자신의 위대함을 노출하고자 하며
공공연히 자랑하며, 행복에 도취된 삶
을 의도적으로 많은 백성에게 보여
주고 과시하고 싶은 생각을 하고 사
는 것은 아니던가?
9 그리고 모든 백성에게 군림하고자 하
여 그와 같이 방대한 교회요, 성전이
요, 성당이요, 법당이요, 회막을 짓고
자 하는 것은 아니던가?
10 너희는 여기서 너희 자신이 오늘 가
는 그 믿음이요, 역사함을 알아야 할
것이니라.
11 나 여호와가 너희는 인간의 기업을
육성한 자들이요, 나의 성령의 기업을
역사한 것이 아니라 할 때, 너희는 나
여호와가 사탄이요, 이 법전이 악마의
것이라 그리 말하나, 이 현실은 엄연
한 사실이니라.
12 그러니 너희가 교회라는 곳이 사업장
으로 변했으며 기업의 장으로 변했으
며 장사꾼의 터전으로 변했다, 기업화
되었다, 대형화되었다 그와 같은 말을
하지 아니하는가?
13 그러면서 너희 자신을 위하여 이루고
성취한 인간의 기업을 갖고 나 여호와
의 사업에 성공했다 하며 우리 부자
의 이름을 앞에 내세워 지금 모든 자
를 굴복시키고자 하는 그와 같은 사악
한 방법은 쓰지 않는가?
14 그리고 인간의 노력으로써 인간의 생
각으로써 너희가 이루어 놓은 그 속
에서 전율을 느끼며 그 속에 도취되
어 자만과 오만으로써 거듭나는 것이
오늘의 종교 집단이요, 교회의 그 숫
자가 늘어나는 것이요, 지도자들이 그
걸 위해 몸부림치고 그 역사를 위해서
가는 것이 오늘의 현실이 아니더냐?
15 너희 앞에 간 그 종교 지도자들이 이
루어 놓은 그 인간의 기업을 보고 더
낫고 더 능가하고 더 앞에 가는 자가
되려고 노력하는 것이지,
16 거리에 쓰러진 불쌍한 사람들을 구원
하고 다스려 그가 천사로 변할 수 있
도록 하며, 사악한 자, 인간의 도리를
다하지 못하고 사는 불쌍한 그와 같은
자들을 인도하고 깨우쳐 나의 뜻으로
써 내 품에 보내는,

17 그와 같이 한 사람을 구할 수 있는 역
사가 만 명이 들어가는 교회보다 더
큰 것을 짓는 것이요, 위대한 것이라
생각하고 사는 지도자가 과연 어디
있는가?
18 이것이 오늘의 현실이며 너희가 잘못
되었음을 알라.
19 나 여호와는 내가 원하는 거기에 상을
주며 거기에 은혜를 내린다 하였음이
니라.
20 내가 원하는 것을 나의 아들을 따르는
제자들이 이루었을 때 그리고 네가 그
것을 이루었을 때, 내가 가지는 것, 그
제자들이 가지는 것, 내가 원하는 것
을 완전케 만들었을 때,
21 내가 그들을 사랑하며 거기에다 은혜
를 내린다 하였으며 축복과 영광을 내
려 준다 하였음이니라.
22 내가 원하는 것을 나의 아들을 따르는
제자들이요, 나의 법전을 읽은 백성이
완결하여 나 여호와의 것이 완전히 되
었을 때 내가 거기에 상을 내린다 한
그 뜻을 너희는 알아야 할 것이니라.
23 그러나 지금의 지도자 너희는 과연
어떠한 것이냐?
24 나의 뜻에 의한 것을 만든 것이 아니
요, 내가 역사하고자 하는 것을 완결
품을 만드는 것이 아니요, 너희 스스
로 네 것을 만드는 자들이 지금의 종
교 집단의 지도자요,
25 제 것을 제가 만들어 놓고 스스로 거
기에 도취되어 저희가 그 공명심이요,
위대한 마음에 제 스스로 자랑하고자
남에게 보이고자 하는 그 욕심의 뿌리
에서 모두 역사하는 것이니, 그것이
나와 관계없다는 그 무서운 의미를 알
라.

7,593 번째 하나님 말씀

2003년 9월 20일 12시 24분

1 사랑하는 나의 아들아!
2 "네, 아버님! 말씀하옵소서."
3 모든 종교 집단이, 그 방대한 인력과
물자와 그 모든 것을 가진 그들이 정
녕 나 여호와의 뜻이요, 성령의 그 역
사함을 위하여 그 사업을 위하여 모두
다 바쳤다면 지금은 천국이요, 이 지
상은 아름다워졌을 것이니라.
4 그러나 그들은 저희 개인의 사업을
육성시켰으며, 그 개인의 사업을 위하
여 종교 지도자라는 미명 아래 저 자
신을 위한 역사를 해왔음이니라.
5 그리하여 그들은 나와 아무런 관계가
없는 자들이라 하였음이니라.
6 영적인 사업을 육성하는 자는 나와 같
이 가는 자요, 동반자라 할 수 있으나,
7 개인의 사업을 육성하는 종교 집단이
요, 지도자들은 이미 나와 동반자가
아니요, 나와 같이 하는 백성이 아니
라는 것을 너희는 알아야 할 것이니,
바로 너희를 보고 이단이요, 사탄이라
말하는 그들이 바로 사탄이요, 악마의
자식이니 그리 알라.
8 너희는 인간 본연의 기업을 자신이 육
성하는 것뿐이며, 나 여호와의 성령으
로써 역사한 것이 아니라는 것을 내
가 다시 한 번 너희에게 전함이니,
9 이를 너희 제자들은 깊이 깨우쳐 너희
자신을 다스리고 바로 서는 데 최선을

다해야 함을 알라.
10 지금의 몇천 년 동안 흘러오는 그 종
교 집단이 한 일이 무엇인 줄 알겠느
냐?
11 우리 부자의 이름을 인간의 기업에 이
용했으며, 나의 성령이라는 그 명분을
내세워 모두 다 그걸로 나의 피조물
만백성들에게 군림하며 그들의 재물
을 갈취하는 데 이용했음을 알아야
할 것이니라.
12 그러니 그들은 나의 성령이요, 나 여
호와의 사랑이 고통이요, 시련으로써
만 그들에게 여태껏 존재했음이니, 그
들이 성령을 어찌 알며 나의 사랑을
어찌 알고 갔겠는가?
13 이제는 알아야 할 것이니라.
14 너희가 그 많은 물자요, 그 많은 머릿
수요, 그 많은 성전이요, 손으로 지은
인간의 기업을 가지고 나의 뜻에 역사
했다고 말하나,
15 너희는 성령의 눈이 뜰 때가 있으며,
너희가 성령의 그 뜻을 알게 됐을 때,
종교 집단이요, 지도자들이 지금까지
역사하고 이끌어 왔던 그것이 얼마나
잘못된 것이며 나의 뜻을 거역한 것이
며 나를 능멸하며 나를 욕되게 한 것
인가를 알게 될 것이며,
16 방대한 역사에 너희 스스로 도취되어
나 여호와의 뜻을 가장 크게 역사한
자라 자부하는 자, 그리고 공공연히
자랑하는 자, 그리고 많은 재물을 가
지고 운영비를 많이 쓸 수 있으며 고
급스러운 생활을 할 수 있다고 부르
짖고 자만하며,
17 그러기에 나로부터 은혜를 받았다 생
각하는 그것이 얼마나 하잘 것 없는
짓들을 하고 있는지 그 모두를 알게
될 것이니라.
18 너희가 쓰러졌을 때 그때 알 것이니,
그때는 이미 늦어 돌이킬 수 없는 것
이니라.
19 오늘의 너희가 역사하고 있는 것이 얼
마나 잘못된 것이며 거역하는 것이며
얼마나 하잘것 없고 볼품없는 짓을 역
사했다, 성공했다 하는 것인지 너희
스스로 알 날이 머지않았다는 것이 나
여호와의 뜻임을 알라.
20 지금 모든 집단들이 나의 뜻과는 절대
같이하고 있지 아니하며 내가 그들의
뜻에 따르지 아니하며 그들과 내가 동
참하지 아니하며 동행하지 아니한다
는 것을 알라.
21 그들은 나의 뜻을 거역하는 데만 모두
주력하였으며 바쳤음이니라.
22 그리고 광분한 그 신도들이 그들에게
힘을 실어 주었으며 그들에게 용기를
준 자들이요, 그들에게 에너지를 충전
시켜 준 자들이니, 너희나 지도자나
똑같이 나에게 와서 그 대가를 치른다
는 것을 알라.
23 너희 자신의 기업을 위하여 재단했고
꿰매고 그리고 또 자르는 그와 같은
짓을 했으며, 울부짖고 만들고 부수고
또 건축하고 증축하고 그러한 행위를
하는 것이 너희의 오늘의 그 믿음이
요, 해 온 행태이니라.
24 저 자신의 인간의 목표와 목적을 위하
여 그 길만을 위하여 달려온 자들이
요, 그걸 위하여 모두 역사한 것이지
나 여호와의 뜻에 역사한 것이 아니

거늘,
25 어찌하여 너희가 나의 이름 아래 나
의 뜻을 위하여 역사한 것이요, 가장
축복받은 자요, 영광된 자요, 은혜 받
은 자라 그리 착각하며, 너희 손으로
지은 죄의 온상에 왔을 때 너희가 받
은 것만큼 같이 받을 것이라 그리 말
하는가?
26 너희에게는 어렵고 힘든 삶을 살아가
는 것밖에 없음이니라.

7,594 번째 하나님 말씀

2003년 9월 20일 12시 38분

1 사랑하는 나의 아들아!
2 "네, 아버님! 말씀하옵소서."
3 나 여호와의 뜻을 이루며 나 여호와가
이루고자 하는 그 역사를 위하며 만백
성을 위하여 내가 그들을 구원하고자
나의 법전을 세상에 내려보냄이니,
4 나의 뜻을 협력하는 자들이요, 나의
뜻을 새롭게 역사하는 자들이요, 그리
고 만백성을 구하기 위해 나의 법전
을 세상에 전하는 너희는 이 길을 위
하여 너희 스스로 네 가족을 잃는다
해도,
5 그것조차도 기쁨이요, 영광이라는 마
음 자세를 가지고 가야 함이니라.
6 다만, 내가 너희에게 가족을 잃어 가
며 버려 가면서 그 길을 가라 함이 아
니니라.
7 너희가 그와 같은 마음 자세요, 그와
같은 역사가 이루어진다 해도 그 모두
를 다 기쁨으로써 생각하며, 나의 법
전을 만들어 내는 것이요, 나의 아들
의 협력자로서 선택된 너희는 새로운
이 시대를 열어 가는 데 최선을 다하
며, 주저해서는 아니 되며, 마음이 흔
들려서는 아니 된다는 것을 알아야 할
것이니라.
8 너희가 정녕 인간 세상에 살아가면서
도 너희가 소중히 생각하는 사람, 그
리고 권좌에 있는 사람의 충실한 신하
는 항상 높이 있는 자의 옆에서 맴도
는 것이 아니요,
9 그 자리를 비워 주며 저는 멀리서 바
라보며 다른 사람으로 하여금 그를 받
들고 협력하고 보좌할 수 있도록 하는
것이 정녕 그를 아끼는 사람들이 아니
더냐?
10 그러니 정녕 너희는 나로부터 멀리
있는 자가 되어야 할 것이며, 그리고
너희는 어렵고 힘든 그 모든 것을 역
사함에 주저하는 사람이 되어서는 절
대 아니 됨을 알아야 할 것이니라.
11 이제 사랑하는 나의 아들딸들아!
12 모든 종교 집단이요, 지도자 그들에게
전하라.
13 그들이 정녕 나 여호와의 뜻을 위하여
가는 자라면 저희 교회요, 성전이요,
성막을 위해서 무엇을 원하는 것이 아
니요, 저의 발전이요, 저의 역사를 위
해서 가는 길이 아니라,
14 이웃의 교회를 위하여 좀 더 적극적으
로 협조하고 도와주며 격려해 주며 이
끌어 주는 그와 같은 마음으로 가야
하는 것이 종교 지도자이니라.
15 그러니 지금의 모든 종교 지도자요,
집단들은 과연 어찌하는가?
16 모두를 다 경쟁자로 생각하며 제 성공

을 방해하는 자들이요, 그리고 적과 같이 생각하고 있음이니, 그것이 나 여호와의 풍성한 왕국을 이루는 길이라 말하느냐?

17 나의 사랑이 풍성하기에 이 세상을 덮으며, 너희가 사랑하는 백성으로 하여금 구원의 길을 얻을 수 있는 그 추수를 거둘 수 있는 그 길을 간다 하면,

18 너희는 이웃에 있는 그 교회의 성공을 위해서 그 발전을 위해서 적극적으로 도와주고 인도하는 것이 너희가 가는 길이라는 것을 알아야 할 것이니라.

19 너희는 나 여호와가 원하는 것이 무엇인 줄 아는가?

20 내가 너희에게 명하는 것이 무엇인 줄 알겠느냐?

21 너희는 알아야 할 것이니라.

22 너희는 정녕 나 여호와의 뜻을 모르며 내가 원하는 것을 아무것도 아는 자가 없음을 알아야 할 것이니라.

23 너희는 너희 교회에 찾아오는 그 신도들이요, 그 백성을 다른 교회로 보내는 것, 그리고 그 교회에 가서 역사할 수 있도록 하는 것,

24 그리고 너희가 먼저 어렵고 힘든 그 이웃의 교회라는 곳에 너희 신도를 보내 줄 수 있어 거기서 나 여호와의 뜻을 마음껏 펼 수 있으며 나 여호와에 대한 그 불길을 지필 수 있도록 그와 같은 생각으로 교인의 머릿수를 따져 돈으로 계산하는 나의 백성을 이웃이요, 다른 교회로 보낼 수 있는 그와 같은 마음을 가지고 사는 것,

25 그것이 종교 지도자가 가야 할 길이거늘, 이 세상에 과연 그러한 종교 집단이요, 지도자가 어디 있는가 너희는 한번 찾아보라.

26 내가 오죽하면 너희에게 말하겠느냐?

27 너희가 종교 지도자요, 목회자라 하여 그 사람의 강론이요, 설교를 들으려거든 '본 교회는 만원사례이니 다른 교회로 가십시오.' 하고 기록해 놓은 종이 쪽지를 붙여 놓은 자의 강론을 들으라 내가 그리 말하였음이니라.

28 그러니 너희 교회에 오는 신도를 이웃의 작은 교회요, 너희보다 나약한 교회요, 이웃의 교회가 먼저 성장하고 발전할 수 있도록 그리 보내 줄 수 있으며 그리 발길을 돌릴 수 있도록 가르치고 깨우치는 그것이 종교 지도자가 해야 할 길이며 집단들이 해야 할 길이라는 것을 너희는 알고 있어야 할 것이니라.

29 나 여호와가 원하는 그 선 하나도 보지 못하며 그 선 하나도 긋지 못하고 사는 너희가 어찌 나의 백성을 구원하며 나의 뜻에 따라 살아간단 말이던가?

30 이웃 사람들의 풍요로운 삶을 위하여 네 호주머니를 털어서 그들에게 쥐여 주며 전해 주는 그와 같은 마음 자세로 살아야 하거늘,

31 이웃에 있는 자의 주머니를 너희가 풍요로운 삶이요, 부를 누리기 위해 그것을 탐내며 넘겨다보며 그걸 갈취하고자 하는 것이 오늘의 종교 집단이요, 지도자가 가는 길이라면, 과연 이것이 나 여호와의 뜻에 따라 역사하는 것이며 나의 뜻에 행하는 자들이라 말할 수 있는 것이냐?

32 그러니 너희가 나의 뜻을 행하지 않
는 것이요, 나의 뜻을 거역하는 것은
감히 나 여호와에게 도전하는 자들이
요, 너희가 나에게 도전하는 것이 무
엇이라는 것도 알지 못하는 자들이니,
내가 그들을 보는 마음이 과연 어떠하
겠는가?
33 이제 나의 아들을 따르는 너희는 앞
으로 지도자가 되어 만백성을 구하는
그 역사를 할 때, 네 앞에 많은 사람을
모아 놓으며 너희 앞에 많은 사람이
강론을 듣는 게 아니라,
34 이웃에 있는 너희 동료요, 친구요, 같
은 제자들에게 힘을 실어 줄 수 있도
록 그들의 강론을 들을 수 있도록,
35 그곳이 너보다도 위대한 교육자요, 위
대한 종교 지도자요, 그곳에서 참진리
를 배울 수 있다 하여 그리 보낼 수 있
는 그와 같은 마음 자세로써 이 세상
을 살아가고 세상을 보도록 하라.
36 너희는 그와 같은 반대의 현상으로써
살아가라는 것이 나 여호와의 뜻이며
내가 원하는 길이라는 것을 절대 잊지
말라.
37 너희가 그와 같은 마음을 버리고 성장
하는 것, 그와 같은 마음을 버리고 살
아가는 것,
38 그 모두는 나 여호와의 성령의 운동으
로써 나를 위한 것을 역사하는 것이
아니라, 너희 개인의 사업을 육성하는
것이라 하였음이니라.
39 거기에 우리 부자의 이름을 간판으로
써 모두 덮어씌우는 사악한 자들이라
함을 잊지 말라.

7,595 번째 하나님 말씀

2003년 9월 20일 23시 13분

1 사랑하는 나의 아들아!
2 "네, 아버님! 말씀하옵소서."
3 오늘의 가는 그 길이 험난하고 어렵고
힘든 길이니라.
4 그러니 누구든 이 세상에 살아가면서
부닥치는 수천수만 가지 그 모두를 아
름다운 참진리요, 정의로움에서 모두
행하고 역사해야 하는 것이 너희이니,
나 여호와의 뜻을 따라 하늘에 오르는
그 길을 인도하는 백성이 가야 할 길
임을 알아야 할 것이니라.
5 너희가 크고 작은 것, 몇 가지를 다스
리고 일깨우는 것이 아니요, 수천수만
가지 생활하면서 부닥칠 때마다 정의
로움이요, 그리고 아름다움이요, 그리
고 나 자신을 내세우는 그와 같은 삶
을 살아서는 아니 되는 것이 지도자가
가는 길이요, 나의 백성이 가는 길이
니,
6 그 길이 그리 어렵고 힘들기에 아무나
갈 수 없으며 아무나 그를 역사할 수
없는 것이 나에게 오르는 길임을 너희
는 알아야 할 것이니라.
7 모든 종교 집단이요, 지도자들이 어렵
고 힘든 길이 아니요, 평탄하고 넓은
길을 가고자 하는 것이니 이것이 잘못
되었다 함을 너희는 알아야 할 것이
니라.
8 지금 이 세상에 수천 년 동안 흘러오
는 그동안 나의 피조물 만백성들이 얼
마나 많은 것을 나 여호와에게 하늘에
소원했으며 나에게 기원을 했으며 너

희가 얻으려고 기도를 했는가?
9 그 많은 종교 지도자들이요, 그리고
또 구원을 받았다 하는 그 백성까지
울고불고 나에게 소원한 그 숫자를 한
번 세어 보면 바닷가의 모래알보다도
더 많은 양을 너희가 나에게 소원하
고 빌었을 것이니라.
10 그러나 과연 너희가 무엇을 이루었으
며 무엇을 역사했는가?
11 너희가 그 많은 것을 나에게 원하고
나에게 소원했으나 과연 너희에게 이
루어지고 역사한 것이 무엇이 있더냐?
12 너희가 나에게 원하고 소망하는 것이
요, 그리고 나의 피조물 만백성들을
인도한다는 그 모두는 다 너희 생각
이요, 인간의 뜻에서 나에게 소원하는
것이요, 그리하여 내가 너희에게 뭐라
말하였느냐?
13 너희는 나 여호와가 소유하는 것, 내
가 너희에게 베풀 수 있는 것을 나에
게 원하는 것이 아니요, 나 여호와가
소유하지도 아니하였으며 내가 갖지
도 아니한 것을 달라 울고불고하며,
14 그 셀 수 없는 종교 지도자들과 그 백
성이 백사장의 모래알보다도 더 많이
소원하고 기도한 것이 하늘에 고하고
바친 것이라 하였음이니라.
15 그러나 그 모두는 다 너희 생각이요,
또한 나 여호와가 소유하지 아니한 것
을 얻고자 너희가 불필요한 시간을
낭비했으며 모두를 다 바치는 그와 같
은 삶을 살았다 했음이니라.
16 그러니 그와 같은 어리석은 삶이요,
그 어리석은 믿음에서 이제는 벗어나
야 하는 것이 너희가 가야 할 길이며
역사하는 길이라 내가 그리 말을 했느
니라.
17 지금까지 수천 년 동안 그 많은 종교
집단이요, 지도자들이 기도하고 소원
한 그 모두는 다 나 여호와의 뜻에 의
한 것이 아니요,
18 너희 스스로 인간의 생각을 만들어 나
에게 기도하고 나에게 소원한 것이 너
희가 오늘날까지 역사한 것이라 하였
음이니라.
19 너희가 성대한 교회요, 성전이요, 그
모두를 역사한 것 또한 너희가 나의
뜻에 따라 나의 성령에 의한 것이 아
니라,
20 인간인 너희 생각이요, 인간의 사업장
을 너희가 성사시킨 것이요, 그건 나
와 관계없다 내가 나의 법전에 기록하
여 전했음이니라.
21 이제 수천 년 동안 믿음의 길에서 오
늘의 그 길만이 구원의 길이요, 하늘
에 오르는 길이라며 매달려 있는 너희
는 나 여호와가 법전에 기록하여 전하
는 그 내용을 잘 읽고 깨우쳐,
22 종교 집단 지도자는 지도자대로 깨달
음을 얻어야 할 것이며, 그저 구원을
받았다는 그 신도요, 백성은 너희대로
깨닫는 점이 있어야 할 것이며, 깨달
아야 할 것이라는 것을 절대 잊어서는
아니 될 것이니라.
23 너희가 정녕 바른길이요, 그리고 나의
뜻에 역사했다면 내가 오늘 이 시간에
나의 아들을 통하여 160권이라는 대
장정의 새로운 성경이요, 나의 법전을
세상에 만들지 아니하였을 것이라 하
였음이니라.

24 그 모두는 너희가 원인을 제공했으며
그리 만들도록 지금까지 살아온 삶이
그렇다 하였음을 너희는 깊이 깨우쳐
야 할 것이니라.
25 내가 160권 속에서 너희가 잘못 가는
것, 시정해야 할 것, 고쳐야 할 것, 그
많은 것을 수없이 내려보냈음이니라.
26 이것이 가장 중요하고 위대한 것은 무
엇인 줄 알겠느냐?
27 성서에 기록했듯이 나의 아들이 내 뜻
을 받아 기록한 것이요, 내가 역사한
명에 따라 그는 움직였으며, 그 스스
로 제 뜻에 따라 움직이지 아니하였
다는 것을 알아야 할 것이니라.
28 모든 종교 집단의 지도자 너희는 알
아야 할 것이니라.
29 너희가 말로써 만드는 그 기도로써 나
에게 드리는 것이 아니라, 너희는 이
제 그와 같은 믿음에서 벗어나야 할
것이니라.
30 오로지 나 여호와가 명하는 것, 내가
너희에게 명하는 것만을 행하는 그와
같은 백성으로서 되어야 할 것이며,
31 내가 너희에게 전해 주는 것, 명하는
것만을 나의 피조물 만백성들에게 깨
우치고자 그리해야 할 것이니라.
32 너희가 주일이요, 또한 정해져 있는
날 설교하며 강론하며 기도하기 위해
서 전날 밤을 새워 가면서 고생하는
그 종교 지도자,
33 그 준비를 하려고 인기를 점검하기
위하여, 그리고 신도들로부터 네가 능
력 있는 자라는 것을 보이려고 밤잠
을 안 자고 고생하는 그와 같은 그 믿
음의 길을 가는 지도자는 정녕 나 여
호와가 선택한 자가 아님을 너희는
알아야 할 것이니라.
34 그러한 수고로움이 필요가 없으며 그
와 같이 하루 전에 고생하며 생각하는
것, 그리고 연구하는 그와 같은 것으
로써는 나의 뜻이 아님을 너희는 알
아야 할 것이니라.
35 오로지 나 여호와가 명하여 선택된 자
는 그저 내가 그에게 내려 주기만 하
면 그는 그를 받아서 행하는 것이며,
그것이 바로 내 뜻이요, 그게 선택된
나의 목자요, 내가 명한 자라는 것을
잊지 말라.
36 이것이 얼마나 무서운 차이가 있는가?
37 나의 아들은 내가 내리는 것을 그저
항상 그가 받아 너희에게 전해 줌이
니, 그로써 나의 새로운 성경이요, 책
으로써 만들어 세상에 전하나,
38 모든 종교 집단의 나에게 선택되지 아
니한 자들은 며칠씩 시간을 내어 준
비해야 하며 몇 시간씩 거기에 대해
몰두해야 하며 그리고 거기에 또 연구
하고 또 연구를 하며 그와 같은 것으
로써 나의 피조물 만백성들에게 설교
하고 가르치는 것은 나 여호와의 뜻이
아니고 너희 뜻이라는 것을 잊어서는
아니 될 것이니라.
39 나 여호와의 뜻이요, 내가 선택한 나
의 목자요, 나의 아들에게는 내가 직
접 내림이니, 그는 그저 항상 십계명
을 암송한 다음에 나로부터 받아 그를
만들면 되는 것이니,
40 이것이 얼마나 하늘과 땅의 차이인가
알아야 할 것이니라.

7,596 번째 하나님 말씀

2003년 9월 20일 23시 21분

1 사랑하는 나의 아들아!
2 "네, 아버님! 말씀하옵소서."
3 지금의 모든 종교 집단이요, 또 성전
이요, 성당이요, 교회요, 그리고 회당
을 이끌어 가는 그와 같은 종파들은
서로 너희와 뜻을 같이하는 종교 지
도자들을 초빙하여 강론을 시키며 설
교를 하며,
4 또한 성가를 불러 대며, 찬송을 부르
며, 능력 있는 전문가를 불러, 예배하
고 경배할 때 그들로 하여금 감명을
받으며 분위기를 고조시키는 그와 같
은 행위를 하느니라.
5 너희가 재물을 거둬들이고자 그와 같
은 것을 할 때, 이웃에 있는 똑같은 종
교 지도자를 초빙하여 그들로 하여금
너희가 하지 못하는 말을 하게 하고
협조하며 그리고 협력하며 서로 돕고
살아감이니,
6 서로 강단에 서서 서로 강의하는 그
와 같은 믿음의 길을 가는 것이 오늘
의 종교 집단이요, 너희가 모두 역사
하는 것이니라.
7 그러니 너희는 그 기본 틀을 다 같이
가지고 있기 때문이며 같은 길을 가고
있기 때문에 그와 같은 역사를 할 수
있는 것이니라.
8 그러나 나의 성전에는 그 누구도 강론
할 수 없으며, 나의 성전에 와 누구도
나의 뜻을 전할 수 없는 것이 바로 나
의 성전이요, 나의 법전을 가지고 가
르치고 공부하는 그 제자들이 가야 할
길임을 알라.
9 나의 아들을 따르는 제자들이 공부하
는 이 성전에서는 이웃에 있는 그 누
구도 와서 강론할 수 없으며 역사를
할 수 없는 것이 나의 성전의 법도이
니라.
10 그들은 너희와 기본의 틀이 다르며 생
각이 다르며 가는 길이 달라서 그 누
구도 와서 너희에게 협조하며 너희
집단을 도와줄 수 없느니라.
11 종교 집단이 서로 맞물려 얽히고설켜
서로 저희가 받은 것만큼 갚아 주며
서로의 교회의 단상에 서서 강론하며
그 교회의 어렵고 힘든 점을 간접적으
로 신도들에게 압력을 주며, 그 신도
들에게 그를 강요하는 행위를 하는 그
와 같은 것이 오늘의 종교 집단이요,
지도자 너희가 흘러가는 형태이니라.
12 그러나 나의 성전에는 그 누구도 강론
할 수 없는 것이 그들과의 차이임을
너희는 알아야 할 것이니라.
13 이는 너희가 서로 협력하고 협조하여
구하며 그리고 설교하고 강론하며 그
와 같은 역사를 할 수 있으며 그 수고
한 자에게 수고비를 지급해 주며 너
희는 그 이상을 거둬들이고 얻으며 그
와 같이 서로 협력하면서 살아가는 것
이니라.
14 그러나 나의 성전에는 그 누구도 대신
하여 임할 수가 없으며 역사할 수 없
는 것이 나의 법전의 강론임을 너희
는 알아야 할 것이니라.
15 이는 나 여호와가 직접 내린 것이기에
그를 또 나에게 받은 자만이 말을 할
수 있으며, 수시로 그에게 내가 내림

이니, 나의 뜻을 받으며 나의 성령을
받을 수 있는 자만 나의 성전의 강단
에 서서 강론을 할 수 있는 것이요,
16 그 누구도 나의 아들을 대신해서 할
수 없으며, 시간이 비워져도 그 누구
도 나의 성전에 와서 강론할 수 없는
것이, 그것이 다른 점임을 너희는 알
아야 할 것이니라.
17 다만, 나의 성전에서 단상에 설 수 있
는 것은, 나의 아들의 제자들이요, 그
리고 나의 아들이 인정하는 그와 같은
제자만 성전의 단상에서 강론할 수
있으며 내 뜻을 전할 수 있는 것이니,
그 외에는 그 누구도 나의 성전에서
강론할 수 없는 것이니라.
18 그것이 바로 무엇이더냐?
19 수천 년 동안 흘러온 종교 집단이요,
지도자들이 가는 방향과 그들의 기본
의 자세와 그들이 가는 것이 진정한
참진리가 아니요, 비진리의 역사를 강
론하며 그들이 가르치기에,
20 그 비진리를 가지고 나의 성전이요,
그 강단에 와 설 수 없는 것이니라.
21 정녕 너희가 아무리 지도자라 해도
지도자로서 설 수 없기 때문에, 지도
자가 설 수 있는 그 강단에 설 수 없는
것이 바로 나의 성전에 임하는 것이며,
22 나의 성전에 와 강론을 듣는 내가 사
랑하는 선택된 백성 앞에 그 누구도
강론할 수 없는 것이 너희라는 것을
잊어서는 아니 될 것이니라.
23 모두 다르기 때문이니라.
24 나 여호와가 원하는 것이 아니요, 내
가 역사하고자 하는 것이 아니요, 그
모두를 벗어난 자들이기 때문에 나의
성전에서 강론에 임할 수 없다는 것을
알아야 할 것이니라.
25 나의 성전에서 강론할 수 있는 것은
자격을 갖춘 백성이기 때문이니, 그는
바로 나의 아들의 제자들이요, 그리고
내가 선택하여 나의 법전을 읽고 깨우
친 백성 그 외에는 그 누구도 설 수 없
는 것이니라.
26 그러니 나의 성전의 강단에 설 수 있
는 것은 이 세상의 어떠한 백성도 자
격을 갖춘 자가 없음이니라.
27 나의 참진리의 뜻과는 그들이 정반대
의 길이요, 나의 뜻을 거역하며 가는
자들이기 때문에 그러니라.
28 그러니 이제 사랑하는 나의 아들 너는
네 선에서 모두 행해져야 하며 모두
역사해야 하며, 그 누구도 강단에 설
수 없다는 것을 너는 명심하여 행하도
록 그리해야 할 것이니라.
29 다만, 그 자리에 설 수 있는 것은 너를
따르는 제자들이요, 나의 법전을 읽고
깨우친 백성, 내가 선택하고 내가 명
하는 자 외에는 누구도 할 수 없으니,
30 그것이 일반 종교 집단의 교회요, 성
당이요, 회막이요, 그와 같은 곳에서
이루어지는 것과 그 차이는 하늘과 땅
의 차이임이니라.
31 나의 성전에서 나의 아들을 통하여 내
가 직접 내리는 강론은 나 여호와의
뜻이요, 이 사람 저 사람 강단에 세워
강론을 시키며 너희 뜻을 간접적으로
전하는 그와 같은 행위를 할 수 있는
자는 똑같은 한 무리이기 때문이니,
32 그 무리와 나의 아들이 가는 그 길은
하늘과 땅의 차이이니, 참진리와 비진

리의 길의 그 차이니라.

7,597 번째 하나님 말씀

2003년 9월 20일 23시 26분

1 사랑하는 나의 아들아!
2 "네, 아버님! 말씀하옵소서."
3 내가 나의 법전에 기록하여 너에게 전
하기를, 아브라함이 이삭을 나에게 바
친 것이 무엇이라 말하였느냐?
4 아브라함은 나 여호와로부터 모든 것
을 받은 것이며 그 자식 또한 나로부
터 받은 것이요, 나의 은혜 속에 얻은
것이니 그건 곧 무엇이더냐?
5 주인에게 돌려주어도 하나도 아까움
이 없으며 아쉬움이 없는 그와 같은
마음으로 나 여호와로 받은 그 은혜이
기에,
6 원하는 주인에게 돌려줄 수 있는 그와
같은 마음이요, 순종하는 것으로써 그
가 나에게 그 역사를 이루고자 하였음
이니, 그것이 믿음의 소중함이라 그리
말하였으나,
7 그러나 너희는 여기서 또한 깨우쳐
가야 할 것이니라.
8 아브라함 자신이 그와 같이 자식을 나
에게 바치는 그 역사를 할 수 있었던
것은 무엇이더냐?
9 아브라함은 자식도 그가 소유한 모든
것은 다 아브라함 자신 것이 아니요,
나 여호와 하나님의 것이라는 것을 알
고 있으며 그리 믿는 자이니라.
10 그러니 자식을 내놓을 수 있는 자가
무엇인들 내놓지 못하겠는가?
11 그가 모두를 다 내놓을 수 있는 것은
무엇인 줄 알겠느냐?
12 이 세상에 자신이 소유하는 그 모두
는 다 나 여호와의 것이라 그는 그리
알고 있으며,
13 지금의 종교 집단이요, 지도자들처럼
말로써는 나 여호와요, 나의 뜻이라
말하면서 거역하고 역행하는 그와 같
은 행위를 하는 것이 아니라,
14 오로지 모두는 다 나의 것이라 말하
는 그것을 아브라함은 그대로 지키고
행했음이니,
15 그의 믿음이라는 것을 나의 아들을 따
르는 제자들이요, 나의 법전을 읽고
깨우친 백성 너희는 그 누가 뭐라 해
도 아브라함이 나에게 '내가 소유하는
모두는 당신 것입니다.' 하듯이 그리
시인하며,
16 그걸 내가 필요로 할 때 너희가 나에
게 모두를 그저 순순히 돌려줄 수 있
으며 아쉬운 마음을 갖지 아니할 수
있는 그와 같은 마음 자세로써 다스려
나가야 하는 것이 나 여호와의 뜻에
순종하는 길이라는 것을 잊어서는 아
니 될 것이니라.
17 지금의 종교 지도자 자신이 저희가
가진 그 모두를 나 여호와에게 바칠
수 있다고 말하느니라.
18 그러나 그들은 행함이 없으며 그리 절
대 할 수 없는 것이 오늘의 믿음의 길
을 가는 백성이니라.
19 그러면서 그들이 나로부터 구원을 받
으며 하늘에 오르고자 하는 그것은 저
희가 지금 꿈속에서 헤매는 것임을
너희는 알아야 할 것이니라.
20 너희가 꿈속에서 보았던 그 떡을 지금

먹으려 하며 그걸 찾으려 하는 그와 같은 어리석은 백성의 행위라는 것을 절대 잊어서는 아니 될 것이니라.
21 '모든 것은 창조주 하나님의 것입니다, 아버님의 것입니다.' 그리 말하는 자, 너희가 정녕 그걸 행동으로써 옮기며 실천할 수 있는가?
22 실천할 수 없으며 그리 행할 수 없는 것이 너희이니, 그것이 너희의 오늘의 그 믿음이 잘못된 가장 중요한 악습임을 잊어서는 아니 될 것이니라.
23 말로써는 모두를 다 바친다 하나, 직접 행동으로 할 때는 행하지 못하는 것이 너희이니라.
24 아브라함이 이삭을 바치는 것도 실천하여 행함이 근본이요, 그가 그리 행하고 실천하는 것은 무엇이더냐?
25 행함이 중요하기 때문이니라.
26 그 행함이 중요한 것을, 너희는 중요한 것이 아니요, 그래서 인간이 사는 삶에서 죄를 짓는 그 자체도 죄가 아니며,
27 나 여호와가 모두를 다 용서했으니, 그 죄를 빌고 비는 것 자체도, 그리고 회개하는 것도 너희가 나 여호와를 능멸하는 것이며 나의 아들 예수를 욕되게 하는 것이라 가르치는 종교 지도자들 속에서, 너희가 어찌하여 하늘에 오르는 그 진리를 보겠는가?
28 썩고 썩었어도 너무 썩어져 있으며, 사탄의 자식으로서 된 것도 너희는 완벽한 사탄의 자식으로서 지금 역사한다는 것을 절대 잊지 말라.

7,598 번째 하나님 말씀

2003년 9월 20일 23시 33분

1 사랑하는 나의 아들아!
2 "네, 아버님! 말씀하옵소서."
3 너희는 창조주 나 여호와가 전지전능한 하나님이라 그리 말하느니라.
4 전지전능한 나 여호와가 너희에게 모든 재물을 미리 준 것이니라.
5 내가 너희에게 이 세상에서 쓰고 먹고 살 수 있는 그 모든 재물은 내려 주었음이니,
6 이는 전지전능한 나 여호와가 사랑하는 너희가 무엇이 필요한지 미리 알았기에 너희가 꼭 필요한 것을 내가 너희에게 내려 주었음이니라.
7 그러나 너희가 나에게 재물을 바치려 하는 그와 같은 행위는 정녕 내가 너희에게 쓰도록 미리 내려 준 것이니, 그 재물을 다시 나에게 바치는 행위를 하지 말라 하였으며 그것이 잘못된 행위라 하였음이니라.
8 그리하여 종교 집단이요, 지도자에게 재물을 바치는 그 행위는 나와는 관계가 없으며, 너희가 나를 볼 수 있는 그 길에 도움이 되는 것이 아니며, 그와 같은 행위는 나와 아무런 관계도 없다는 것을 내가 수없이 기록하였으니, 너희는 그를 알고 행해야 할 것이니라.
9 이제 그와 같이 나의 이름을 팔아 사기극을 하는 자들에게, 그 사기극의 연출에 너희가 출연해서는 아니 된다는 것을 알라.
10 그 각본에 놀아나는 너희가 되어서는

아니 된다는 것을 명심해야 할 것이
니라.
11 너희가 가진 그 재물을 나에게 바쳐
야 한다는 것, 그리고 그것이 은혜를
받는다는 그와 같은 허황된 말에 너
희가 더 이상 그 사기극에 출연해서
는 아니 됨을 내가 다시 한 번 강조하
니 그리 알라.
12 나 여호와가 너희를 사랑하여 미리
준 것이기 때문에 바쳐서는 아니 되며
내가 받을 이유가 없음이니라.
13 나 여호와가 육의 세상에 내려가 너희
가 살 수 있도록 60점이라는 그 점수
안에 그 모두를 너희가 소유할 수 있
도록, 노력하면 얻을 수 있도록 그 모
두를 주었거늘, 어찌하여 그것을 내가
다시 거둬들인다 하느냐?
14 그러니 내가 사랑하는 너희에게 내려
준 것을 내가 다시 거둬들일 일이 없
음이니, 그리하여 받아들이는 자가 사
탄이요, 악마의 자식이요, 너희에게
지금 사기극을 연출시키고 있음이니,
15 그 대본을 받아 네가 연출자가 되어
서는 아니 될 것이니 그리 알라.
16 60점 안에 살아갈 수 있도록 모두를
주면서 또한 내가 무엇을 주었느냐?
17 그 모두를 결정할 수 있는 너희 개인
의 자유의지를 갖추고 세상에 나가도
록 만들어 보냈음이니라.
18 모든 것을 너희의 자유의사로 결정하
고 행하는 그와 같은 권한 또한 내가
너희에게 주었음이니 그를 잊어서는
아니 될 것이니라.
19 너희가 성령이 임하는 백성으로서 사
는 것, 그리고 성령을 거역하고 살아
지옥에 가는 것은 너희 자신에게 속한
것이니라.
20 나 여호와의 의지대로 내 마음대로 결
정하며 너희가 구원을 받고 못 받는
것, 거듭나고 나지 못하는 것을 나 여
호와가 임의대로 행하지 않는다는 것
을 알라.
21 모두는 너희 자유의사로 역사함이니
라.
22 너희가 인간의 생각과 인간의 의지대
로 살아가고자 하며 그와 같은 삶으로
써 삶을 살고 그를 마치고 나에게 와
심판을 받는 것, 나 여호와의 성령의
뜻대로 사는 것, 그 모두가 너희 자유
의사이며,
23 나 여호와가 너희에게 강요하지 아니
하며 내가 그걸 너희에게 압력을 행
사하지 않는다는 것을 알라.
24 이와 같은 믿음을 너희는 믿어야 할
것이니라.
25 다만, 내가 너희를 사랑하기에 내가
너희에게 모두 균등한 기회를 주려고
나의 법전을 내려보내어 세상 속에서
참진리를 깨우치도록, 너희가 참진리
의 길을 보도록, 그리고 하늘에 오르
는 그 찬란한 빛을 보도록 나의 법전
을 세상에 내려보내어 지금 심고 있음
을 너희는 알아야 할 것이니라.
26 너희를 사랑하기에 나의 법전으로써
하늘에 오르는 그 길을 보고 깨우칠
수 있도록 내가 지금 나의 아들을 따
르는 제자들이요, 나의 법전을 읽고
깨우친 그 백성으로 하여금 나의 법
전을 세상에 심는 그 역사를 하고 있
음이니라.

27 그래서 법전이 내려감이니, 너희는 그
걸 획득하여 너희 스스로 자유의사에
따라서 그 길을 가고 안 가는 것 또한
너희에게 내가 모두 준 권한임을 너
희는 알아야 할 것이니라.
28 다만, 내가 너희에게 하늘에 오르는
길이요, 깨달을 그 기회를 주며 너희
에게 선택의 도움이 되게 하려고 내가
나의 아들을 통하여 160권의 법전을
세상에 내려보내는 그 역사가 오늘 이
시간에도 이루어지는 것을 알라.
29 이는 내가 너희를 사랑함이요, 너희가
나의 천국에 오기를 바라는 나 여호와
요, 항상 천국의 문 앞에 내가 너희가
오기를 기다리는 나 여호와임을 알라.

7,599 번째 하나님 말씀

2003년 9월 20일 23시 39분

1 사랑하는 나의 아들아!
2 "네, 아버님! 말씀하옵소서."
3 사랑하는 너를 따르는 그 제자요, 나
의 법전을 읽고 깨우친 백성 너희는
알아야 할 것이니라.
4 지금의 수천 년 동안 흘러오는 그 많
은 백성이 신앙생활이요, 믿음의 생활
이요, 그들이 하는 그 길이 무엇이더
냐?
5 그들은 어떠한 것을 위하여 그와 같이
역사하며 오늘의 그 믿음 속에서 헤어
나지 못하고 있는지 알겠는가?
6 그들은 진정한 나의 양식을 먹기 위함
이니라.
7 저희가 지금 손으로 지은 죄의 온상인
교회요, 성당이요, 성막이요, 회당에
가서 울고불고하는 것이 무엇이더냐?
8 진정한 나로부터 내리는 참진리의 나
의 양식을 저희가 먹기 위함이니라.
9 참진리요, 나 여호와의 생명의 가르침
이요, 그 양식을 먹고 살고자 믿음의
길을 가고 있으며 신앙의 길에 지금
젖어들어 지금 몸부림치는 것이 아니
더냐?
10 바로 너희는 그를 위하여 오늘의 그
믿음의 길을 가는 것이니라.
11 그러나 너희가 죽고 사는 것, 구원의
역사와 다시 오고 태어남이요, 너희가
다시 인생의 삶보다도 상상할 수 없는
천국의 하늘나라에서 다시 태어나 살
수 있는 것, 그 모두는 나 여호와의 성
령으로써 역사한다는 것, 그것이 진정
한 양식임을 너희는 알아야 할 것이
니라.
12 나 여호와의 성령이 너희가 말하는 아
버지의 말씀이요, 아버지의 뜻이요,
아버지의 성령이요, 진정한 참진리의
나 여호와의 성령을 너희가 먹고살아
야 하며 그를 먹고살려고 오늘의 그
믿음의 길을 가는 것이 아니더냐?
13 그러나 너희가 먹고사는 그 양식이 과
연 어떠한 양식이며 그 양식은 정말
확실한 것인가를 확인하고 두드려보
지 아니해서는 아니 될 것이니라.
14 그리하여 너희가 두드려보고 확인한
다음에 정녕 먹을 수 있는 양식인지
아닌지를 구분해야 할 것이니,
15 너희가 먹을 수 있는 양식은 나 여호
와의 참진리요, 먹어서 안 되는 양식
은 비진리요, 사탄의 뜻을 너희가 흡
수해서는 지옥으로 감이니 죽음이니

라.
16 나의 백성이 죽고 사는 것은 어떠한
양식이냐 하는 것이 중요함이니, 이를
나의 피조물 만백성들에게 너희는 깨
우쳐 주어야 함을 잊지 말라.
17 지금은 참진리요, 양식을 공급할 종교
집단이요, 지도자들이 없음이니라.
18 그들은 먹어서는 아니 되는 그 양식을
나의 사랑하는 피조물 만백성들에게
공급하며,
19 그리하여 그것이 진정한 양식이라 하
여 그걸 받아들이는 백성은 지옥을
감이니, 그 세월이 2천 년이라는 길고
긴 육의 세상에서 흘러왔음이니라.
20 그러니 내가 이를 바로잡고자 하며 진
정한 참진리요, 너희가 먹고 다시 태
어나는 진정한 양식을 내가 너희에게
공급하고자 함이니, 다른 길이 없음이
니라.
21 그리하여 오늘에 나의 아들을 통하여
160권을 만들어 세상에 전함이니,
22 이를 만들고 역사하는 너희야말로 모
든 나의 사랑하는 백성에게 진정한
양식을 먹이려고 지금 밥을 짓는 것
이며 떡을 짓고 있다는 것을 잊어서
는 아니 될 것이니라.
23 진정한 나의 양식을 전하고자 너희가
참된 마음으로써 살아갈 때 만백성이
먹을 수 있는 밥이요, 떡은 잘 익을 것
이며 잘 이루어질 것이니라.
24 너희가 바로 서지 못하며 진정한 마
음으로 아니 했을 때, 너희는 진정한
양식을 만들 수 없으며, 그 양식을 만
백성에게 전할 수 없음이니라.
25 먹어서는 안 되는 양식을 전하는 너희
가 되어서는 아니 될 것이니 이를 명
심하고 또 명심하도록 그리하라.

7,600 번째 하나님 말씀

2003년 9월 21일 08시 34분

1 사랑하는 나의 아들아!
2 "네, 아버님! 말씀하옵소서."
3 이 세상에 참진리요, 나 여호와의 뜻
은 가장 쉬우면서도 어려운 것이요,
또 어려우면서도 가장 쉬운 것이 나
여호와의 진리요, 나의 뜻에 따라 그
를 알고 깨우치는 백성이 겪어야 할
길이라는 것을 알아야 할 것이니라.
4 지금 나의 사랑하는 백성을 위하여
쉽고 간단하게 알아들을 수 있도록 모
든 나의 성령을 풀어 너희에게 전함이
니라.
5 그러나 이를 접하는 백성이 나로부터
선택된 백성이요, 마음을 비운 자요,
천사와 같은 자는 이를 보고 알아들을
수 있으며, 벌이 꿀을 만난 것과 같은
행복함을 느낄 수 있으나,
6 선택되지 아니한 백성이요, 이 길에
내가 역사하지 않는 백성은 아무리 그
가 지식이 있는 자요, 아무리 성서 공
부를 많이 한 자요, 종교 지도자라 해
도 나의 법전을 읽고 그걸 전혀 알 수
가 없는 것이니라.
7 캄캄한 밤을 헤매듯이 알 수 없는 것
이 나의 법전임을 알아야 할 것이니라.
8 그리하여 성경도 그러하니라.
9 너희가 읽고 깨우쳐 그 내용이 간단한
것 같으나, 정녕 마음이 열리지 아니
한 자요, 성령의 눈이 뜨이지 아니한

자는 그걸 알 수가 없기 때문에 그 비
유의 뜻을 알 수 없으니, 또한 캄캄한
밤길을 가는 것과 마찬가지니라.
10 그러니 너희는 여기서 알아야 할 것
이니라.
11 나의 법전을 읽고 깨우쳐 너를 찾아오
는 자, 너희를 찾는 자, 그들이 다 소
중한 자들이라는 것을 알아야 할 것
이니라.
12 그들은 성령의 눈이 뜨여 있으며 영
의 눈이 뜨여 있는 자들이니라.
13 그리하여 내가 그들이 소중하다 함이
니, 너희 또한 그러하지 아니하던가?
14 모든 백성이 이단이요, 사탄이라 하여
감히 두려워하고 겁을 먹는 나의 법전
을 너희가 가슴에 안고 이는 나 여호
와의 뜻이라 믿는 자, 그리고 나의 성
령이라는 것을 믿는 너희는 바로 무
엇인 줄 알겠느냐?
15 너희는 영안이 열려 있는 자요, 눈이
뜨여 있는 자들이며, 또한 너희의 그
마음이 남들과 다른 점이 거기 있음이
니라.
16 그러니 내가 너희는 나로부터 일찍이
선택된 백성이요, 소중하다 하였음이
니라.
17 그리하여 나의 법전을 내릴 때 너희가
그저 간단한 것 같으며 내용이 없는
것 같으며 모두가 다 쉬운 것 같으나,
18 정녕 나로부터 선택된 백성이요, 성령
의 마음이 열리지 아니하고 눈이 뜨이
지 아니한 자는 그 내용을 알 수 없으
며 그 의미를 알 수 없는 것이니라.
19 그리하여 법전을 읽고 또 읽으라 함이
거기에 있다는 것을 너희는 알아야
할 것이니라.
20 나의 법전을 나의 성령이라 생각하며
그걸 접하고 읽을 때 너희는 거기에
있는 위대한 뜻을 알 수 있으며, 내가
원하는 것이 무엇인가를 알 수 있으
며, 내가 역사하는 것이 무엇인가를
거기에서 깨달을 것이니라.
21 그러니 나의 법전은 너희가 평생 읽
고 또 읽을 때마다 다른 생각이요, 다
른 깨달음이요, 다른 역사함이 거기에
있는 것이니, 그리하여 나의 성령이
요, 나의 뜻이라는 것을 너희는 알아
야 할 것이니라.
22 그러니 너희를 찾아오는 자, 나의 법
전을 읽고 깨달아 오는 자, 그들을 너
희 형제처럼 너희 자신처럼 그리 사랑
하고 반겨 받아 주지 아니하면 아니
됨을 알아야 할 것이니라.
23 그 모두는 다 나름대로 그들이 깨달음
이 있으며 마음이 비어 있으며 그리고
나의 뜻을 알아볼 수 있는 자들이요,
들을 수 있는 자들이니라.
24 그러니 그들을 너희가 사랑하고 아끼
는 것은 당연함을 알아야 할 것이니
그리 행하도록 전하라.

7,601 번째 하나님 말씀

2003년 9월 21일 08시 41분

1 사랑하는 나의 아들아!
2 **"네, 아버님! 말씀하옵소서."**
3 이제 너의 제자들은 알아야 할 것이
며, 너희는 세상의 이치의 그 진리를
알아야 할 것이며, 어떠한 것이 진정
한 참진리의 길이요, 나의 뜻을 역사

하는지 알아야 할 것이니라.
4 지금 나로부터 너희가 생명의 은혜를
받았다는 것, 그 자체 하나만이라도
깊이 깨닫고 느끼는 백성이라면 너희
는 그 은혜에 대한 보답으로써 너희
의 그 모두를 다 바칠 수 있는 그와 같
은 마음 자세가 되어 있어야 하는 것
이니라.
5 제 재산과 생명과 그리고 너희의 그
모든 명예까지도 나 여호와에게 바칠
수 있으며 내놓을 수 있는 그와 같은
마음 자세로써 살아가야 하며,
6 모든 종교 집단이요, 믿음의 길을 가
는 백성은 그와 같은 마음 자세로 살
아가야 하는 것이 기본이며 근본임을
알아야 할 것이니라.
7 그러나 지금의 모든 종교 지도자들이
지금까지 이루어 놓은 그 교회요, 그
리고 저희가 소유한 그 모두요, 제 생
명이요, 제 소유의 이름으로 되어 있
는 그 모두를 과연 나 여호와를 위하
여 내놓을 수 있고 바칠 수 있는가?
8 그들은 그와 같이 말을 하나 그들의
마음 자세는 그리 다스려지지 아니하
였음이니라.
9 그러니 그들이 가는 길이 진정한 믿음
이요, 나 여호와의 뜻이요, 나의 은혜
요, 그리고 믿음의 길을 가는 그 백성
이요, 세상에 존재하는 백성이 어찌
살아가며 어찌 행해야 하는지 그 자
체도 그들이 알지 못함이니라.
10 너희가 나로부터 생명을 받아 세상에
나간 그 은혜 하나로써 너희가 소유
한 모든 것을 나에게 다 바친다 해도
너희는 나의 은혜에 보답하지 못하고
사는 백성이라는 그와 같은 마음 자세
로 살아가야 할 것이며,
11 더욱이 만백성을 깨우치고 가르치는
종교 지도자는 그를 행동으로 실천하
고 옮길 수 있는 그와 같은 마음 자세
가 되어 있어야 하는 것이니라.
12 바로 아브라함이 이삭을 바쳤듯이 하
면 무엇을 바치지 못하겠는가?
13 그것이 믿음의 길을 가는 백성이 행
해야 하는 길이라는 것을 너희는 알
아야 할 것이니라.
14 아니면 너희는 진정한 믿음의 길을 가
는 자가 아니며 진정한 목회자로서 행
하는 자가 아니라는 것을 알아야 할
것이니라.
15 지금의 모든 종교 집단과 지도자들이
나의 성령을 역사하는 것이 아니라는
뜻이 여기에 있음이니,
16 저희가 나에게 받은 은혜로써 또한
너희가 이 세상의 모든 것은 나의 것
을 빌려 쓰는 것이며 나의 소유를 관
리한다는 그와 같은 마음 자세요, 굳
건한 믿음이 없으며 그를 위하여 저희
가 어떠한 행동도 할 수 있다는 그와
같은 준비의 자세가 되어 있는 백성이
없으며 지도자가 없음이니라.
17 나로부터 성령이 역사하지 않아도, 내
가 너희를 기억하지 아니하여도, 내가
너희에게 특별한 은혜를 내려 주지 아
니한다 해도, 인간 세상에 살아가면서
너희가 인간의 기업이 성장하듯이, 너
희 종교 집단과 그 종파들이 기업처럼
성장하듯이 너희 머리에서 성장할 수
있으며 이끌어 갈 수 있으며 변화될
수 있는 것이니라.

18 지금 바로 인간사의 기업이 성장하듯
이 종교 집단이요, 종파들이 너희 생
각으로 이끌어 오늘의 이 현실에 왔다
는 것을 알라.
19 너희는 교회요, 성당이요, 회당을 이
끌어 갈 수 있으며, 그리고 지금까지
그와 같이 대집단이요, 물리적인 힘을
역사할 수 있으며, 인간의 지혜로써도
그리될 수 있다는 것을 너희는 알아
야 할 것이며,
20 오늘의 모든 종파가 나 여호와의 성령
으로써 임함이 아니요, 인간으로서 성
장했다는 것을 알아야 할 것이니라.
21 나 여호와에게 의지하지 않으며 너희
에게 성령을 부어 은혜를 내리지 아니
하고 내가 너희에게 기적의 역사를
이루지 아니한다 해도,
22 너희는 인간의 순수한 노력으로 너희
생각으로써 너희의 경험으로써 너희
지혜로써 기계적으로 인간의 의지로
이 교회요, 성당이요, 그 모두를 이끌
어 갈 수 있으며,
23 인간 기업의 형태로써 지금까지 갈 수
있는 것이 바로 그와 같은 역사 속에
서 이루어졌다는 것을 명심하고 명심
해야 할 것이니라.
24 너희 인간이 스스로 이끌어 갈 수 있
기 때문에 오늘의 이러한 현시대가 이
루어졌음이니라.
25 그것은 나 여호와의 은혜요, 성령의
역사로 이루어졌음이 아니요, 너희 인
간의 행함으로써 이루어졌다는 것을
알아야 할 것이니라.
26 모든 것이 나 여호와가 너희에게 기
름 부어 역사했다는 그 착각에서 벗
어나야 할 것이니라.
27 오로지 너희는 성령이요, 나의 뜻으로
나의 기름 부음으로 오늘날 이와 같
은 역사를 한 것이 아니요,
28 기계적인 인간의 생각이요, 인간의 사
업으로써 지금 모두가 이루어졌으니,
그게 나와 관계없는 것이요,
29 너희가 오늘에 이끌어 오는 종교 집단
이요, 종파라 함을 너희는 깊이 새겨
들어야 할 것이니 그리 알라.

7,602 번째 하나님 말씀

2003년 9월 21일 08시 48분

1 사랑하는 나의 아들아!
2 **"네, 아버님! 말씀하옵소서."**
3 많은 세월 동안에 종교 집단이요, 지
도자들이 설교하고 강론하며 그리고
나의 피조물 만백성을 이끌어 간다며
지금까지 흘러온 모든 행사요, 그 역
사함은 나에게 범죄하는 행위를 하고
있었음을 알아야 할 것이며,
4 나의 뜻을 거역하는 행위요, 너희가
범죄 행위를 나 여호와 앞에 행한 자
라는 것을 잊어서는 아니 될 것이니라.
5 내가 나의 아들을 통하여 나의 법전을
책으로 근거하여 너희에게 전함이니,
모든 종교 집단이요, 지도자 너희가
설교하고 강론한 그 행위는 나 여호와
에게 범죄 행위를 지금까지 몇천 년
동안 해왔다는 것을 너희는 오늘에
깨달아야 할 것이니라.
6 너희가 나의 백성에게 구원의 길이라
하며 설교하고 강론한 것은 모두 너
자신이 인간이 꾸며 내서 하는 행위요,

7 나의 백성을 홀리기 위한 특별한 말
투요, 특별한 행동이요, 온갖 몸짓을
다 써서 너희가 하는 그 설교의 내용
은 나 여호와의 성령의 뜻이 아니라,
8 인간인 너희가 생각하는 것, 네 행동
이요, 네 뜻을 전하고 역사한 것이니,
그리하여 너희가 오늘날까지 나 여호
와에게 범죄 행위를 하고 있었다는 것
을 알아야 할 것이니라.
9 나 여호와가 나의 백성을 깨우치고자
하는 것을 역행하는 자들이 너희이니,
인간인 너희 자신이 꾸며 내는 설교
요, 강론이요, 운영하는 그 교회부터
모두 그만두지 않으면 너희는 정녕
나로부터 구원을 받을 수 없으며 너희
가 나를 볼 수 없음이니라.
10 오늘에 너희가 교회를 꾸려 가는 것,
이끌어 가는 것, 설교하는 것, 운영하
는 것, 그 모든 형태를 다 바꾸지 아니
하면 아니 될 것이며, 그를 버리지 아
니하면 아니 됨을 알아야 할 것이니
라.
11 너희가 정녕 나 여호와의 뜻에 역사한
다면 나의 아들처럼 모두를 다 나 여
호와에게 맡겨야 하며, 내가 내리는
것을 그대로 전하는 그와 같은 가르침
으로만 역사할 수 있다는 것을 알아
야 할 것이니라.
12 너희는 설교요, 강론이요, 기도에 대
한 것을 준비하며 매일 그걸 만들려고
몸부림치는 것이며, 너희가 미리 준비
하여 그걸로 나의 피조물 만백성들에
게 강론하고 가르침이니 그게 바로 무
엇이더냐?
13 나로부터 명받은 자들이 아니니라.
14 너희 생각이요, 너희 뜻을 전하는 것
이니라.
15 나로부터 명을 받은 지도자요, 목자는
그렇지 아니하니라.
16 그는 내가 모두에게 명할 수 있는 것
을 내려 주며 강론할 때마다 내가 그
답을 내려 주며 나의 성령을 그에게
전함이니, 그는 그대로 행하는 자이니
라.
17 너희는 인간의 생각이요, 인간의 방법
으로써 하며, 너희가 학업을 하든 수
업을 하든 너희 종교 집단이요, 지도
자들이 그 몸부림을 치는 것은 그는
나로부터 선택된 백성이 아니요, 나로
부터 역사한 목자가 아니라는 것을
알라.
18 나로부터 역사한 목자는 그가 고민할
것이 없으며 걱정할 것이 없으며,
19 모든 설교요, 모든 은혜의 그 형태를
다 내가 직접 내리기 때문에 그는 언
제라도 당당히 강론할 수 있으며 만
백성에게 설법할 수 있는 것이니,
20 나의 아들 예수가 역사한 것이 그와
같은 방법이니라.
21 그가 책을 가지고 연필로 종이에 무엇
을 써서 다니면서 너희에게 강론하고
너희에게 교육한 것이 아님이니라.
22 너희는 그와 같은 준비를 해서 단상
에 서는 것이나,
23 나의 아들은 천 번이고 만 번이고 어
떠한 형태든 그가 단상에 서서 만백성
에게 전하고자 할 때, 그는 잠을 자다
일어나든 여행을 하다 일어나든 어떠
하든, 그는 내가 그에게 성령을 내려
그때 거기에서 필요한 모든 내용을 직

접 내려보내어 그들에게 가르칠 수 있
음이니,
24 이것이 하늘과 땅의 차이보다도 더 멀
고 먼 거리가 있다는 것, 그리고 선택
된 목자와 선택되지 아니한 자의 차이
가 여기 있다는 것을 너희는 알아야
할 것이니라.
25 너희가 하는 설교의 방법이요, 교회를
운영하는 것은 모두 내 뜻과 관계가
없으며 내가 역사하지 않는 것이니,
26 너희가 정녕 하늘에 오르는 길이요,
나 여호와의 뜻에 부응하여 만백성을
구하는 자들이 되고자 하며 너희가
강론하는 그 모든 설교의 내용을 나
로부터 직접 받아 역사하고자 한다면,
27 지금 너희가 가진 것을 모두 다 모아
버려야 할 것이며 그것들을 버려야
할 것이니라.
28 그리하고 너희가 거듭나고 다시 세상
을 보지 아니하면 너희 눈이 열리지
아니함을 알아야 할 것이니라.
29 나 여호와가 너희를 불러 쓰도록 천
사와 같이 변화되는 백성이 되지 아니
하면 아니 될 것이니라.
30 너희가 천사와 같이 변하지 아니하면
내가 너희를 불러 쓰지 아니할 것이
며 내가 찾지 아니할 것임을 너희는
알아야 할 것이니라.
31 나 여호와가 너희를 선택했을 때 너
희는 그때부터 인간의 설교가 아니요,
인간의 가르침이 아니요, 인간의 교회
를 운영함이 아니요,
32 너희가 모든 백성을 구원하는 그 역
사가 인간인 너희 생각으로써 이루어
지는 것이 아니라, 나 여호와의 설교
가 된다는 것을 알아야 할 것이니라.
33 정녕 나로부터 선택된 백성은 인간의
설교가 아니라 나 여호와의 설교가 되
어야 한다는 것을 명심하도록 그리
전하고 깨우쳐 주라, 사랑하는 나의
아들딸들아!

7,603 번째 하나님 말씀

2003년 9월 21일 12시 17분

1 사랑하는 나의 아들아!
2 "네, 아버님! 말씀하옵소서."
3 너를 따르는 제자요, 그리고 나의 법
전을 읽고 깨우친 만백성 너희는 이
세상에 너희보다 더 소중하고 귀한 자
들이 없음이니, 이는 곧 너희가 나보
다 더 소중하다 말한다면 과연 너희는
알겠느냐?
4 오로지 나의 뜻이요, 나의 역사를 이
루는 것은 너희만을 통하여 이룰 수
있기 때문이니,
5 또한 너희가 나에게 그와 같이 소중
한 백성이라면 너희가 오늘의 그 역
사하는 그 모두가 얼마나 귀하고 소중
한 것인가를 알아야 할 것이니라.
6 나 여호와보다도 내가 너희를 더 사
랑하고 귀하다 생각하며 소중히 생각
한다면 과연 너희는 믿겠느냐?
7 내가 너희를 그리 생각하니 너희는
마음 자세를 고치고 살아야 할 것이
니라.
8 이제 내가 너희를 바꿀 수 없는 가장
소중한 나의 백성이라 말했듯이, 그와
같은 백성이 살아가는 자세는 이 세상
에 만백성들이 너희에게 무엇을 어찌

해 주었는가, 네 이웃이요, 네 형제가
너희에게 무엇을 어찌 해 주었느냐를
생각하지 말아야 할 것이며, 그와 같
은 생각을 가져서는 아니 될 것이니라.
9 네가 과연 네 형제요, 이웃을 위해서
무엇을 얼마나 역사했으며 네가 과연
얼마나 해 주었는가 그것만을 너희가
생각하며 너희 자신을 다스려 나가는
그와 같은 삶으로 사는 것이 지금 내
가 이 세상에 무엇과도 바꿀 수 없는
가장 소중한 나의 아들딸이요, 사랑하
고 행해야 할 자들이라는 것을 너희는
알아야 할 것이니라.
10 너희가 나에게 물었느니라.
11 과연 너희가 인생에서 지금 다시 태
어난 삶이니, 너희는 전생의 죄가 있
으며 그러니 너희가 깨끗하게 태어난
것은 과연 그것을 어찌 이해하고 생각
해야 하는가를 물었음이니, 그를 내가
나의 아들에게 답을 주었음이니라.
12 너희가 인간 세상에 살면서 꿈속에서
세상을 보며 꿈에서 깨어났을 때 너희
의 인생의 삶은 그대로 존재하며 변한
것이 하나도 없으며 오로지 꿈속에서
이루어진 것뿐이니,
13 그와 같이 전생의 삶은 너희가 꿈의
세상에서 깨어나 그것이 현실로 연결
되는 그와 같은 생각의 마음을 가지고
살라.
14 그것이 곧바로 무엇이더냐?
15 너희는 연장선상에서 살아가는 삶이
라는 것을 알라.
16 너희가 꿈을 꾸고 난 다음에 지워지면
아무것도 아니나, 전생의 삶은 꿈의
그 삶이 현실로 연결되고 현실로써 존
재한다는 그와 같은 생각을 깨닫고 마
음을 다스려 깨우침을 얻는다면 너희
스스로 답을 알 수 있을 것이니 그리
알라.
17 그리고 내가 나의 아들을 통하여 말하
였느니라.
18 너희가 나 여호와가 존재함을 믿는 것
이며 내가 역사하는 것을 믿는 그것
이 가장 소중한 마음 자세요, 너희가
모두를 역사할 수 있다 하였음이니,
19 지금 이 세상의 160권의 법전이요, 이
모두는 무엇이라 말하였느냐?
20 나의 성령을 태워서 세상에 내려보내
는 대역사요, 이것이 심판의 기준이라
하였음이니,
21 너희가 이 세상에 살아가면서 잘못하
고 잘하는 것을 다스리는 것은 무엇이
냐?
22 법전이라는 그 법의 테두리에서 그 책
을 근거로 해서 너희를 재판하며 벌로
다스리며 그 모두에 의하여 그 대가를
치르는 그 법전이 있지 않으냐?
23 내가 나의 이 새로운 성경을 뭐라 명
하였느냐?
24 곧 법전이라 하였음이니, 인간 세상의
법전이 아니요, 하늘의 법전이요, 하
늘의 뜻의 법전이니라.
25 그러니 이 법전에 기록된 것, 그 외에
는 정도가 아니며 참진리가 아니며
하늘에 오르는 길이 아니며 너희가
시시비비할 수 있는 것이 없음이니라.
26 오로지 인간 세상에서도 법전에 기록
되어 있는 그 앞에 가 재판하며 그 결
과를 말하듯이, 내가 나의 법전이라
명한 것이 바로 거기에 있음이니라.

27 나의 법전에 기록되지 아니한 것, 거
기에 위배되는 것, 그 모두는 나의 뜻
이 아니며 너희가 역사해서는 아니
된다는 것을 믿어야 할 것이니 그리
알라, 사랑하는 나의 아들딸들아!

7,604 번째 하나님 말씀

2003년 9월 21일 23시 44분

1 사랑하는 나의 아들아!
2 "네, 아버님! 말씀하옵소서."
3 너희가 하늘에 오르는 길이요, 구원의
길이요, 그 모두는 바로 너희가 살아
가는 가장 중요한 목적이며, 너희가
모두를 다 거기에 걸고 살아가는 나의
백성이지 아니하던가?
4 그러니 그와 같은 백성 너희가 평생
을 믿음이라는 곳에 와 너희가 울고
불며 찬송하고 기도하며 너희가 시간
과 재물이요, 그 모두를 다 바쳐 구원
의 길을 가고자 하는 것이 너희이니
라.
5 그러나 내가 너희에게 뭐라 말하였더
냐?
6 오늘의 종교 집단이요, 지도자의 그
길이 나의 뜻과 관계없음이니, 너희는
나의 아들을 통하여 내리는 이 160권
의 법전을 읽고 깨우쳐 하늘에 오르는
길을 보며 구원을 받으라 그리하였음
이니라.
7 그러나 평생 구원을 받는다 하며 시
간과 재물을 다 바쳐 지옥으로 가는
길을 가는 것이 너희라 하였거늘, 정
녕 지옥으로 가는 길이 아니요, 하늘
에 오르는 그 길이라 할지라도 내가
나의 법전을 읽고 깨우치는 자, 정녕
구원의 길을 볼 수 있다 하였음이니,
8 너희가 나의 법전을 읽으려고 단 몇
년이요, 몇 달이요, 며칠을 과연 바칠
수 있는가?
9 그와 같이 쓸 수 있는 그 마음의 여유
요, 생각조차도 하지 못하는 백성이
니, 너희가 얼마나 어리석고 가련한
백성이던가?
10 평생을 구원을 받는다 하여 몸부림치
며 그 길을 가면서도, 내가 단 1 년이
요, 몇 개월이요, 그동안에 나의 법전
을 읽고 깨우치면 너희가 하늘에 오
르는 길이요, 그 참진리의 길을 알 수
있다고 말하였거늘,
11 너희가 이를 보지 아니하려 하며 이
길을 선택하지 않으려는 것이 어리석
은 나의 백성 너희임을 알아야 할 것
이니라.
12 너희는 알아야 할 것이니라.
13 성서에도 내가 미리 너희에게 일깨워
전함이 있음이니라.
14 너희가 어떤 종교 집단이요, 지도자
요, 특별한 사람으로서 역사하는 것이
아니요,
15 오로지 나의 율법이요, 나의 계명대로
살아가고자 노력하며 사는 자는 나로
부터 상을 받을 것이며 그를 행하지
아니하는 자는 상을 받을 수 없다고
내가 너희에게 일찍 깨우치고 기록하
여 전했음이니라.
16 그러니 너희는 어찌하여 그와 같은 뜻
을 읽고 깨우치면서도 믿음의 길을 가
는 것은 스스로 자신이 가는 길이요,
자신이 선택해서 가는 길이요, 누구나

나의 율법이요, 십계명대로 지키고 사
는 것, 그를 행하며 사는 것이 곧 나로
부터 은혜를 받을 자요,
17 그를 작은 것이라 해도 지키지 아니하
는 자는 나로부터 은혜를 받을 수 없
는 것이라 내가 미리 다 기록하여 전
하여 너희에게 깨우쳐 주었거늘,
18 어찌하여 너희는 그와 같은 의미를
제대로 알지 못하며 그를 보려 하지
아니하는가?
19 이제 성서의 뜻을 알지 못하며 그 비
유의 뜻을 알지 못하는 백성 너희는
나의 법전 단 한 권을 정독해서 읽고
또 읽었을 때 그 모두를 볼 수 있는 영
의 눈이 열리는 것이거늘,
20 너희는 평생을 바치면서도 구원의 길
이 어떠한 길인지도 모르면서 어찌하
여 단 1년 미만의 짧은 시간을 바쳐도
모두를 다 알 수 있는 내가 너희를 사
랑하기에 마지막 내리는 나의 법전을
접하지 아니하며 들여다보지 아니하
는 그와 같은 어리석은 삶을 살고 있
는가?
21 너를 따르는 제자들이요, 나의 법전을
읽고 깨우친 만백성 너희는 그들에게
전해야 할 것이니라.
22 너희가 50년 동안이라는 그 긴 세월
을 구원받고자 몸부림치는 걸, 단 다
섯 시간만 이 법전을 읽는 데 한번 소
모시켜 보라.
23 그리해도 여기서 깨달음이 없거든 네
가 다섯 시간을 그저 잘못된 친구를
만나 헛된 시간을 보냈다 하여 네가
그를 이해할 수도 있을 것이거늘,
24 너희가 50년을 바치는 그 믿음의 생
활 속에서 단 다섯 시간을 바칠 수 없
겠는가?
25 다섯 시간 동안에 너희가 나의 법전
을 읽고 깨우쳐 거기에 깨달음이 없으
며 네가 느끼는 것이 없으면 네가 나
의 법전을 버리고 그 길로 가도 탓하
지 아니할 것이라 그리 말하라.
26 이제 너희 제자들은 알아야 할 것이
니라.
27 너희는 그와 같은 방법으로써 그들을
깨우쳐야 할 것이며, 그리고 너희가
나의 법전을 읽고 깨우친다면 너희 스
스로 그 속해 있던 종파에 들어가 그
들을 깨우치는 그와 같은 역사를 이룰
수 있을 때, 내가 너희를 탓하지 아니
할 것이며,
28 또한 명을 내려 너희가 그 역사를 이
루어야 한다는 것을, 너희는 그에 대
한 준비를 지금서부터 서서히 해 나가
도록 해야 할 것이니라.
29 나의 법전 열여섯 권이 끝난 다음에
내가 너희를 선별하여 너희가 믿었던
그 종파 속에 들여보낼 자, 그렇지 아
니하면 스스로 새로운 나의 성전을 이
끌어 갈 자, 그 모두에게 각자 명을 내
릴 것이니,
30 너희는 그때를 대비하여 만반의 준비
를 하는 오늘의 삶을 살아가도록 그리
하며, 그때 명을 받았을 때 당황하는
일이 없도록 그리 전하라.

7,605 번째 하나님 말씀

2003년 9월 21일 23시 49분

1 사랑하는 나의 아들아!

2 "네, 아버님! 말씀하옵소서."
3 너희는 나로부터 은혜를 받으며 나에
게 구원을 받으려고 그 길을 위하여
기도하며 경배하며 오늘의 삶을 살아
가는 것이니라.
4 그러나 너희는 나 여호와가 역사하는
것을 바라지 말며, 나의 모든 은혜와
은총이 너희에게 임하는 것을 원하고
바라는 그와 같은 기도요, 그와 같은
믿음의 길을 가지 말며,
5 이제 반대의 믿음의 길을 가야 할 것
이니라.
6 내가 나의 아들을 통하여 너희가 살
아가는 길이 팽이가 오른쪽으로 도는
것을 반대쪽으로 돌릴 수 있는 그와
같은 삶을 살지 아니하면 너희가 하
늘에 오르는 길이요, 그 뜻을 알 수 없
다는 그 의미를 알아야 할 것이니라.
7 너희는 나로부터 너희에게 성령의 은
혜로 모두 임하기를 바라며 너희에게
기름 붓는 그 역사를 원하지 말라.
8 다만, 너희가 내 품에 돌아오고자 하
는 그와 같은 마음이요, 그와 같은 생
각으로써 믿음의 길을 바꾸어야 할
것이니라.
9 나 여호와의 성령의 은혜요, 축복이
너희에게 임하기를 바라지 말고 너희
가 나의 품에 돌아오는 것, 내 품으로
돌아와 내 사랑 속에 너희가 들어올
수 있는 그와 같은 마음 자세요, 그와
같은 기도로써 변해야 함을 알아야
할 것이니라.
10 그것이 진정한 믿음의 길임을 알라.
11 나 여호와가 너희에게 해 주기를 바
라고 원하는 그와 같은 기도를 절대
하지 말라.
12 그는 내가 듣지도 아니함이니라.
13 나 여호와의 은혜는 이 세상을 다 덮
고 있으며 내 사랑이 이 세상을 공기
와 같이 산소와 같이 다 덮고 있으며
너희와 같이 있다 함을 알라.
14 나 여호와의 성령의 은혜로 기름 부음
이 너희에게 임하기를 바라는 것은
너희의 욕심이요, 그것은 앉아서 나로
부터 무엇인가를 받고 얻고 구하고자
하는 그와 같은 행위가 아니던가?
15 그러니 너희가 스스로 나 여호와의 품
이요, 내 사랑 속으로 찾아오는 그와
같은 삶으로 이제는 변해야 할 것이
며 그와 같은 믿음의 길로 전환해서
가도록 그리하라.
16 내가 불쌍한 너희에게 하늘에 오르는
길을 위하여 깨우치고 전해 줌을 알라.
17 너희는 종교 집단이나 개인이 역사하
고자 기도하며 소원하는 믿음이 잘못
되었다는 것을 알아야 할 것이니,
18 그와 같은 것을 안다면 이제 바로 나
의 법전을 읽고 깨우치는 그 순간부터
중단하며 새로운 믿음의 길로써 가지
아니하면 아니 됨을 알아야 할 것이
니라.
19 너희 자신의 욕심과 소망을 버리고
나 여호와의 역사에 동참하는 삶을
살아갈 때, 자연스럽게 너희에게 모두
역사함이요, 너희가 바라고 원하는 그
기도의 내용이 다 역사하고 이루어진
다는 것을 먼저 알아야 할 것이니라.
20 너희 스스로 너희 자신이 어떠한 형
태이며 너희가 어떠한 죄를 안고 있으
며, 너희가 얼마나 잘못된 자요, 너희

자신이 어떠한 형태인지를 모르면서
거기에 은혜의 기름을 부으며 성령의
기름을 부으며 축복을 바라고 가는 그
와 같은 기도를 하지 말라.
21 다만, 너희가 나의 품속에 오는 길을
보고 너희 스스로 찾아드는 그와 같
은 삶으로 변하도록 그리하라.
22 그렇지 아니하면 너희는 정녕 내 뜻
에 따라 내가 역사하는 백성으로서
너희 스스로 설 수 없다는 것을 알아
야 할 것이니라.
23 너희는 나 여호와가 역사함에 동참하
는 그 삶의 길을 보고 살도록 그리하
라.
24 나 여호와의 은혜 속에 내가 주관하는
그 속에 너희 자신이 찾아들며 너희
자신이 역사하도록 그리 노력하라.
25 나 여호와가 너희가 존재하는 거기에
임하는 그와 같은 길이요, 그와 같은
생각을 이 순간부터 반대로 잡고 반대
로 생각하고 살아가야 함을 알라.
26 내가 나의 아들을 통하여 너희를 깨
우치고자 함이니, 그리하여 너희에게
내리는 또 하나의 상임을 알라.

7,606 번째 하나님 말씀

2003년 9월 21일 23시 53분

1 사랑하는 나의 아들아!
2 "네, 아버님! 말씀하옵소서."
3 지금의 종교 집단과 지도자요, 그리고
구원을 받았다는 그 광신도의 백성
그들을 바라보기가 얼마나 내 가슴 아
프며, 딱한 백성이며 어리석은 백성인
줄 알겠느냐?
4 너희는 구원이요, 하늘에 오르는 그
길이 정녕 무엇인 줄 알겠느냐?
5 믿음의 길이요, 참신앙의 길이요, 진
정한 나 여호와의 뜻에 따라 살아가는
백성이라면 오늘의 종교 집단이 이 세
상에 존재하는 만백성들에게 대표적
인 모범이 된 나의 백성으로서 변화
되었으며, 그와 같은 삶을 살아야 할
것이며,
6 믿음의 길을 가는 백성 너희의 삶이
모범적이고 대표적인 삶을 살기에, 나
의 피조물 만백성들이 너희를 보고
그와 같은 삶을 살 수 있도록 따라가
며 노력하는 선망의 대상이요, 그와
같은 모범적인 사람으로서 존재하는
그것이 참진리요, 진정한 믿음이요,
진정한 신앙의 길을 가는 백성이니라.
7 그러나 그와 같이 너희가 모범이 된
사람으로서 칭송받지 못한 백성이라
면 너희는 진정한 믿음이요, 나의 뜻
에 의한 길을 가지 않는 백성이라는
것을 알라.
8 이제 나의 아들을 따르는 백성이요,
선택된 제자, 그리고 법전을 읽고 정
독하여 깨우쳐 무엇인가를 지금의 길
을 가는 자, 네 주변의 인간관계의 생
활 속에서 대표적이고 모범적인 백성
으로서 변화되지 못한다면 너희 또한
나의 백성이 아님을 너희 스스로 알
아야 할 것이니라.
9 이제 너희가 가슴 깊이 새겨야 할 것
이니라.
10 너희는 이 세상에 살아가면서 만백성
들에게 대표적인 모범적인 삶을 사는
백성이 아니라면, 너희는 나의 백성이

아니라는 이 무서운 뜻을 가슴 깊이
새겨,
11 너희가 대표적인 인간으로서 살아가
는 데 최선의 변화의 역사를 이루도록
그리하라.
12 그렇지 아니하면 아니 됨이니라.
13 나 여호와의 뜻에 의한 사랑과 실천함
에 증거가 됨은 너희가 변화되는 삶
이요, 자신이 바뀌는 삶이니, 그 모두
를 남들이 보고 깨우치는 그와 같은
변화로써 이루어짐을 알라.
14 남으로부터 귀한 사람의 대우를 받지
못하는 자, 남으로부터 존경받는 사람
이 되지 못하는 자, 남으로부터 인정
받지 못하는 사람이 되는 자, 남으로
부터 천사와 같은 사람이라는 말을 듣
지 못하는 자, 그리고 모두를 사랑으
로써 다스리는 사람이라고 인정받지
못하는 백성은 변화되는 것이 아니요,
거듭나는 것이 아님이니,
15 너희가 대표적인 모범 된 백성으로서
살지 못한다면 너희 또한 나로부터
선택된 백성이 아님을 알라.

7,607 번째 하나님 말씀

2003년 9월 21일 23시 57분

1 사랑하는 나의 아들아!
2 "네, 아버님! 말씀하옵소서."
3 지금의 믿음의 길을 가는 종교 집단들
이 복음 전파요, 그리고 선전 광고 등
그와 같은 방법으로써 나의 법전이요,
나의 성경을 보고 깨우치는 자, 그리
고 주변의 권유에 의하여 나의 성전을
찾는 백성,
4 그리고 수십 년 동안 믿음 속에서 모
두를 해 왔으나 이제는 그 믿음이 아
니요, 진정한 길을 찾고자 하는 그와
같은 마음을 가지고 오는 백성, 그 모
두가 다 변하고자 역사하는 그 마음을
가진 사람들이 있음이니라.
5 그러나 그 백성의 결속이요, 그 마음
보다는, 아무것도 모르며 정녕 부족함
이 있으며 깨달음이 없는 백성이라 해
도 그들이 나의 법전을 읽고 스스로
깨우쳐 나의 성전을 찾는 자, 나의 아
들을 찾아오는 자들이 그들의 마음보
다 더 강함을 너희는 알아야 할 것이
니라.
6 스스로 나의 법전을 읽고 정녕 이것이
나 여호와의 뜻이라 하여 굳건히 마음
을 갖고 스스로 깨달아서 나의 성전을
찾으며 나의 아들을 찾아오는 자들이
야말로 그들이 하나의 힘이 되었을 때
그 결속의 힘은 대단한 것이며, 그들
이 전사로서 그 능력을 더 발휘할 수
있다는 것을 알라.
7 늦게 온 자, 늦게 깨달았다 해도 저희
가 법전을 읽고 진정 깨달아서 오는
자는 마음 자세가 다름이니,
8 너희가 선전이요, 광고요, 이웃의 권
유에 의하여 법전을 읽고 깨우쳐 공부
하는 백성보다 그들의 마음이 더 굳어
지며, 그들이 늦게 출발했어도 앞에
갈 수 있는 백성이니, 그들을 잘 다스
리고 깨우쳐야 할 것이니라.
9 이는 그들이 영적인 눈이 뜨여진 자
요, 영적으로 볼 수 있는 그와 같은 믿
음의 경지에 이른 자들이 책을 보고
깨달으며, 나의 법전을 읽고 모두를

다 바치고자 하는 자들의 마음의 결속
이 무한한 힘을 발휘할 수 있다는 것
을 너는 알아야 할 것이니라.
10 선전 선동이요, 무슨 기대를 위해 무
슨 역사를 위하여 무엇인가를 이루고
자 하는 그와 같은 마음을 가지고 법
전을 공부하고 나의 성전을 찾는 자들
은 유사시에 무너지게 되어 있으며 모
래성과 같이 흩어지게 되어 있음을 알
라.
11 그러나 법전을 읽고 깨우치며, 정녕
나 여호와의 뜻이라 굳게 마음을 가진
자, 그리고 그 후에 모두를 다 바치고
자 하는 그 백성이 전사로서 역사할
것이니,
12 스스로 법전을 정독하고 읽고 깨우쳐
연구와 생각을 거듭한 다음에 모두를
다 바치려고 너를 찾는 자, 나의 성전
을 찾아오는 그 백성은 영적인 눈이
뜨인 자요, 거듭나기 시작한 자들이니,
13 그들이야말로 전사로서 모두를 다 역
사할 수 있는 굳은 결속력을 가지고
올 수 있다는 것을 너는 기억하도록
그리하라.

7,608 번째 하나님 말씀

2003년 9월 22일 0시 01분

1 사랑하는 나의 아들아!
2 "네, 아버님! 말씀하옵소서."
3 지금의 모든 종교 집단과 종파가 잘못
된 것은 너희가 진정한 진리를 가르치
지 아니하기 때문이라 내가 그리 말하
였음이니라.
4 진정한 참진리요, 나의 성령을 그대로
바로 가르치고 깨우친다면 오늘과 같
은 시대는 이루어지지 아니하였을 것
이니라.
5 지금의 모든 종교 집단이 잘못 가는
대표적인 예요, 그들은 인간 사업을
위하여 경쟁하는 자들이요, 먹이를 위
하여 사냥하는 자들과 같은 형국이 되
어 있기 때문이라 내가 말함이니라.
6 그들은 어찌하는가?
7 그저 먹이를 찾아 사냥하는 것처럼 사
람을 긁어모으기에 여념이 없으며, 사
람을 찾아 나서기 위해 경쟁하는 것
이 지금의 형국이요, 믿음의 집단이
가는 길이 아니던가?
8 같은 믿음의 길을 간다면서도 한 권의
성서를 가지고 같이 공부하며, 뜻을
같이 연구하고 또 설교하며, 그와 같
이 같은 뜻 속에서 같은 성경을 가지
고 교리를 공부하며 가르친다는 자들
이 과연 어떠한 마음을 가지고 가는가?
9 나 여호와가 너희에게 말하기를, '나
를 먼저 생각하기 전에 남을 먼저 생
각하라' 하였음이니,
10 너희는 이웃의 교회가 번창하기를, 이
웃의 종교 집단이 성장하기를 바라고
믿고 도와주는 것이 사랑을 베풀고 아
는 자들이라 하였거늘,
11 너희는 그와 같은 것을 벗어 버리며
감히 생각지도 아니하며,
12 오로지 더 많은 사람을 긁어모으기 위
해 경쟁 심리로 불태우고 있음이니라.
13 네 주변과 이웃의 종교 집단이요, 교
파를 사랑으로써 그들을 위하여 기도
하고 돕는 것이 아니요,
14 적대 의식과 경쟁의식 속에서 어떠한

방법과 수단을 가리지 아니하고 그들
보다 앞에 가며, 더 나은 것을 확보해
야 하며, 더 많은 머릿수를 거느려야
한다는 그 경쟁 심리에 종교 지도자
나 신도나 모두 목숨을 걸고 지금 악
을 쓰고 있음이니,
15 그것을 진정한 믿음의 길을 가는 길
에 있는 지도자요, 백성이라 말할 수
있겠느냐?
16 그저 세를 불리려고 공공연하게 사람
을 끌어모으며 인원수를 늘리는 그
경쟁을 하며 사람을 찾아가는 운동을
벌이고 있음이니라.
17 성령에 의한 길을 위하여 교리를 역사
하는 것이 전혀 아니라 교회의 세속적
인 성장에만 연연하며,
18 성령으로써 거듭나고자 하는 것이 아
니라 육의 기업적인 성공을 위하여 모
두 매달리는 그와 같은 형국이니,
19 너희가 성령으로써 거듭나는 나의 백
성을 인도하는 그와 같은 종교 집단으
로 대변화를 하여 거듭나지 아니하면
아니 될 것이니라.
20 그리하여 내가 나의 아들을 통하여
160권의 법전을 세상에 내려보내며,
그가 나의 백성이요, 그 제자요, 그 지
도자들을 어찌 이끌어 가는가를 너희
가 보고 깨달을 날이 머지아니하였으
니 그리 알라.

7,609 번째 하나님 말씀

2003년 9월 22일 0시 09분

1 사랑하는 나의 아들아!
2 **"네, 아버님! 말씀하옵소서."**
3 나의 아들이 나의 법전을 기록하고 만
드는 대역사의 이 길을 가는 것을, 그
는 왜 어렵고 힘든 그 길을 마다치 않
고 해를 거듭하면서 나의 성령을 받아
160권의 법전을 만들어 너희를 구원
하고자 하는지 그 역사의 의미가 어디
있는지 너희는 알고 있는가?
4 너희는 알아야 할 것이니라.
5 나의 아들은 나의 피조물 만백성 너희
는 누구나 다 나의 자식이라는 것을
알고 있으며,
6 너희가 참진리대로 살 때, 예수가 살
아왔던 그 삶을 따라 살아갈 때, 모든
나의 피조물 만백성들은 창조주 나 여
호와를 볼 수 있으며 나의 음성을 들
을 수 있기 때문이니라.
7 그래서 그때까지 너희를 인도하기 위
하여 나의 아들은 지금 너희가 나의
자식이라는 것을 믿을 때까지 그를 깨
우쳐 주기 위하여 지금 이 역사의 길
을 말없이 가고 있음이니, 이는 모두
를 다 알고 있기 때문이니라.
8 그리하여 너희가 나의 자식이라는 것
을 느낄 때까지 너희를 깨우치고자
그는 나의 뜻에 따라 순종하며, 나의
뜻대로 역사하며, 성령으로 거듭나도
록 너희에게 이 길을 가게 하고자 하
며, 이를 깨우쳐 전하고자 하는 것이
나의 아들이 지금 가는 길임을 알라.
9 나의 자식이라는 것을 너희는 아직도
믿지 못하는 백성이요, 그리고 구원의
길이요, 나의 자식이라는 것을 의심하
는 자들이요, 나 여호와가 존재함까지
도 의혹하는 백성이기 때문이니라.
10 그리하여 너희에게 나 여호와가 존재

하며 너희가 참진리의 길을 살 때 나
를 볼 수 있으며 나의 음성을 들을 수
있다는 것을 나의 아들은 알기에, 너
희에게 그를 전해 주고자 하는 것이
나 여호와의 뜻임을 그는 알기에,
11 오늘의 이 어렵고 힘든 그 길을 가고
있음을 너희는 알아야 할 것이니라.
12 나의 아들은 나의 만백성 너희를 나
여호와가 영원히 변함없는 마음으로
써 지속적인 관계를 유지하고자 하는
것이 나의 뜻이며, 너희가 영원히 나
의 품에 돌아올 수 있는 그 삶을 살아
갈 수 있도록 너희를 인도하고 깨우
치는 것이 내가 원하는 길이라는 것을
나의 아들은 알고 있기 때문에,
13 나의 뜻을 알기에 그는 나의 뜻에 따
라서 그와 같이 역사함을 너희는 알
아야 할 것이니라.
14 그와 같은 나의 아들을 너희는 사탄
이요, 이단이라 그리 말함이니라.
15 나의 아들은 내가 존재함을 모두를 알
고 있으며, 너희가 나의 아들딸로서
거듭날 수 있다는 것을 알기에, 그는
너희에게 그 길을 역사해 주고자 하
여 나의 뜻에 따라 순종하는 것이 나
의 아들이 가는 길이라는 것을 알라.
16 2천 년 전에 나의 아들 예수가 너희에
게 성전이요, 교회요, 그 모두는 너희
마음속에 있는 것이며 가슴속에 있다
고 그리 말할 수 있는 것은 무엇인 줄
알겠느냐?
17 나 여호와가 존재하며 나 여호와가 원
하는 그것을 그는 알고 있었기 때문에
그는 그리 부르짖었음이니라.
18 너희는 진리를 깨우치려는 석가가 그
진리를 깨우쳤을 때 그가 한 말이 무
엇이던가?
19 그는 깨달음의 결정적인 말을 했느니
라.
20 모든 중생이 부처이니라.
21 그리고 부처가 따로 있는 것이 아니
요, 부처는 모든 중생이요, 백성 속에
부처가 있다는 그와 같은 말을 했음이
니,
22 그도 그 깨우침에서 얻은 것이 무엇인
줄 알겠는가?
23 나 여호와의 존재함을 알았음이니, 그
뜻은 무엇이더냐?
24 너희 마음속에 있다는 것이니, 나의
아들 예수가 마음속에 교회요, 성전이
있다는 그 뜻과 같음을 알라.
25 깨달음을 얻고 연구한 백성이 죽어 가
면서 한 말이 뭐라 말하였느냐?
26 산은 산이요, 물은 물이요, 그저 '무
(無)다, 무다.' 아무것도 없다고 부르
짖으며 죽어 간 그 의미를 너희는 알
아야 할 것이니라.
27 그들이 모든 깨달음을 얻고 깨우침을
얻었을 때 그 모두는 너희 가슴속이
요, 너희가 어찌 살아가며 역사하느냐
에 따라서 모두 역사한다는 것을 그
들 또한 그를 깨우쳤기 때문이며, 그
들 또한 나 여호와가 존재함을 깨달았
기 때문이니라.
28 나의 아들이 하늘나라요, 천국의 존재
함을 알고 있기 때문에 나의 사랑하는
백성 너희에게 그 뜻을 찾아주고 그를
인도하는 그 길이 나의 뜻이라는 것을
알고 있기에 오늘의 이 길을 가고 있
음을 너희는 알아야 할 것이니라.

29 그러니 160권의 법전을 만들며 나의
뜻을 받아 기록하는 자는 이 세상에
단 하나뿐인 나의 아들이니,
30 그가 역사하는 것을 너희에게 내려
주는 은혜요, 은총이라 감사하는 마음
을 갖고 눈물로써 나의 법전을 읽고
정독하고 깨우쳐 그 길을 오는 것으로
써도 너희가 나에게 은혜를 다 갚을
수 없거늘,
31 어찌하여 나의 아들을 사탄이요, 이단
이라 그리 말하며 너희가 저주하는
것으로써 나의 아들을 능멸하려 하는
가?
32 그것이 오늘의 종교 집단의 어리석은
자들임을 너희는 알아야 할 것이니라.
33 그러니 나의 피조물 만백성은 누구나
나의 아들딸로서 거듭날 수 있다는
것을 알며, 너희가 천사와 같은, 예수
와 같은 삶을 살아갈 때, 나를 볼 수
있으며 나의 음성을 들을 수 있다는
그 확신이 있는 나의 아들이기에,
34 너희에게 그를 일깨워 주고자 오늘의
그 역사를 함이니 그것은 나의 뜻임
을 알기 때문이니라.

7,610 번째 하나님 말씀

2003년 9월 22일 0시 13분

1 사랑하는 나의 아들아!
2 "네, 아버님! 말씀하옵소서."
3 만백성들에게 너는 전해야 할 것이니
라.
4 나 여호와가 나의 아들 너를 통하여
무엇을 역사하고자 하는 것인가를 그
들에게 전해야 할 것이니라.
5 내가 지금 나의 아들 너를 통하여 160
권의 법전이요, 이 대장정의 역사를
하는 것은 무엇이더냐?
6 하늘에 오르는 그 길을 너희에게 깨우
쳐 주고자 하며, 그 빛을 보게 하고자
하며, 너희에게 하늘에 오르는 길이
과연 어떠한 길인가를 바르게 전하고
가르치고자 오늘 네가 내 뜻을 따라서
이와 같이 역사하고 있는 것을,
7 어찌하여 나의 백성은 그를 알지 못
하며 그를 인정하려 하지 아니하는가?
8 제 스스로 받지 못하며 제 스스로 역
사하지 못하며 나 여호와가 저희에게
임하지 아니하기 때문에, 제가 아닌
것은 절대 믿지 아니하려는 그와 같은
욕심이 거기에 있음이니라.
9 그러니 그 백성에게 내가 하늘에 오
르는 길은 어떠한 것이 진정한 길이
요, 어떠한 것이 바른길이라는 것을
나의 아들을 통하여 너희에게 전하고
또 전하고 있으나, 이를 너희가 알지
못하고 듣지 못하고 있음이니, 이를
어찌한단 말이던가?
10 너희가 인간의 욕심 때문에 인간의 한
계를 벗어나지 못하고 있기 때문에,
11 나의 아들을 통하여 하늘에 오르는 길
을 바르게 가르치며 참진리의 길을
가르쳐 너희가 누구나 깨우칠 수 있도
록 나의 법전을 내려보내건만, 그를
알지 못하며 너희가 그리 행하지를
아니함이니,
12 나의 피조물 만백성이 지금 지옥 불로
가는 것을 보는 내 마음이 과연 어떠
하겠는가?
13 이제 너희가 어리석은 그 아집에서

스스로 깨우쳐 변화되는 삶을 살지 아
니하면 아니 되느니라.
14 그들은 나에게 오르는 길이라 오는 것
이 지옥의 길로 감이니, 그들에게 너
희는 전해야 할 것이니라.
15 더 이상 어리석은 아집이요, 고집을
부리는 것은 스스로 지옥 불로 감이
니, 두 번 다시 없는 그 기회를 놓쳐서
는 절대 안 된다는 것을 그들에게 깨
우쳐 주라.
16 지금 나의 법전만이 하늘에 오르는 길
을 바르게 가르치며 참진리의 길을
역사하며, 내가 원하는 그 모든 뜻이
요, 내가 역사하고자 하는 것이 나의
법전에 있음이니,
17 이를 가슴에 안고 정독하는 그것밖에
구원의 길에 오르는 길이 없다는 것
을 그들에게 깨우쳐 주고 전해 주는
데 너희가 어렵고 힘든 그와 같은 것
을 두려워해서는 아니 될 것이니라.
18 모든 종교 집단이요, 지도자요, 구원
을 받았다는 그 백성이 왜 나의 법전
을 보지 못하는지 알겠느냐?
19 인간의 욕심에 젖어 있기 때문이며,
인간의 한계를 넘지 못해 그들의 마음
한자리에 나의 성령을 부어 넣을 수
있는 그와 같은 은혜가 없기 때문이니
라, 사랑하는 나의 아들딸들아!

7,611 번째 하나님 말씀

2003년 9월 22일 08시 28분

1 사랑하는 나의 아들아!
2 **"네, 아버님! 말씀하옵소서."**
3 너의 제자들과 나의 법전을 읽고 깨우
쳐 선택된 그 백성 너희는 나의 법전
을 가슴에 안고 정독하는 자, 반석 위
에 서서 하늘에 오르는 찬란한 빛을
보게 된다 하였음이니,
4 나의 법전을 읽고 깨우치는 그것으로
써 너희가 그와 같은 영광과 은혜를
얻을 수 있다 함이 얼마나 소중하고
귀한 것이 나의 법전이더냐?
5 그 제자들은 과연 어떠하더냐?
6 너희가 거듭나는 그것만이 나에게 오
르는 길이요, 그리하여 너희가 성령으
로 거듭났을 때 영원히 존재하는 나의
나라요, 천국에 들어올 수 있다는 것
을 너희는 알고 있지 않은가?
7 나의 아들을 통하여 내리는 나의 성령
의 뜻을 직접 듣는 너희는 과연 너 자
신이 거듭나는 데 그보다 더 위대한
가르침이 어디 있으며 그보다 더 소중
한 너희가 듣고 배우는 것이 어디 있
단 말이던가?
8 이 귀하고 소중한 것을 모르는 것이
너를 따르는 제자들이요, 나의 법전을
읽고 깨우친 백성 너희이니라.
9 너희는 이 세상의 육의 삶이요, 영혼
의 삶에 모두가 다 거듭나는 것 때문
에 그와 같은 길을 가지 아니하는가?
10 평생을 바쳐서 가는 자가 있는가 하면
그 후손과 후손이 연계하여 거듭나려
고 길을 가는 백성, 그게 바로 거듭나
기 위한 것이 아니더냐?
11 영혼으로써 너희가 영원히 죽지 않고
거듭나는 것, 그 길을 가는 것이니, 그
것 때문에 오늘의 그 모두를 바치고
살지 않는가?
12 나의 아들을 따르는 제자 너희는 나

의 아들의 강론을 들으며 내가 직접
내리는 나의 성령을 들으며 법전을 읽
어 거듭나는 그 길을 가고 있음이니,
과연 너희보다 더 이 세상에서 은혜
와 영광과 축복을 받은 자가 어디 있
는가?
13 너희가 나의 법전을 만들 때 힘이 들
고 어려우며, 나의 법전을 이고 지고
세상에 전하는 것이 힘이 든다 할 때,
스스로 너희가 물러나며 떠나도 내가
탓하지 아니할 것이니라.
14 너희가 나로부터 받은 은혜요, 거듭나
기 위해 나의 강론을 직접 들어 변화
되는 그 삶에서 하나의 악습을 고치며
하나의 잘못된 것을 바로잡을 때, 네
가 나에게 와 심판대에 섰을 때 그것
이 얼마만큼 큰 은혜요, 영광인지 모
르거늘,
15 너희는 거듭나는 그 길을 가고 있으며
수없이 변화의 역사가 오고 있음이니,
16 그와 같은 크나큰 은혜의 영광을 잊
고, 오늘의 육이 힘들고 어렵고 고달
프다 하여 그것이 정녕 힘든 길이요,
어려운 길이요, 과연 네가 갈 수 있는
길인가 하며,
17 그리고 너희가 모두를 저버리고 인간
세상의 인연을 끊으며 오로지 나의 법
전을 만들어 모두를 다 바치는 데 주
저한다면,
18 과연 거듭나는 은혜요, 거듭나는 그
가르침을 직접 듣고 스스로 변해 가
는 너희는 어디에 생각이 있으며 어
떠한 마음의 상태를 가지고 있는가?
19 그 제자들 너희는 다시 한 번 자신을
돌아봐야 할 것이니라.
20 너희가 거듭나기 위해 모두를 다 바치
는 자들이거늘, 거듭나는 강론이요,
거듭나는 가르침이요, 거듭나는 나의
성령을 매일 같이 듣고 그를 깨우쳐
읽고 하는 그와 같은 영광을 얻은 너
희가 그것보다 세상에 더 무엇이 있으
며 더 소중한 것이 무엇이 있는가?
21 너희의 마음 자세요, 생각을 한번 돌
아다봐야 할 것이니라.
22 이제 나의 아들을 따르는 제자 너희가
모든 역사를 이루어야 할 것이니라.
23 누가 와서 이루어 주기를, 누가 와서
너희를 대신해 주기를 바라기 전에,
너희 자신이 너희가 받은 은혜를 모
두 다 보답한다는 그와 같은 마음으로
너희의 모두를 다 던져서 역사하라.
24 마음을 던지며 생각을 던지며 행동을
던지는 그와 같은 마음 자세로 역사할
때, 모든 백성이 너희를 따를 것이니
라.
25 너희가 모든 잘못된 것을 바로잡고자
할 때, 말로만 하며 행하지 아니하면
그는 역사하지 아니하느니라.
26 너희가 물속에 빠진 자를 구해야 할
때, 말로만 아이가 빠졌으니 구하라고
소리 지르면 그 소리 지르는 결과는
무엇이던가?
27 그 아이는 그저 물속에서 죽어 감이니
라.
28 어떠한 방법과 수단을 가리지 아니하
고 그 아이를 구할 수 있는 노력을 동
원하였을 때, 거기에서 너희가 아이를
구할 수 있는 역사가 이루어짐이니라.
29 오늘에 너희가 물에 빠진 아이를 보면
서 발만 구르고 아이가 물에 빠졌다고

소리 지르는 그와 같은 형국으로 가는
것이 나의 아들을 따르는 제자들이요,
30 나로부터 거듭나는 역사의 은혜를 충
분히 받으며, 너희가 말하는 기름 부
음의 은혜를 입은 자들이 오늘에 하
는 행동이니라.
31 어찌하여 그저 발만 동동 구르며 물에
빠진 아이들을 보고 물에 빠졌다고 소
리만 지르는 그와 같은 형국으로써
역사가 이루어지기를 바라는가?
32 그 아이는 죽어 감이니, 너희가 오늘
과 같은 형태로써 나의 법전을 만들어
세상에 전하는 그 마음 자세로써는 어
떠한 역사도 이룰 수 없음이니라.
33 물에 빠진 아이를 구하는 자는 물에
빠진 아이를 본 사람만이 그를 용감
하게 뛰어들어 끌어올리든 어떠한 방
법과 수단을 가리지 아니하고 살릴 수
있음이니,
34 나의 성령이요, 나의 은혜요, 나의 가
르침이요, 나의 뜻을 듣고 배운 너희
만이 만백성을 구할 수 있는 것과 똑
같음이니라.
35 지금 모든 백성이 지옥 불에 가 허덕
이는 그와 같은 백성이요, 물속에 빠
져서 죽음 속에서 허덕이다 죽어 가
는 그 백성을 바라보는 것이 너희이
니,
36 그를 구할 수 있는 것은 너희가 어떠
한 밧줄을 던져 그들을 수없이 계속
구하느냐, 그렇지 않으면 말로만 부르
짖느냐에 달렸으니,
37 그들을 구원할 수 있는 단단하고 끊어
지지 않는 밧줄을 모든 백성에게 던져
그들이 잡고 헤엄쳐 나오도록 그 밧
줄을 던지고 못 던지는 것은 너희에게
달렸음이니,
38 어찌하여 너희는 그와 같이 안일한
방법으로써 대역사를 이루려 하는가?
39 너 자신이 그와 같은 마음의 변화를
다시 이루지 아니하면 아니 될 것이니
그리 알라.

7,612 번째 하나님 말씀

2003년 9월 22일 08시 37분

1 사랑하는 나의 아들아!
2 "네, 아버님! 말씀하옵소서."
3 나 여호와가 너희에게 성서에 어찌 가
르쳤는가?
4 나의 아들 예수를 세상에 내려보낸 것
은 내가 무엇 때문에 내려보냈다 하였
느냐?
5 너희가 구약 시대에 지켜 온 그 율법
이요, 선지자들을 폐하려 온 줄로 생
각지 말라 그리하였음이니라.
6 폐하려 온 것이 아니요, 완전하게 하
려고 내가 나의 아들을 세상에 보냈다
하였음이니, 이 모두는 구약 시대의
역사함을 실천하고 완성코자 보내주
었음을 내가 말하였음이니라.
7 그러나 너희는 과연 지금의 믿음이 어
찌 형성되어 있는가?
8 너희는 구약의 시대는 모두가 잠잔 시
대요, 새로운 시대는 나의 아들 예수
가 태어난 그 시대부터 모두 역사하는
것이라 그리 가르치며, 그와 같이 종
교 집단 지도자들이 이끌어 가고 있음
이니라.
9 그 행위가 바로 내가 너희에게 교회를

짓지 말라 하는 것을, 너희가 그를 무
시하며 그를 거역하여 짓는 그 행위와
무엇이 다르더냐?
10 너희는 하나서부터 열까지 내 뜻을 거
역하는 짓만을 지금 역사하고 있음이
니라.
11 그 시대는 모두 저버렸기 때문에, 예
수가 태어난 그 시대부터 새로운 시대
가 열림이라 그리 강조하고, 그것이
진정 너희가 가는 길이라 그리 알고
있음이니,
12 이를 나 여호와가 보기에 얼마나 너희
가 불쌍하고 어리석은 백성인 줄 알
겠는가?
13 너희는 그저 필요한 것은 챙기며 필요
치 아니한 것은 버리니, 달다고 생각
하는 꿀은 삼키고 쓴 것은 뱉는 그와
같은 인간의 심성이요, 본성을 너희는
구원을 받고 못 받는 거기에 적용함이
니,
14 '단 것은 죽음이요, 쓴 것은 약이라'는
그 이치 하나도 모르는 자들이기에,
어렵고 힘든 구약 시대의 가르침은 다
저버리며, 오로지 신약 시대의 나의
아들 이름만 부르면 구원을 받는다는
간단하고 넓은 길을 선택하여 가는 것
이 너희의 오늘의 믿음이니라.
15 또한, 내가 너희에게 뭐라 전하였느냐?
16 '진실로 너희에게 이르노니 너희가 천
지가 없어지기 전에는 율법의 일점일
획도 반드시 없어지지 아니하고 다 이
루어진다' 하였음이니라.
17 율법에 기록된 그 모두가 다 이루어진
다 하였음이니라.
18 내가 일점일획도 없어지는 것이 아니
요, 반드시 그것은 그대로 이루어진다
하였음이니, 그 이루어짐을 위하여 너
희가 역사하고 존재해야 하거늘, 너희
는 그 시대의 모두를 다 저버리고 지
금 가는 것이 아니더냐?
19 이를 이루고자 내가 신약의 시대를 열
었음을 너희는 다시 한 번 깊이 깨우
치지 아니하면 아니 될 것이니라.
20 그리하여 나의 계명을 뒷전으로 하며
나의 율법을 중요시하지 아니하고는
아무것도 이루어질 수 없다는 것을 알
라.
21 '그러므로 누구든지 이 계명 중에 지
극히 작은 것이라도 버리고 또 그와
같이 사람을 가르치는 자는 천국의 지
극히 작은 것을 받을 것이라' 그리 말
하였음이니라.
22 너희는 나의 십계명이요, 나의 율법에
내린 그 계명이요, 그리고 오로지 내
가 모두를 역사하려고 구약의 시대를
완성케 하려고 보낸 그 뜻을 거역하여
그 작은 것이라도 지키지 아니하며 그
작은 것을 지키지 아니하도록 가르치
는 자는 너희가 천국에 와 가장 작은
것을 받을 것이라 그리 말한 것은, 바
로 천국의 가장 작은 것은 무엇이더냐?
23 지옥으로 가는 것임을 너희는 알아야
할 것이니라.
24 '누구든지 이를 행하고 가르치면 천국
에서 크게 일컬음을 받을 것이라'는
그 뜻을 너희는 알아야 할 것이니라.
25 그것이 무엇이더냐?
26 누구든지 나의 법전이요, 나의 성령이
요, 나의 율법이요, 나의 십계명대로
가르치고 지키는 그와 같은 자는 천국

에서 가장 큰 것을 받는다 하였음이니,
27 선택된 사람이요, 선택된 자만 역사하는 것이 아님을 너희는 여기서 알아야 할 것이니라.
28 율법과 계명을 그대로 행하지 아니하면 지옥의 길에 떨어진다는 것은 누구든지 다 여기 해당함을 너희는 알아야 할 것이니라.
29 지금의 종교 집단 지도자들이 과연 어찌 가르치는가?
30 과연 나의 계명이요, 율법대로 그 모두를 가르치도록 하며 나의 아들을 보내어 그를 완성하려 했듯이, 완성하는 그 역사로써 지금 가는 종교 집단의 지도자들이 있는가?
31 그들이 다 나의 뜻을 거역하며 나의 뜻을 순종치 아니하는 자들로서 지금 역사함이니,
32 육의 기업을 육성하고 성장시키기 위하여 너희 머리로써 몸부림치는 것이 오늘의 구원의 길이요, 하늘에 오르는 길이라 말하는 자들이라 내가 말하지 아니하였던가?
33 너희가 나의 계명이요, 율법이요, 그걸 그대로 행하는 자는 큰 상을 받을 것이라는 이 대목을 명심해서 기억하라.
34 누구라도 그 계명대로 그대로 행하고 지키는 자는 곧 나의 지도자요, 만백성을 구하는 자가 된다는 것을 너희는 알라.
35 과연 지금 종교 집단과 지도자 너희가 그리 실천하고 산다 생각하는가?
36 내가 너희에게 뭐라 말하였느냐?
37 '진실로 진실로 부탁한다'는 나의 애절한 그 뜻을 너희는 그대로 듣고 흘려보내서는 아니 될 것이니라.
38 '율법의 일 획도 그대로 가르치지 아니하면 아니 된다'고 내가 너희에게 기록하여 전한 그 뜻을,
39 과연 종교 집단이요, 지도자요, 지금 그 많은 물질이요, 그 많은 신도요, 그 많은 죄의 온상인 교회를 거느리는 자들이 과연 이를 지키는가?
40 내가 너희에게 한 획도 고치지 말라 함이 아니라, 한 획도 기록된 그대로 이루어지지 아니한 것이 없으며 모두 그 뜻대로 이루어진다 함이니,
41 이것은 한 획을 고치고 안 고치는 게 아니라, 내가 기록하여 가르친 것은 반드시 이루어지고 역사한다 함이니라.
42 구약의 시대요, 신약의 시대요, 그 모두가 연계하여 제3의 시대가 열어진 것처럼 모두는 연계되어 가르침이라는 것을 너희가 알아야 할 것이며,
43 앞을 자르고 뒤를 잘라 그와 같이 너희 주장만 하는 그 어리석음에서 벗어나야 한다고 내가 법전에 기록했음이니,
44 내가 진실로 진실로 너희에게 부탁한다는 나의 뜻을 깊이 깨우치라.
45 율법이요, 나의 계명이요, 나의 뜻대로 행하지 아니하면 절대 안 된다고 그리 기록한 나의 뜻을 너희가 안다면, 어찌 오늘과 같은 행위를 할 수 있는가?
46 그 모두가 다 나를 저버리며 나를 능멸하는 짓만을 하는 것이 너희라 하였음이니,

47 그리하여 나의 사랑하는 백성이 구원
의 길에 오르는 것까지도 막고 방해하
는 자들이 오늘의 종교 집단이요, 지
도자요, 너희가 존재해서 하는 일이
그것뿐이라는 것을 명심하여 깨닫도
록 그리하라.

7,613 번째 하나님 말씀

2003년 9월 22일 08시 45분

1 사랑하는 나의 아들아!
2 "네, 아버님! 말씀하옵소서."
3 나의 백성이 얼마나 어리석고 불쌍한
자들이냐?
4 내가 그들에게 가르치고 전해도 그들
은 그를 듣지 아니하며 그를 행하지
아니하며,
5 저희가 무엇을 행하고 어찌 사는 것이
며 제가 지금 어떤 믿음을 가고 있으
며 어떠한 길을 가는 것까지도 분별
하지 못하는 것이 나의 백성이니라.
6 제가 가는 길이 참진리요, 나 여호와
의 뜻이며 그리고 저희가 성서를 읽
어 그 기록된 내용을 다 알 수 있건만,
어찌하여 그를 그리 행하지 아니하며
그대로 실천하지 아니하며,
7 그저 인간의 기업을 육성하기 위하여
가르치는 종교 지도자들의 그 말에
'옳소, 맞습니다.' 하고 손뼉을 치며 환
호하며 '은혜 받았다.' 그리 말하는가?
8 나의 성령의 뜻을 가르치는 그 장소에
각종 악기를 동원하여 소리 지르고 악
을 쓰며, 그와 같은 사람들을 초청하
여 너희 마음을 아프게 하며 너희로
부터 재물을 거둬들이려는 그와 같은
행위를 하는 것을 보고도 어찌하여 그
를 깨닫지 못하는가?
9 너희는 눈에 보이는 육의 삶을 위하
여, 부귀영화를 위하여 온갖 것을 다
바치고 사는 백성이,
10 어찌하여 너희를 영원히 죽는 지옥으
로 이끌어 가는 행위를 하는 그들을
눈으로 보고 들으면서도 그를 단죄하
지 아니하며 그를 바로잡지 못하는가?
11 너희가 얼마나 어리석은 백성이던가?
12 그리하여 내가 나의 아들을 통하여 이
아침에 법전에 다시 한 번 기록함이
니, 너희는 이 대목을 읽고 한 번이라
도 깨우치는 은혜를 입어야 할 것이
니라.
13 내가 너희에게 뭐라 말하였느냐?
14 '살인하지 말라.' 말하였느니라.
15 누구든지 살인하면 심판을 받게 될 것
이라 내가 그와 같은 뜻을 전하였으며
내가 너희에게 가르쳤으니, 그 뜻이
과연 무엇이더냐?
16 너희는 행하고 실천하는 것, 그리고
지은 죄의 대가를 반드시 치르며, 너
희가 어찌 행하느냐에 따라서 그것이
심판의 기준이요, 육의 삶이 심판의
기준이라는 그 뜻을 성경에 기록하고
내가 전하였건만,
17 이를 읽고 깨우치고 수천수만 번 들은
자들이 이를 행하지 아니하고 이를 잊
어버리며, 그저 나의 아들 예수의 보
혈로써 구원을 받았다는 그 말에 현혹
되어 아무것도 보지 못하는 불쌍한 백
성, 그들이 지옥으로 가고 있기에, 그
를 볼 수 없어 내가 다시 한 번 너희에
게 나의 뜻을 전함이니라.

18 예수의 보혈로써 너희의 과거와 현재
와 미래의 죄를 용서를 받았으니, '하
나님! 저의 죄를 용서하여 주옵소서.'
하고 기도하며 회개하는 것이 너희가
나를 능멸하는 것이며, 예수의 사랑을
욕되게 하는 것이라 설교하고 가르치
는 자들이 있으니,
19 내가 너희를 바라보는 그 마음이 어
떠하겠으며, 내가 무엇을 더 참아야
하며, 내가 더 무엇을 인내해야 하며,
너희가 하는 짓을 더 이상 얼마나 방
관해야 한다고 생각하는가?
20 나 여호와는 더 이상 너희를 용서할
수 없으며 더 이상 내가 바라볼 수 없
는 시점에 와 있음이니라.
21 그리하여 제3의 시대에 나의 법전을
내려 너희를 다스리고자 하는 것이
나 여호와의 뜻임을 알라.
22 이는 정녕 변화될 수 없으며 돌이킬
수 없으며, 내가 거둬들이지 아니함을
너희는 알라.
23 나 여호와가 너희에게 뭐라 말하였느
냐?
24 나는 나의 아들 예수를 통하여 성경에
기록한 이 대목을 보라.
25 성경에 기록하여 내가 너희에게 전하
기를, '너희에게 이르노니 너희가 형
제에게 노하는 자마다 심판을 받게
되고 형제에게 라가라 하는 자는 공회
에 잡힘이니,
26 공회에 잡혀 성서의 심판자들 앞에 너
희가 그 대가를 치르며 거기에 행한
만큼 그 죄가 얼마나 무서운가를 너
희가 거기에서 심판을 받는다' 하였음
이니라.
27 또한, 내가 뭐라 하였느냐?
28 '미련한 자라 말하는 자는 지옥 불에
들어간다.' 하였음이니,
29 너희가 형제에게 미련한 놈이라 하는
그 말로써 지옥 불에 가는 그 죄를 벗
지 못함이니, 너희 행동이요, 행함이
얼마나 소중한 것인가를 나의 성경에
그리 기록하여 전하였거늘,
30 어찌하여 너희는 이를 수만 번씩 읽
고 들으면서도 바로잡지 못하며 그 의
미요, 뜻을 모르고 너희가 오늘 살아
가는 것이 어떠하던가?
31 과연 너희는 형제에게 미련한 놈이라
하지 않는가?
32 너희는 '라가'라는 말을 하지 아니하
는가?
33 그리고 너희가 과연 형제에게 노하지
아니하며 그를 노하게 하는 행위를
하지 않는가?
34 너희는 부모에게도 노하는 행위를 서
슴지 않고 하는 것이 오늘의 믿음의
길을 가는 자들이 행하는 것이니라.
35 이러한 심판의 벌을 받을 것이거늘,
살인한 자보다 더한 너희가 과연 어
떠한 역사를 이룰 수 있다고 생각하는
가?
36 심판을 받지 않고 믿음만으로써 구원
을 받는다고 말하며, '저의 죄를 용서
하여 주옵소서.'라고 기도하는 것이
잘못되었다 가르치는 자들이, 과연 그
무서운 행위를 하고도 너희가 나에게
오를 수 있다고 생각하는가?
37 너희 자신을 돌아다봐야 할 것이니라.
38 내가 너희에게 일찍이 가르쳤음이니
라.

39 너희가 과연 대를 위하여 소를 희생하
는 그와 같은 아픔을 겪고 인내하는
것은 내가 너희를 용서할 수 있으며
바라볼 수 있으나,
40 너희 자신의 부귀영화를 위하여, 너희
의 역사를 위하여 너희 형제요, 부모
요, 모든 이웃에게 거역하는 행위를
하며, 그리고 밉다 말하는 그와 같은
행위를 해서는 아니 될 것임을 너희는
알아야 할 것이니라.
41 그와 같은 행위를 하고도 너희가 나
에게 오를 수 있다고 생각하는 것을,
모두 지금서부터 생각을 바꾸지 아니
하면 아니 될 것이니라.
42 너희가 모두 그와 같은 무섭고 두려운
말을 할 수 있는 것은 사탄이요, 악마
의 자식으로서 변해 있으며 사탄의
뜻을 역사하고 있는 자들이기 때문에
감히 그와 같은 말을 할 수 있으며, 그
와 같은 행동을 할 수 있다는 것을 내
가 나의 법전에 기록하여 전함이니,
이는 나의 뜻임을 알라.
43 나의 십계명에 내가 친필로 써 내린
것이요, 이제 내가 나의 아들을 통하
여 나의 법전에 기록하니, 이 모두는
다 나의 친필이니라.
44 나의 친필을 다스리고 관리하는 선택
된 제자 너희는 한 획이요, 글자 하나
하나가 너희 가슴을 울리는 그와 같
은 아픔의 내용이 거기에 있음을 알아
야 할 것이며,
45 나의 법전을 만들고 전하고 다스리는
너희가 소홀히 해서는 아니 됨을 알
아야 할 것이니 그리 알라.

7,614 번째 하나님 말씀

2003년 9월 22일 08시 54분

1 사랑하는 나의 아들아!
2 "네, 아버님! 말씀하옵소서."
3 이 세상의 모두는 다 제자리가 있으
며, 제자리를 지키며, 말 못하는 날짐
승이요, 꽃과 나비도 제가 남으로부터
받은 그 은혜를 반드시 갚는 것이며,
식물로부터 꿀을 얻은 것만큼 그 대가
를 치르고 사는 것이 그들의 삶이요,
그 법도를 어기지 아니하고 사는 것이
니라.
4 벌과 나비가 꽃으로부터 그 꿀을 얻으
니, 그것들이 열매를 맺을 수 있는 역
할을 할 수 있는 것이요, 그리고 떨어
진 그 열매를 주워 먹는 날짐승 또한
어떠하던가?
5 그들이 그 씨앗을 먹고 멀리 날아가
그 씨앗을 또 다른 곳에 이전시켜 놓
음이니, 거기에서 그 나무의 뿌리들이
또 성장할 수 있는 그와 같은 역사를
이루는 것이니,
6 저희가 얻은 것만큼 그 고마움이요,
감사함을 모두 되돌려 주고 갚고 살게
되어 있는 것이 내가 이 세상에 만들
어 놓은 구조요, 내가 이 세상을 만들
어 놓은 그와 같은 순리의 흐름이니라.
7 그러나 내가 가장 높은 지혜요, 가장
높은 깨달음을 준 백성 너희만 그 모
든 순리요, 진리를 거역하고 사는 자
들이니라.
8 너희는 그저 조용히 떨어지는 하나의
낙엽의 그 아름다움을 보라.
9 그 낙엽은 자기의 임무를 다하여 떨어

져서 또 땅에 퇴비가 되어 그 뿌리에
양분을 공급하는 그와 같은 것을 거역
하지 아니하고 순종함이니라.
10 그러나 나로부터 모든 걸 받은 나의
백성 너희만이 제자리를 모르며 감사
함을 모르며 은혜를 모르며 그 궤도를
이탈하는 행위를 하고 사는 것이 나의
백성 너희이니라.
11 하늘의 뜻이요, 진리요, 이 지상에 움
직이는 모두 서로 얽히고설켜 도와 가
며 살아가는 그 이치 속에서, 이 대자
연 속에 살아 있는 모든 동식물 중에
가장 높은 지혜를 가진 너희는 과연
그들에게 받은 것을 돌려주며 그들로
부터 얻은 것을 갚아 주고 사는 것인
가?
12 너희는 한번 너 자신이 살아가는 모
습을 돌이켜 보도록 그리하라.
13 더욱이 나로부터 높은 은혜를 받으며
지혜를 받았으며 내가 너희에게 이
세상에 살아갈 수 있는 모든 은혜를
다 주었으며, 그리 관리하고 살다 나
에게 돌아오는 그 길을 선택하는 그것
은 천사와 같이 아름다운 마음을 가지
고 살라 하는 것이거늘,
14 과연 너희는 천사와 같은 아름다운
모습으로써 원래의 자리로 돌아오고
자 하며, 보내 준 이의 은혜에 감사하
는 그와 같은 마음을 가지고 사는가?
15 너희는 악으로 거듭나며 악의 씨를 낳
으며 악의 씨가 이 세상을 덮는 그와
같은 세상을 만든 자들이니라.
16 그리하여 내가 너희를 바로잡고 원래
의 모습으로 돌아오게 하려고 나의
법전을 세상에 내려보냄이니라.
17 구약 시대의 역사함이요, 신약 시대
의 역사함 그 모두도 너희를 인간 본
래의 모습으로 돌려놓고자 함이니라.
18 너희가 나로부터 성령을 받아서 태어
난 그 모습으로 돌아왔을 때, 너희는
천사와 같은 모습으로 지상에 살다 죽
어 나에게 오를 수 있는 그와 같은 형
태이거늘,
19 그를 다 무너트리며 모든 것을 조각
낸 것이 너희이니라.
20 옷을 만드는 재단사가 천을 찢어서 그
옷의 형태를 만드는 것같이 너희 자신
을 위해서 자르고 찢어, 참진리의 가
지는 모두 잘라 내고 찢어 냈으며, 오
로지 악한 뿌리와 악한 마음만 너희에
게 존재하는 이와 같이 나의 뜻을 거
역하는 백성이 너희이니라.
21 그리하여 너희를 바로잡기 위해 내가
지금 내려보내는 나의 법전이요, 나
의 아들을 통하여 내리는 그 강론으로
너희를 원상태로 되돌리는 그와 같은
형국을 만들고자 함이니라.
22 나비와 벌이 꿀을 얻은 것만큼 열매를
열게 하는 것처럼, 나뭇잎이 조용히
떨어져 퇴비로써 그 직분을 다하는 그
와 같은 형태요, 기본의 도리로 너희
를 돌려놓고자 하는 것이 나의 뜻이니,
23 이는 너희는 반드시 돌이킬 수 있으
며 그리 올 수 있음을 알아야 할 것이
니라.
24 너희는 이 세상에서 죄를 짓지 아니하
고 살 수 없으며, 아름다움을 행하고
살 수 없다고 말하는 것은,
25 너희가 세상에 나간 그 원형의 상태로
그대로 복귀하라는 것이지, 그보다 더

높은 것을 더 위대한 것을 내가 얻고
자 한다면 인간인 너희의 한계로는
할 수 없을 것이니라.
26 내가 너희에게 백이라는 것을 주었으
면서 백 열을 만들라 한다면 이는 이
해할 수 없으며 이는 나의 욕심이라
할 수 있으나,
27 내가 백을 준 것을 그 백의 숫자를 채
우라 하는 것이 나 여호와의 뜻이니라.
28 내가 나의 아들을 통하여 너희에게
나 여호와는 공의의 하나님이라 말하
였느니라.
29 사탄과 악마와 싸워서 이길 수 없는
능력과 힘을 주고 너희에게 싸워서
이기라 한다면, 나 여호와는 공의의
하나님이 아니요, 이는 진리가 아니라
내가 말했느니라.
30 너희는 사탄과 마귀, 어떤 것과도 싸
워서 이길 수 있는 동등한 능력과 자
격을 주어 세상에 내보냈듯이, 너희가
나로부터 받아 나간 원형의 그 마음
자세로 돌아올 수 있는 것은 당연한
것이니라.
31 너희가 선한 것을 백이라는 것을 가
지고 있다가 악한 것에게 날려 보내고
빼긴 것이니,
32 너희가 선한 것을 찾아 백을 채우면
되는 것이 나에게 오르는 길이요, 내
뜻에 순종하는 것이라는 간단한 그 이
치를 모르고,
33 너희가 악에 빼긴 것을 이제 도저히
찾아올 수 없으며, 그것은 절대 원상
복구를 할 수 없으며, 더 빼기면 빼겼
지 더 챙길 수 없는 자요, 나약한 자들
이니,
34 오로지 나 여호와의 은혜와 영광과 축
복으로써, 그리고 나의 아들 예수의
죽은 그 보혈의 피로써 너희가 그 모
두를 찾을 수 있다는 그와 같은 나약
한 소리요, 핑계요,
35 어렵고 힘든 길을 찾아오고자 목숨을
바치는 노력을 하지 아니하고 그저 남
의 힘을 빌려, 위대하다는 나 여호와
요, 다른 사람의 그 위대한 능력으로,
그리고 너희를 지키고 찾아 주려고 노
력하다 죽어 간 나의 아들의 그 피로
써 그를 찾는다 함이니,
36 너희가 정녕 나의 아들을 사랑한다면
그를 너희에게 돌려주려고 노력하다
죽임을 당한 나의 아들의 그 은혜에
감사한다면,
37 너희가 있는 힘을 다하여 네 목숨을
바쳐 너희의 원상태로 돌아오는 것이
너희가 해야 할 길이며,
38 악에 빼긴 너희의 본심을 다 찾아 백
이라는 숫자를 채우는 데 최선을 다하
여, 너희가 천사가 되어 하늘에 오르
는 길이라는 것을 잊지 말라.

7,615 번째 하나님 말씀

2003년 9월 22일 12시

1 사랑하는 나의 아들아!
2 "네, 아버님! 말씀하옵소서."
3 너희가 정성을 다해 불공을 드리는
데는 관심이 없으며 잿밥에만 관심이
있는 그와 같은 불공이 과연 무엇이더
냐?
4 아이들이 장난하는 것도 아니요, 남을
기만하는 그 죄만을 짓는 것이 불공을

드리는 데 정성을 다함이 아니요, 그저 그 앞에 차린 젯밥에만 정신이 있는 것이니라.

5 과연 그 젯밥에 대한 관심만 있는 자가 지금 무엇을 하고 있으며 어떠한 역사를 하고 있는지 알겠는가?

6 너희 제자들 또한 그러하니라.

7 너 또한 나로부터 성령을 받아 만백성을 깨우치는 그 대역사를 이루는 나에게 경배하는 그 기도 시간에 너 자신이 머리카락 하나라도 흔들리는 것을 느꼈을 때, 너 자신이 흔들림을 네가 알아야 할 것이며,

8 네 마음 자세가 어떠해야 하는가를 너는 깊이 깨우쳐 행하지 아니하면 아니 됨을 알아야 할 것이며 너의 제자들에게 그리 가르치라.

9 내가 너희에게 나에게 가장 위대한 기도요, 가장 소중한 기도는 무엇이라 하였느냐?

10 '앗! 하나님!'이라고 찾는 그 순간이 너희가 아무런 생각을 하지 아니하고 있음이니, 그것이 가장 위대한 기도라 내가 그리하지 아니하였더냐?

11 너희가 천 가지 만 가지 생각을 하면서 기도하고 경배하는 것은 나를 경배함이 아니요, 너희가 다른 신들과 장난하는 것과 같음을 잊어서는 아니 될 것이니라.

12 그리하여 내가 모든 종교 집단이요, 지도자들이 가는 길이 신도들의 머릿수를 생각하며, 오늘 들어올 재물을 생각하며, 그리고 더 큰 교회를 짓는 생각을 하며, 그와 같은 생각 속에서 역사하는 것은 경배도 아니요, 기도도 아니요, 설교도 아니요, 나의 진리를 가르치는 것이 아니라는 그 의미를 깊이 깨우쳐야 함을 잊어서는 아니 될 것이니라.

13 이 세상에 참진리란 무엇이더냐?

14 진리는 둘이 아니고 단 하나이니라.

15 그러니 단 하나의 진리의 길을 가르치고 강론하는 자가 다른 생각이요, 두 가지, 세 가지 마음을 갖는다면, 너희는 참진리를 가르치는 것이 아니요, 참진리를 전하는 것이 아니라, 인간의 생각이요, 인간의 감정을 가르치는 것이라 내가 그리 말하지 아니하였더냐?

16 그리하여 나의 법전이요, 나의 성령이 소중함은, 나의 아들을 통하여 내가 내리는 것만 그대로 듣는 것만 기록하여 전하기 때문이요,

17 모든 종교 집단이요, 지도자들은 저희의 생각이요, 인간의 생각을 가지고 말을 하며 그를 가지고 가르치기 때문에, 거기에 또한 너희는 인간의 한마음이 아니요, 백 가지 천 가지 계산된 속에서 그와 같은 강론이요, 설교를 하기 때문에 그게 나와 관계없다 하였음이니라.

18 이와 같은 나의 뜻을 깊이 깨우쳐, 나의 법전을 만드는 나의 아들을 따르는 제자들이요, 그를 역사하는 자는 마음가짐과 몸가짐과 생각을 다스림을 집중하지 아니하며 최선의 노력을 하지 아니하면 절대 아무것도 이룰 수 없으며,

19 새로운 성경 속에 들어 있는 나의 법전을 읽고 또 읽어도 그 의미요, 진정한 깊은 뜻을 알 수 없음이니,

20 너희가 정신을 하나로 만들어 오로지
한마음으로써 나의 법전을 만들고 역
사하는 그와 같은 자세로 가야 할 것
이니 그리 알라.
21 나의 아들 또한 그러하니라.
22 네가 생각지 아니하며 네가 기억지
아니한다 해도, 네가 일순간에 기억하
는 그 생각을 받아들이며, 아예 차단
하지 못하는 그와 같은 마음 자세로써
나의 뜻을 받아 만백성을 위하는 나의
법전을 만드는 것은,
23 그것은 다른 생각이요, 다른 문구를
넣는 것이며 다른 글귀를 넣는 것과
똑같음을 잊어서는 아니 될 것이니,
너 자신부터 바로 서도록 그리하라.

부 록

【하나님께서 가르쳐 주신 운동】

천재지변이 일어날 때, 동물이나 미물들은 미리 알고 대피하지만, 인간은 알지 못하고 큰 화를 당합니다. 하나님께서 인간에게 가장 높은 지혜를 주시고 완벽하게 창조해 주셨기에 동물들보다 더 잘 알 수 있지만, 욕심으로 마음이 혼탁해져서 한 치 앞을 보지 못하는 것입니다.

마찬가지로, 인간은 누구나 스스로 필요한 운동을 해서 건강을 지킬 수 있도록 하나님께서 만들어 주셨습니다. 우리의 머리에서 우리 몸에 필요한 동작을 해 달라고 끊임없이 신호를 보내지만, 인간이 혼탁하게 살아서 그 신호를 알아채지 못합니다. 그러니 자연스럽게 자기 몸이 원하는 그 신호를 따라서 운동하는 것이 하나님께서 가르쳐 주신 운동 방법입니다. 바로, 우리의 영이 육을 이끄는 운동입니다.

▶ 하나님 운동법

1. 눈을 감고, 발을 어깨너비로 벌리고 바르게 선다.
2. 몸에 힘을 풀고, 허리를 숙이면서 손과 머리를 아래로 내린다.
3. 허리를 펴고 싶을 때, 천천히 펴면서 하고 싶은 동작을 하면 운동이 시작된다. (사람마다 다르다.)
4. 멈추지 말고, 어떤 동작이든지 자기 몸의 느낌대로 계속 이어서 한다.

▶ 참고 사항

① 눈을 감은 상태로 아무 생각 하지 않고, 자기 몸의 느낌대로 움직입니다.

② 마음을 비우고, 욕심을 버리고, 지난날의 잘못을 반성하면서 몇 차례 시도하다 보면, 자기도 모르게 하고 싶은 동작이 끊임없이 생깁니다.

③ 운동 장소는 방 안이든 운동장이든 관계없으며, 걷거나 달리고 싶을 때는 눈을 떠도 됩니다.

④ 매일 40분 이상, 주 4회 이상, 3개월 이상 하면 음식 조절에 들어갑니다.
- 음식으로 생긴 병은 음식으로 치료하게 되며, 어떤 음식을 먹어야 하는지 스스로 알게 됩니다.
(자기 몸에 필요한 음식만 먹고 싶어집니다.)

⑤ 사랑하는 사람과 함께 운동하면 서로 치료해 주기도 합니다.

⑥ 운동을 하다가 몸의 어느 한 부분을 계속 손으로 자극한다면 그쪽에 이상이 있는 것이니, 의사에게 상담을 받고 적절한 치료를 받으면 됩니다.

⑦ 다이어트 및 기타 건강관리에 효과적입니다.

⑧ 꾸준히 운동하여 영이 맑아지면, 자신의 과거와 미래를 스스로 보게 됩니다.

누구나 스스로 하실 수 있습니다.

간 행 사

《새로운 성경》은:

· 새로운 성경은, 하나님께서 선량하고 선한 자를 선택하여 십계명을 암송하도록 하시고, 십계명을 암송한 다음에 음성으로써 들려주시는 말씀을 듣고 그대로 카세트테이프에 녹음해서 받아쓴 책입니다.

· 90분짜리 녹음테이프 700여 개에 달하는 말씀으로, 1999년 8월부터 2004년 7월까지 총 160권(권당 288쪽)을 완성하였으며, 그 이후에도 현재까지 계속 말씀을 내려 주고 계십니다.

· 새로운 성경은 "하늘을 두루마리 삼고 바닷물을 먹물 삼아 쓰고 써도 다 못 쓴다"는, 끝없이 방대한 하나님의 말씀이 두루마리로 직접 내려오는 것입니다. 이러한 새로운 성경은 구약과 신약을 폐하려는 것이 아니라 "인봉된 성서의 비유의 뜻"을 상세히 설명하여 완성하고자 하나님께서 직접 내려 주신 말씀입니다.

《새로운 성경》의 구성:

· 제 목: 2013년, 160권 모음집을 발간하면서, 본 도서의 제목을 "하나님! 말씀하옵소서"에서 《새로운 성경》으로 명해 주셨습니다.

· 단행본: 각 권당 288쪽(신국판) 책이 160권까지 시리즈로 출판됩니다.
(모음집은 단행본을 16권씩 묶어서, 총 10부로 구성됩니다.)

《새로운 성경》의 성경적 근거:

· 신약 성경 [요한복음] 16장 13절에 "진리의 성령이 오시면 그가 너희를 모든 진리 가운데로 인도하시리니 그가 자의로 말하지 않고, 오직 듣는 것만을 말하며" 하신 말씀처럼 하나님의 음성을 들은 것만 기록하였으며,

· "장래 일을 너희에게 알리시리라" 하신 말씀과 같이 개인, 나라, 인류의 "장래"일을 하나님께서 알려 주시는 것만 기록하여 책으로 만들었습니다.

《새로운 성경》의 기록 방법:

· 1999년 8월부터 하나님께서 저에게 들려주시는 음성을 기록하였습니다. 처음에는 제가 들은 말씀을 불러 주면 저의 아내가 기록하여, 2000년 1월 29일에 1권 초판이 세상에 나왔습니다. 2000년 4월부터는 주시는 말씀을 받아 녹음기에 기록하여 시리즈로 출간하기 시작하였습니다.

· 녹음을 시작하면서 하나님의 말씀을 받는 데 가속도가 붙었고, 2001년 5월 3일에 1부(1~16권까지)를 인쇄하여 출판하였으며, 2004년 7월까지 총160권 분량의 말씀을 받아 기록하였습니다.

하나님께서 저에게 주신 것은:

· 첫째, 만백성을 상대로 내려 주시는 "기도", 둘째, 수시로 내려 주시는 "묵상", 셋째, 개인의 과거, 현재, 미래를 알려 주시는 "개인 기도", 넷째, 개인의 건강을 위해서 내려 주시는 "음식 처방", 다섯째, 하나님께서 가르쳐 주신 "운동"등이 있습니다. 이 중에 첫 번째, "기도"를 책으로 편찬하였습니다. 사람의 생사, 개인의 미래에 관한 천기는 수록하지 말라 하셨습니다.

강론 안내:

· 하나님께서는 지금도 매일 저에게 새로운 하늘의 비밀의 말씀을 내려 주고 계십니다. 수시로 내려 주시는 말씀을 정리해서 제자를 육성하라는 말씀에 따라 매주 강론을 하고 있습니다. 누구나 무료로 들으실 수 있습니다. (book160.com)

《새로운 성경》을 읽는 분들에게 드리는 선물:

· 개인 기도: 개인의 과거, 현재, 미래에 관하여 말씀을 내려 주십니다.

· 음식 처방: 사람은 음식을 먹고살다가 건강을 잃으니, 음식과 운동으로 건강을 되찾는 방법을 알려 드립니다. 단, 하나님이 계심을 믿고, 십계명을 지키겠다고 진실로 서약하는 분들께 알려드립니다.

《새로운 성경》의 은혜와 기적:

· 새로운 성경 전160권은 16권씩 묶어서 총 10부의 모음집으로 구성됩니다. 모음집 한 부를 읽고 깨우치는 자에게 하나님께서 다음과 같은 기적이 있다고 하셨습니다.

· "첫째, 그가 죽어 하늘에 갔을 때 그의 죄를 묻지 아니하며, 구원을 받는 위대한 은혜가 있으며, 둘째, 그의 소원과 소망이 이루어지고, 셋째, 죽은 자(부모, 형제, 자식, 사랑하고 은혜 입은 분)의 이름으로 구입한 책을 읽고 누군가 한 사람이 깨우칠 때, 그 죽은 자가 지옥에서 천국으로 구원을 받게 되며, 넷째, 유산, 중절 수술 등으로 태어나지 못한 아이를 위하여 구입한 책을 보고 한 명이 깨우쳤을 때, 그 아이가 사람으로 다시 한 번 태어나는 은혜를 받는다."

· "새로운 성경"을 3회 이상 정성을 다해 정독하는 자, 성서의 비밀을 알게 되고, 세상의 이치를 알게 되며, 세상을 지배하고 통제할 수 있는 지혜를 다 얻게 된다고 하셨습니다. 이 책은 만백성이 정독하고 이웃에게 전하여, 평생 가슴에 묻은 슬픔과 고통의 짐을 벗고 미래를 위한 힘찬 삶을 살아가도록 하는 책입니다.

끝으로

· 하나님께서는 흰 눈이 세상을 덮듯이 새로운 성경을 온 세상에 전하라고 하셨습니다. 《새로운 성경》을 각국어로 번역해서 온 인류에게 구원의 길을 깨우쳐 주고, 그 수익으로 가난하고 어려운 백성을 구제하여, 만백성의 영과 육을 함께 구원하는 선지자의 임무를 수행하라고 저에게 명하셨습니다.

· 하늘에서 내려 주신 말씀의 보화를 만백성에게 나누어 주는 것이 선지자의 임무라고 하셨습니다. 새로운 성경을 통해서 얻는 재물을 사용할 곳도 하나님께서 일일이 명해 주십니다. 모든 재물은 저의 자의로 쓸 수 없고, 하나님께서 명하시는 대로만 쓰여집니다.

· 어떤 명분으로든 십일조나 각종 헌금을 거두어들이지 말라 하셨으며, 국내뿐 아니라 각국에 성전과 단독 서점을 운영하며, 한국의 많은 젊은이들을 전 세계에 지도자로 내보내라고 하셨습니다.

· 우리는 세계적으로 새로운 성경을 보급하며 어려운 이들을 돕는 역사를 해 나갈 것입니다. 지금까지 비록 몇 명 안 되는 제자들과 함께 이러한 일을 역사했지만, 앞으로도 계속 하나님께서 기뻐하시는 일들을 해 나갈 것입니다. 부족한 저희에게 여러분들의 지혜와 성원을 보내 주시기를 바랍니다. 많은 분들의 참여와 도움을 간절히 기다립니다. 감사합니다.

한국어로 내려온 《새로운 성경》 단행본을 출간하며
2016년 4월 10일

발행인 **김 용 철**

한국어로 내려온

새로운 **성 경** · 7부 · 제105권

지은이 하나님 말씀
대역자 김용철

초판인쇄 1쇄 2017년 4월 3일

펴낸 곳 도서출판 하얀마음
등록번호 제 10-2107호 (2001년 2월 14일)
주소 서울시 노원구 덕릉로86길5, 2층
전화번호 02) 313-1114
팩스 02) 393-5554
전자우편 book160@hanmail.net
편집위원 조나영 김미향 이석교
제작지원 김남태 이은미 김보라 조옥순

도서상담 1600-7527
ISBN 978-89-5875-205-9 (04230)
978-89-5875-100-7 (세 트)

값 10,000원
잘못된 책은 구입하신 곳에서 바꾸어 드립니다.

※이 책은 10부로 제작되며, 각 부 16권씩 총160권으로 구성됩니다.※

1부	2부	3부	4부	5부	6부	**7부**	8부	9부	10부
1권	17권	33권	49권	65권	81권	97권	113권	129권	145권
2권	18권	34권	50권	66권	82권	98권	114권	130권	146권
3권	19권	35권	51권	67권	83권	99권	115권	131권	147권
4권	20권	36권	52권	68권	84권	100권	116권	132권	148권
5권	21권	37권	53권	69권	85권	101권	117권	133권	149권
6권	22권	38권	54권	70권	86권	102권	118권	134권	150권
7권	23권	39권	55권	71권	87권	103권	119권	135권	151권
8권	24권	40권	56권	72권	88권	104권	120권	136권	152권
9권	25권	41권	57권	73권	89권	105권	121권	137권	153권
10권	26권	42권	58권	74권	90권	106권	122권	138권	154권
11권	27권	43권	59권	75권	91권	107권	123권	139권	155권
12권	28권	44권	60권	76권	92권	108권	124권	140권	156권
13권	29권	45권	61권	77권	93권	109권	125권	141권	157권
14권	30권	46권	62권	78권	94권	110권	126권	142권	158권
15권	31권	47권	63권	79권	95권	111권	127권	143권	159권
16권	32권	48권	64권	80권	96권	112권	128권	144권	160권